復刻版

末代皇帝自傳 下

愛新覺羅・溥儀 著

高陽 作序

末代皇帝自傳（下）

〈目錄〉

第六章　偽滿十四年

一、傀儡戲開場

在板垣的宴會上，我的思想是紊亂而又矛盾的。我不知道對自己的命運是應該高興，還是應該憂愁。那天晚上，板垣召來了一大批日本妓女，給每個赴宴者配上一名，侑酒取樂。他自己左擁右抱，把斯文正經丟得一乾二淨。他時而舉杯豪飲，時而縱聲大笑，毫不掩飾其得意的心情。

起初，在他還能矜持的時候，曾十分恭敬地向我祝酒，臉上帶著暗示的笑容，祝我「前途順利，達成宿願」，這時，我覺得似乎可以高興一點。到後來，隨著飲量的增加，他的臉色越來越發青，情形就不對了。有個日本妓女用生硬的中國話問了我一句：「你是做買賣的幹活！」板垣聽見了，突然怪聲大笑起來。這時我又想，我實在沒有什麼值得高興的。

我這種憂喜不定、前途茫茫的心情，一直保持到胡嗣瑗、陳曾壽等人回到我身邊的時候。這些老頭子得到關東軍的准許，能回到我的身邊來，都是很高興的。這種高興與其說是由於君臣重聚，倒不如說是出於官爵財祿的熱衷。他們一面因我紆尊降貴屈為執政而表示悲憤，一面向我列舉歷史故事，說明創業的君王每每有暫寄籬下，以求憑藉之必要。有了這些教導，加上商衍瀛拿來的「老祖降壇訓戒」，我的心情居然逐漸穩定下來。二月二十六日，我命隨侍們給我準備香案，對祖宗祭告了一番，祭文如下：

二十年來，視民水火，莫由拯救，不勝付託，叢疚滋深。今以東三省人民之擁戴，鄰邦之援助，情勢交迫，不得不出任維持之責。事屬創舉，成敗利鈍，非所逆睹。唯念自昔創業之君，若晉文之於秦穆，漢光武之於更始，蜀先主之於劉表、袁紹，明太祖之於韓林兒，當其經綸未展，不能不有所憑藉，以圖大舉。茲本忍辱負重之心，為屈蠖求伸之計，降心遷就，志切救民；兢兢業業，若履虎尾。敢訴愚誠，昭告於我列祖列宗之靈，伏祈默佑。

二月的最末一天，在關東軍第四課的導演下，瀋陽的所謂「全滿洲會議」通過決議，宣告東北獨立，擁我出任「新國家執政」。上角利一和鄭孝胥告訴我，這個會議的「代表」們就要來旅順向我請願，須先準備一下答詞。答詞要準備兩個，第一個是表示拒絕，等「代表」們二次懇請，再拿出第二個來表示接受。三月一日，張燕卿、謝介石等九人到達旅順。鄭孝胥先代我接見，拿出了第一個答詞：

> 予自經播越，退處民間，閉戶讀書，罕聞外事。雖宗國之玷危，時軫於私念，而拯救之方略未講。平時憂患餘生，才微德鮮。今某某等前來，猥以藐藐之躬，當茲重任，五中驚震，倍切慚惶。事未更則閱歷之途淺，學未裕則經國之術疏，加以世變日新，多逾常軌，際遇艱屯，百倍疇昔。
>
> 人民之疾苦已臻其極，風俗之邪詖未知所居。既不可以陳方醫變症，又不可以推助徇末流。所謂危急存亡之秋，一髮千鈞之會，苟非通達中外，融貫古今，天生聖哲，殆難宏濟，斷非薄德所能勝任。所望另舉賢能，造福桑梓，勿以負疚之身，更滋罪戾。

然後由我接見。彼此說了一通全是事先別人已囑咐好的話，無非是一方「懇請」，一方「婉辭」。歷時不過二十分鐘，各自退場。三月五日，按關東軍第四課的計劃，「代表」人數增到二十九名，二次出場「懇請」。這次「代表」們完成了任務。我的答詞最後是這樣的：

> 承以大義相責，豈敢以暇逸自寬，審度再三，重違群望。……勉竭愚昧，暫任執政一年；一年之後，如多隕越，敬避賢路。儻一年之內，憲法成立，國體決定，若與素志相合，再當審慎，度德量力，以定去就。

走完「過場」，我於次日和婉容以及鄭孝胥等人回到湯崗子。張景惠、趙欣伯等人早已在此等候，表示「恭迎」。我們在此過了一夜，次日一同前往長春。

三月八日下午三時，火車到達長春站。車還未停，就聽見站台上響起軍樂聲和人們的呼叫聲。我在張景惠、熙洽、甘粕、上角等一幫人的簇擁下走上站台，看見到處是日本憲兵隊和各色服裝的隊列。在隊列裏，有袍子馬褂，有西服和日本和服，人人手中都有一面小旗。我不禁激動起來，心想我在營口碼頭上沒盼到的場面，今日到底盼來了。我在隊列前走著，熙洽忽然指著一隊夾在太陽旗之間的黃龍旗給我看，並且說：「這都是旗人，他們盼皇上盼了二十年。」聽了這話，我不禁熱淚盈眶，越發覺得我是大有希望的。

我坐上了汽車，腦子裏只顧想我的紫禁城，想我當年被馮玉祥的國民軍趕出城的情形，也想到「東陵事件」和我發過的誓言，我的心又被仇恨和欲望燃燒著，全然沒有注意到長春街道的景色是什麼樣子，被恐怖與另一種仇恨弄得沉默的市民們，在用什麼樣的眼色看我們。過了不多時間，車子駛進了一個古舊的院落。這就是我的「執政府」。

這所房子從前是道尹衙門，在長春算不上是最寬敞的地方，而且破舊不堪，據說因為時間過於倉猝，只好暫時將就著。第二天，在匆忙收拾起的一間大廳裏，舉行了我的就職典禮。東北的日本「滿鐵」總裁內田康哉、關東軍司令官本莊繁、關東軍參謀長三宅光治、參謀板垣等等重要人物都來了。參加典禮的「舊臣」除了鄭、羅、胡、陳等人外，還有前盛京副都統三多，做過紹興知府以殺害秋瑾出名的趙景祺，蒙古王公貴福和他的兒子凌升以及蒙古王公齊默特色木丕勒等等。此外還有舊奉系人物張景惠、臧式毅、熙洽、張海鵬，在天津給我辦過離婚案件的律師林廷琛、林棨。曾給張宗昌做過參謀的金卓這時也跑來做了我的侍從武官。

那天我穿的是西式大禮服，行的是鞠躬禮。在日本要人的旁觀下，眾「元勳」們向我行了三鞠躬，我以一躬答之。臧式毅和張景惠二人代表「滿洲民眾」獻上了用黃綾包裹著的「執政印」。鄭孝胥代念了「執政宣言」，其文曰：

人類必重道德，然有種族之見，則抑人揚己，而道德薄矣。人類必重仁愛，然有國際之爭，則報人利己，而仁愛薄矣。今吾立國，以道德仁愛為主，除去種族之見，國際之爭，王道樂土，當可見諸實事。凡我國人，望其勉之。

典禮完畢，接見外賓時，內田康哉致了「祝詞」，羅振玉代讀我的「答詞」。然後到院子裏升旗、照相。最後舉行慶祝宴會。

當天下午，在「執政辦公室」裏，鄭孝胥送上一件「公事」：

「本莊司令官已經推薦臣出任國務總理，組織內閣，」他微躬著身子，禿頭發光，語音柔和，「這是特任狀和各部總長名單❶，請簽上御名。」

這原是在旅順時日本人甘粕正彥早跟我說好了的。我默默地拿起筆，辦了就職後的第一件公事。

我走出辦公室，遇上了胡嗣瑗和陳曾壽。這兩個老頭臉色都不好看，因爲知道了特任官名單裏，根本沒有他們的名字。我對他們說：我要把他們放在身邊，讓胡嗣瑗當我的秘書處長，陳曾壽當秘書。胡嗣瑗歎著氣謝了恩，陳曾壽卻說他天津家裏有事，求我務必准他回去。

第二天，羅振玉來了。他在封官中得的官職是一名「參議」，他是來辭這個不稱心的官職的。我表示了挽留，他卻說：「皇上屈就執政，按說君辱就該臣死，臣萬不能就參議之職。」後來他做了一任「監察院院長」，又跑回大連繼續賣他的假古董，一直到死。

但是我的思想反而跟他們不同了。長春車站上的龍旗和軍樂，就職典禮時的儀節、以及外賓接見時的頌詞，給我留下了深刻的印象，使我不禁有些飄飄然。

另方面，我已公開露了頭，上了台，退路是絕對沒有了。即使板垣今天對我說，你不幹就請便吧，我也回不去了。既然如此，就只好「降心遷就」到底。

再說，如果對日本人應付得好，或許會支持我恢復皇帝尊號的。我現在既然是一國的元首，今後有了資本，就更好同日本人商量了。由於我專往稱心如意的方面想，所以不僅不再覺著當「執政」是受委屈的事，而且把「執政」的位置看成了通往「皇帝寶座」的階梯。

在這樣自我安慰和充滿幻想的思想支配下，如何好好地利用這個「階梯」，順利地登上

「寶座」，就成了我進一步思索的中心問題。我想了幾天之後，有一天晚上，把我思索的結果告訴了陳曾壽和胡嗣瑗：

「我現在有三個誓願，告訴你們：第一，我要改掉過去的一切毛病，陳寶琛十多年前就說過我懶惰輕佻，我發誓從今永不再犯；第二，我將忍耐一切困苦，兢兢業業，發誓恢復祖業，百折不撓，不達目的誓不甘休；第三，求上天降一皇子，以承繼大清基業。此三願實現，我死亦瞑目。」

典禮後一個月左右，「執政府」遷到新修繕的前吉黑榷運局的房子。為表示決心，我親自為每所建築命名。我把居住樓命名為「緝熙」，係取自《詩經：大雅．文王》「於緝熙敬止」句。我更根據祖訓「敬天法祖、勤政愛民」，以「勤民」命名我的辦公樓。我從此真的每天早早起來，進辦公室「辦公」，一直到天晚，才從「勤民樓」回到「緝熙樓」來。為了誓願，為了復辟，我一面聽從著關東軍的指揮，以求憑藉，一面「宵衣旰食」，想把「元首」的職權使用起來。

然而，我的「宵衣旰食」沒有維持多久，因為首先是無公可辦，接著我便發現，「執政」的職權只是寫在紙上的，並不在我手裏。

二、尊嚴與職權

在《滿洲國組織法》裏，第一章「執政」共十三條，條條規定著我的權威。第一條是「執政統治滿洲國」，第二至第四條規定由我「行使立法權」、「執行行政權」、「執行司法權」，以下各條規定由我「頒布與法律同一效力之緊急訓令」，「制定官制、任命官吏」，「統帥陸海空軍」，以及掌握「大赦、特赦、減刑及復權之權」，等等。實際上，我連決定自己出門行走的權力都沒有。

有一天，我忽然想到外面去逛逛，便帶著婉容和兩個妹妹來到以我的年號命名的「大同公園」。不料進了公園不久，日本憲兵隊和「執政府警備處」的汽車便追來了，請我回去。原來他們發現了我不在執政府裏，就告訴了日本憲兵司令部，憲兵司令部便出動了大批軍警到處搜尋，弄得滿城風雨。事後執政府顧問官上角利一向我說，為了我的安全和尊嚴，今後再不要私自外出。從那以後，除了關東軍安排的以外，我再沒出過一次大門。

我當時被勸駕回來，聽日本人解釋說，這都是為了我的安全和尊嚴，覺得很有道理。可是等我在勤民樓辦了一些日子的「公事」之後，我便對自己的安全和尊嚴發生了懷疑。

我自從發過誓願之後，每天早起，準時到勤民樓辦公。從表面上看來，我是真夠忙的，從早到晚，總有人要求謁見。謁見者之中，除少數前來請安的在野舊臣或宗室覺羅之外，多數是當朝的新貴，如各部總長、特任級的參議之流。這些人見了我，都表白了忠心，獻納了貢物，可就是不跟我談公事。我每次問起「公事」時，他們不是回答「次長在辦著了」，就是「這事還要問問次長」。次長就是日本人，他們是不找我的。

胡嗣瑗首先表示了氣憤。他向鄭孝胥提出，各部主權應在總長手裏，重要公事還應由執政先做出決定，然後各部再辦，不能次長說什麼是什麼。鄭孝胥回答說：「我們實行的是責任內閣制，政務須由『國務會議』決定。責任內閣對執政負責，每週出總理向執政報告一次會議通過的案件，請執政裁可。在日本就是如此。」至於總長應有主權問題，他也有同感。他說此事正準備向日本關東軍司令官提出，加以解決。原來他這個總理與國務院的總務廳長官之間，也存在著這個問題。

鄭孝胥後來跟關東軍怎麼談的，我不知道。但是胡嗣瑗後來對我說的一次國務會議的情形，使我明白了所謂「責任內閣制」是怎麼一回事，總長與次長是什麼關係。

那是一次討論關於官吏俸金標準問題的國務會議。一如往昔，議案是總務廳事先準備好了，印發給各部總長的。總長們對於歷次的議案，例如接管前東北政府的財產、給日本軍隊籌辦糧秣、沒收東北四大銀號以成立中央銀行等等，都是毫不費勁立表贊同的，但是這次的議案關係到自己的直接利害，因此就不是那麼馬虎了。

總長們認真地研究了議案，立刻議論紛紛，表示不滿。原來在《給與令草案》中規定，「日系官吏」的俸金與「滿系」的不同，前者比後者的大約高出百分之四十左右。

財政總長熙洽最沉不住氣，首先發表意見說：「這個議案，簡直不像話。咱們既然是個複合民族國家，各民族一律平等，爲什麼日本人要受特殊待遇？如果說是個親善國家的國民，就該表示親善，爲什麼拿特別高的俸金？」

實業總長張燕卿也說：「本莊繁司令官說過，日滿親善，同心同德，有福同享，有難同當。假若待遇不同，恐非本莊司令官的本意。」

其他總長，如交通總長丁鑒修等人，也紛紛表示希望一視同仁，不分薄厚。

總務廳長官駒井德三一看情形不好，便止住了總長們的發言，叫議案起草人人事課長古海忠之爲草案做解答。古海不慌不忙，談出了一番道理，大意是，要想講平等，就要先看能力平等不平等，日本人的能力大，當然薪俸要高，而且日本人生活程度高，生來吃大米，不像「滿」人吃高粱就能過日子。他又說：「要講親善，請日本人多拿一些俸金，這正是講親善！」總長們聽了，紛紛表示不滿。駒井不得不宣佈休會，改爲明天再議。

第二天復會時，駒井對大家說，他跟次長們研究過，關東軍也同意，給總長們把俸額一律提高到與次長們同一標準。「但是，」他又補充說，「日系官吏遠離本鄉，前來爲滿洲人建設王道樂土，這是應該感激的，因此另外要付給日籍人員特別津貼。這是最後決定，不要再爭執了。」

許多總長聽了這番話，知道再鬧就討沒趣了，好在已經給加了錢，因此都不再作聲，可是照洽自認爲與本莊繁有點關係，沒把駒井放在眼裏，當時又頂了兩句：「我不是爭兩個錢，不過我倒要問問，日本人在哪兒建設王道樂土？不是在滿洲嗎？沒有滿洲人，能建設嗎？」駒井聽了，勃然大怒，拍著桌子吼道：「你知道滿洲的歷史嗎？滿洲是日本人流血換來的，是從俄國人手裏奪回來的，你懂嗎？」熙洽面色煞白，問道：「你不讓說話嗎？本莊司令官也沒對我喊叫過。」駒井依然喊叫道：「我就是要叫你明白，這是軍部決定的！」這話很有效，熙洽果然不再說話，全場一時鴉雀無聲。

這件事情發生後，所謂「內閣制」和「國務會議」的真相，就瞞不住任何人了。「國務院」的真正「總理」不是鄭孝胥，而是總務廳長官駒井德三。其實，日本人並不隱諱這個事實。當時日本《改造》雜誌就公然稱他爲「滿洲國總務總理」和「新國家內閣總理大臣」。駒井原任職於「滿鐵」，據說他到東北不久即以一篇題爲《滿洲大豆論》的文章，得到了東京軍部和財閥的賞識，被視爲「中國通」。他被軍部和財閥選中爲殖民地大總管，做了實際上的總理，他眼中的頂頭上司當然是關東軍司令官，並不是我這個名義上的執政。

我和鄭孝胥是名義上的執政與總理，總長們是名義上的總長，所謂國務會議也不過是走走形式。國務會議上討論的議案，都是「次長會議」上已做出決定的東西。次長會議又稱「火曜會議」，是總務廳每星期二召集的各部次長的會議，這才是真正的「內閣會議」，當然這是只對「太上皇」關東軍司令官負責的會議。每次會議有關東軍第四課參加，許多議案就是根據第四課的需要擬訂的。

這些事情，後來對誰都不是秘密了，按說我是應該能夠清醒過來的，但我卻不是這樣的人。我身邊有個愛說話的胡嗣瑗，由於他的時常提醒，我總也忘不了唯我獨尊的身分，更忘不了早在張園就確立的一種思想，即「日本非我皇上正位，則舉措難施」。日本人表面上對我的態度，也經常給我一種錯覺，使我時常信以爲真，認爲我畢竟不同於熙洽，日本人不尊重我不行。例如在「協和會」的建立問題上，我就是這樣想的。

我就職一個多月以後的一天，鄭孝胥向我做例行報告，提到關東軍決定要成立一個政黨，定名爲「協和黨」。這個黨的任務是「組織民眾協力建國」，培育民眾具有「尊重禮教、樂聽天命」的精神。

我每逢聽到有人提到「黨」，總有談虎色變的感覺，因此聽了鄭孝胥的報告，比聽到駒井拍桌子的消息更緊張，連忙打斷他的話，搖手反對道：「要什麼黨？要黨有什麼好處？辛亥亡國不就是『黨』鬧的嗎？孔子說，君子矜而不爭，群而不黨，難道這些你全忘了嗎？」

鄭孝胥搭拉著臉說：「皇上的話很對，可是這是軍部決定的。」

他以爲這句話可以堵上我的嘴了，沒想到這次我把這件事看做生命攸關的問題，說什麼也不肯同意。我對於他口口聲聲地說「軍部決定的」，早已厭煩之至，不願意再聽，就生氣地說：「你不去對日本人說，就給我把他們叫來！」

鄭孝胥走後，我把這件事告訴了胡嗣瑗。這位秘書處長對我的做法大加恭維，並且說：「依臣管見，不見得如鄭孝胥所說，事事皆軍部做主。羅振玉說過，鄭孝胥是依恃軍部，跋扈犯上。皇上若是向軍部據理而爭，軍部未必敢於專横。何況黨之不利於我，猶不利於日本，日本軍方焉能不明此理？」

我聽他說得有理，就更有了主意。兩天後，關東軍第四課的參謀片倉衷、參謀長橋本虎之助、高參板垣征四郎先後來向我做解釋，都沒有說服我。事情就拖卜來了。

過了三個月，即這年的七月間，我相信我是勝利了。關東軍決定不成立「協和黨」，只成立一個「協和會」，作爲「翼贊」政府的組織。這個會包括所有居民在內，具體地說，凡年滿二十歲的男子均爲會員，婦女均爲其附屬的「婦女會」會員，十五至二十歲的青年均爲附屬的「青年團」團員，十至十五歲的少年爲附屬的「少年團」團員。

事實上，關東軍把「黨」改爲「會」，並非是對我有什麼讓步，而是認爲這比弄個不倫不類的政黨更便於統治東北人民，通過這樣一個網羅一切人口的組織，更便於進行奴化宣傳、特務監視和奴役人民。我眼中看不到這樣的事實，只覺得日本人畢竟是要聽我的。有了這樣的錯覺，就無怪要再碰釘子了。這是訂立《日滿密約》以後的事。

三、訂立密約以後

早在旅順的時候，鄭孝胥就跟本莊繁談妥了由我出任執政和他出任國務總理的條件。這件事情，鄭孝胥直到本莊繁卸任前夕才讓我知道。

一九三二年八月十八日，鄭孝胥來到勤民樓，拿出一堆文件來對我說：

「這是臣跟本莊司令官辦的一項協定，請上頭認可。」

我一看這個協定，就火了。

「這是誰叫你簽訂的？」

「這都是板垣在旅順談好的條件，」他冷冷地回答，「板垣跟上頭也早說過。」

「板垣跟誰說過？我就沒聽他說過。就算他說過，你簽字之先也要告訴我呀！」

「這也是板垣囑咐的，說恐怕胡嗣瑗他們不識大局，早拿來反而添痲煩。」

「究竟是誰當家？是你，是我？」

「臣豈敢。這些協定實在是權宜之計，皇上欲求憑藉，豈能不許以條件？這原本是既成事實，將來還可以另訂條約，規定幾年將權益收回。」

他說的其實不錯，日本在協定中所要的權利，本來是它已到了手的東西。這個協定共有十二條款，另有附則、附表、附屬協定，主要內容是：「滿洲國」的「國防、治安」全部委託日本；日本管理「滿洲國」的鐵路、港灣、水路、空路，並可增加修築；日本軍隊所需各種物資、設備由「滿洲國」負責供應。日本有權開發礦山、資源；日本人得充任「滿洲國」官吏；日本有權向「滿洲國」移民等等。

在這協定中最後規定它將爲日後兩國間正式條約的基礎。鄭孝胥說的道理也不錯，既然要「憑藉」，豈可不付代價？但是儘管事情是如此明白，我卻不能不感到氣惱。我惱的是鄭孝胥過於擅自專斷，竟敢任意拿「我的」江山去跟日本人做交易，我也惱日本人的過分訛詐，「皇帝寶座」沒給我，反而要去了這麼多的東西。

我在氣惱而又無可奈何之下，追認了既成的事實。鄭孝胥拿了我簽過字的密約去了，胡嗣瑗照例就跟著走了進來。我把這件事告訴了他，他立刻氣憤地說：

「鄭孝胥真不像話！陳寶琛早說過他慣於慷他人之慨！他如今竟敢如此擅斷！」

「現在木已成舟！」我頹喪地說。

「或許並不盡然，且看東京方面的消息吧。」

許多天以前，我們便知道了關東軍司令官將要換人和日本要承認「滿洲國」的消息。胡嗣瑗非常重視這件事，照他的看法，日本調換關東軍司令官，很可能要改變一點態度，應該乘此機會派人到日本去活動一下。他說，不給日本好處是不行的，像礦山、鐵路、資源以及國防都可以叫日本經管，但是在官制方面，任免權必須在我。

我採納了他的主意，並且按他的推薦派出了當過律師的林廷琛和台灣人蔡法平，到東京找他的台灣籍朋友許丙，通過許丙找軍部上層人物去活動。林、蔡二人在東京見到了陸軍總參謀長真崎甚三郎、前天津日本駐屯軍司令香椎浩平，還有即將繼任關東軍司令官的武藤信義等人，向他們提出了我的具體要求：

一、執政府依組織法行使職權；

二、改組國務院，由執政另提任命名單；

三、改組各部官制，主權歸各部總長，取消總務廳長官制度；

四、練新兵，擴編軍隊；

五、立法院克期召集議會，定國體。

這也是胡嗣瑗爲我擬定的。照他的意思，並不指望日本全部接受，只要它同意定國體和由我決定官吏的任免，便算達到了目的。但是條件還是多提一些，以備對方還價。

過了兩天，胡嗣瑗興致勃勃地告訴我，東京來了好消息。據林、蔡二人的來信說，東京元老派和軍部中某些人都同情於我，不滿意本莊對我的態度；表示願意支持我的各項要求。胡嗣瑗說，由此看來，繼任的司令官到任後，情形會有變化，我將按規定行使自己的職權，治理自己的國家。但要治理好，非有個聽話的總理不能辦事。我聽他說的有理，便決定把鄭孝胥換掉。我和他研究了一下，覺得臧式毅比較合適，如果任命他爲總理，他必定會感恩報德，聽我指揮的。商量已定，便命胡嗣瑗與許寶衡去找臧式毅談。

臧式毅的態度尚在猶豫，鄭孝胥的兒子鄭垂來了。

「聽說上頭派人到東京找武藤信義去了。」他站在我面前，沒頭沒腦地來了這麼一句。說罷，盯著我，看我的反應。不用說，他是看出了我不想承認這件事的，於是跟著又說下去：「東京在傳說著這件事，說上頭打算改組國務院。臣聽了，不得不跟上頭說說。但願是個謠傳。」

「你怎麼但願是謠傳？」

「但願如此。這個打算是辦不到的。即使辦到了，一切由滿人作主，各部長官也駕馭不了。不管是臧式毅還是誰，全辦不了。」

「你要說的就是這個嗎？」

「臣說的是實情……」

「說完了你就去吧！」

「是。」

鄭垂走了，我獨自一人在辦公室裏生氣。過了一會，胡嗣瑗知道了，又翹起了鬍子。

「鄭氏父子，真乃一狼一狽。鄭垂尤其可恨。上回熙洽送來紅木傢俱，他勸上頭節儉，無非是嫉妒，怕熙洽獨邀天眷，這次他又提防起臧式毅來了！」

「真不是人！」我越聽越恨，決心也更大了，便問胡嗣瑗，臧式毅那邊說好了沒有。

「他不肯。」

事實上，臧式毅比我和胡嗣瑗都明白，沒有關東軍說話，他答應了只有找麻煩。

鄭孝胥知道了臧式毅不敢，就更有恃無恐，居然對我使起當年奕劻對付我父親的辦法，以退爲進，向我稱病請假了。不過他沒料到，我有了東京的好消息，也是有恃無恐的。我看他請假，就看做是個機會，毫不挽留地說：

「你也到了養老的時候了。我不勉強你，你推薦個人吧。」

他的禿頭一下子黯然無光了。

「臣的意思，是養幾天病。」

「那，也好。」

鄭孝胥一下去，我立即命胡嗣瑗去找臧式毅，讓他先代理總理職務，以後再找機會去掉鄭孝胥。可是過了五天，不等臧式毅表示態度，鄭孝胥就銷假辦公了。

胡嗣瑗知道了鄭孝胥已回到國務院，對我歎氣說：「他用密約換的國務總理大印，自然是捨不得丟了。」言下頗為辛酸。

我也有辛酸處，這當然不為總理的那顆印，而是我這執政的權威無論對誰都使不上。這次失敗給了我很重要的教訓。這是由胡嗣瑗的那句辛酸話啓發的。

「鄭孝胥用密約換得總理大印，密約白白地變成了他的本錢，這真太豈有此理了。密約為什麼不能是我的本錢，向日本人換得我的所需呢？」

我決定等新的關東軍司令官到任時，再親自提出那五項要求。胡嗣瑗擁護這辦法，並且提醒我別忘了請日本人撤換鄭孝胥。他是自從鄭孝胥上台當總理，就耿耿於懷地打了這個主意的。

這是九月上旬的事。九月中旬，日本新任關東軍司令官兼第一任駐「滿」大使武藤信義來到了長春。十五日這天，在勤民樓內，武藤與鄭孝胥簽訂了《日滿議定書》，這就是以那個密約爲基礎的公開協議。

因日本國確認滿洲國根據其住民之意旨，自由成立而成一獨立國家之事實，因滿洲國宣言中華民國所有之國際約款，其應得適用於滿洲國者為限，即應尊重之。滿洲政府及日本政府為永遠鞏固滿日兩國間善鄰之關係，互相尊重其領土權，且確保東洋之和平起見，為協定如左：

（一）滿洲國將來滿日兩國間，未另訂約款之前，在滿洲國領土內，日本國或日本國臣民依據既存之日中兩國間之條約協定，其他約款及公私契約所有之一切權利利益，即應確認尊重之。

（二）滿洲國及日本國確認對於締約國一方之領土，及治安之一切之威脅，同時亦為對於締約國他方之安寧及存立之威脅，相約兩國協同當防衛國家之任，為此所要之日本國軍駐紮於滿洲國內。

……❷

舉行完了儀式，喝過了香檳酒，我就急不可待地跟武藤單獨進行了會談。我這時是信心十足的。因爲林廷琛和蔡法平不多天前剛從日本回來，他們告訴我，武藤在東京不但已經同意了我的要求，而且連恢復我的尊號都答應予以考慮哩。

武藤是日本大正時代晉升的陸軍大將，做過參謀本部次長、教育總監、軍事參議官，第一次世界大戰率日軍占領過蘇聯的西伯利亞。他這次以大將資格來東北，身兼三職——關東軍司令長官（從前都是中將銜）、關東廳長官（「九一八」事變前日本設在遼東半島的殖民總督）和「駐滿洲國大使」，到任不久就晉升為元帥，是這塊土地上的事實上的最高統治者，「滿洲國」的太上皇。日本報紙稱他為「滿洲的守護神」。在我的眼裏，這個六十五歲的白髮老頭，確實像一個神似的那麼具有威靈。當他十分有禮貌地向我鞠躬致敬時，我就有了一種得天獨厚的感覺。等我把話說完，他很禮貌地回答道：

「對於閣下的意見，我必帶回去認真地加以研究。」

他帶走了胡嗣瑗寫的那幾條要求。可是一天一天過去，不見他的研究結果。

按規定，我每月有三次和關東軍司令兼大使會見。十天後，我和他第二次會見時，催問他研究的結果，他仍是說：「研究研究。」

他每次跟我見面，禮貌總是周到的，向我深深鞠躬，微笑，一口一個「閣下」，並且用一種崇敬神情談起我的每位祖先，不過就是對我的各項要求絕口不提。如果我把話題轉到這方面來，他則顧左右而言他。我被這樣置之不理的應付了兩次，就再沒有勇氣問他了。

一直到一九三三年七月武藤去世時為止，我和他每次見面只能談佛學，談儒學，談「親善」。在這期間，我的權威在任何人眼裏都沒增加，而他的權威在我心裏則是日增一日，有增無已。

四、《國聯調查團報告書》

一九三二年五月，國聯調查團來到了東北。十月，發表了所謂「滿洲問題」的調查報告。鄭氏父子對於這個調查團曾抱有很大幻想，報告書公佈的時候，他們簡直以爲實現國際共管的理想是指日可待的。他父子倆後來失寵於日人，終於被拋棄，與這種熱衷於共管有很大關係。

我當時並沒有他們想的那麼多，沒有他們那樣興奮，但卻從他們的議論中，知道了不少國際上的事情。我與他們的感受也不同。他們因調查團的態度而發生了共管的幻想，而我卻由此發生了對日本強大的感覺。由於這種感覺，我越發認爲自己的命運是無法跟它分開了。

關於西方列強在「滿洲事件」上的態度，我早就聽鄭氏父子等人不斷說過這類的話：「別看日內瓦、巴黎（國聯）開會開得熱鬧，其實哪一國也不打算碰日本，歐戰以後有實力的是美國，可是連美國也不想跟日本動硬的。」

精通英文、日文的鄭垂不時地把外國報紙上的輿論告訴我，說美國不少報紙言論是袒日的。他曾有根有據地說了一些非公開消息，例如美日曾有密約，美對日本在東北的行動有諒解，等等。他還很具體地告訴我，早在事變前美國方面的重要人物就勸過蔣介石，把滿洲賣給日本，讓日本去碰蘇聯，以收其利❸。

「調查團要來了，」鄭孝胥是這樣告訴我的，「國民黨請他們來調查，想請他們幫忙對付日本，其實他們是不對付日本的。他們關心的一是門戶開放、機會均等，二是對付赤俄。他們在東京跟內田康哉（這時已出任日本外相）談的就是這個。用不著擔心，到時候應付幾句就行了。依臣看來，國民黨也明知道調查團辦不了什麼事，說不定國民黨看到了國際共管滿洲的好處。」

後來事實證明，鄭氏父子說的話大部正確。

瀋陽事變發生後，蔣介石一再電張學良轉命東北駐軍：「爲免事件擴大，絕對不抵抗。」四天後，即九月二十二日，蔣在南京全市國民黨員大會上宣稱：「以公理對強權，以和平對野蠻，忍辱含憤，暫取逆來順受態度，以待國際公理之判斷。」同時，對內卻毫無和平與公理，用最野蠻的辦法加緊進行內戰。

九月三十日，國民黨向國聯請求派中立委員會到滿洲調查。經過幾番討論，到十二月十日才得到日本同意，做出組織調查團的決議。調查團由五國委員組成，即英國的李頓爵士、美國的佛蘭克洛斯·麥考益少將、法國的亨利·克勞德中將、義大利的格迪伯爵和德國的恩利克希尼博士。團長是李頓。

一九三二年二月三日調查團啓程，先在日本、上海、南京、漢口、九江、宜昌、重慶等地轉了一圈，又在北平住了十天，到東北的時候已是五月份了。在這期間，南京政府宣傳著「等待公理的判斷」，而日軍則攻佔了錦州，發動了淞滬戰爭，成立了「滿洲國」。除了這些被「等待」來的結果之外，還有一個在各國干預下產生的《淞滬停戰協定》。根據這個協定，南京政府的軍隊從此不得進駐淞滬地區。

五月三日這天，我和調查團的會見，用了大約一刻鐘左右的時間。他們向我提出了兩個問題：我是怎麼到東北來的？「滿洲國」是怎麼建立起來的？在回答他們的問題之前，我腦子裏閃過一個大概他們做夢也沒想到的念頭。我想起當年莊士敦曾向我說過，倫敦的大門是爲我打開著的，如果我現在對李頓說，我是叫土肥原騙來又被板垣威嚇著當上「滿洲國元首」的，我要求他們把我帶到倫敦，他們肯不肯呢？

我這個念頭剛一閃過，就想起來身邊還坐著關東軍的參謀長橋本虎之助和高參板垣征四郎。我不由地向那青白臉瞄了一眼，然後老老實實按照他預先囑咐過的說：「我是由於滿洲民眾的推戴才來到滿洲的，我的國家完全是自願自主的……」

調查團員們一齊微笑點頭，再沒問什麼。然後我們一同照相，喝香檳，祝賀彼此健康。調查團走後，板垣的青白臉泛滿了笑意，讚不絕口地說：「執政閣下的風度好極了，講話響亮極了！」鄭孝胥事後則晃著禿頭說：「這些西洋人跟臣也見過面，所談都是機會均等和外國權益之事，完全不出臣之所料。」

這年十月，日本《中央公論》上刊出了駒井的一篇文章，鄭垂把譯文送來不久，《調查團報告書》也到了我手裏，這兩樣東西，給了我一個統一的印象，正如鄭氏父子所判斷的，調查團所關心的是「機會」與「門戶」問題。

駒井的文章題爲《滿洲國是向全世界宣稱著》，內容是他與李頓等人會見的情形。現在鄭垂的譯文已不可得，只有借助於一篇不高明的譯文，是陳彬龢編印的《滿洲僞國》裏的。文章中說，李頓第一個向他提出問題：「滿洲國的建設不稍嫌早些麼？」他回答了一大套非但不早，且嫌其晚的鬼道理，然後是——

其次麥考益將軍問：「滿洲國宣揚著門戶開放主義，果真實行了麼？」我立即回答說：「門戶開放和機會均等是滿洲立國的鐵則。門戶開放政策，在昔圍繞著中國的諸國中，美國是率先所說的精神。但這主義政策是列國之所倡，中國本身是抱著門戶閉鎖主義，我們果在中國的何處可以看到門戶開放的事實？現在我們以極強的鑰匙使滿洲國門戶開放，我們只有受諸君感謝，而沒有受抗議的道理。……不過我須附帶聲明的，就是關於國防事業斷不能門戶開放，即在世界各國亦斷無此例。」

李頓再詢問：「滿洲國實行著機會均等麼？」

我略不躊躇地說：「機會均等，貴國在中國已有其先例，即前清末葉，中國內政極度糜爛，幾全失統一之際，羅浮脫．赫德提議清廷說，倘然長此以往，中國將完全失其作用於國際間，不如依賴西洋人，海關行政，亦有確定之必要。於是清朝立即任命羅浮脫．赫德為總稅司，海關行政方得確立。由於海關上使用著許多英、法、日等國人，在中國被認為是最確實的行政機關，因此列強借款給中國，中國遂得在財政上有所彌補。英國人曾以海關為施行機會均等之所，但是我們日本人，要想做這海關的事務員，則非受等於拒絕的嚴格的英語試驗不可。

「……我們滿洲國，是滿洲國人和日本人協力而建設的國家，因之新國家的公文，均以滿洲國語和日本語發表。所以任何國人，僉能完全使用滿日兩國語言，並能以滿洲國所給與之待遇為滿足，則我們當大大的歡迎。這就是我所說的機會均等。」

我繼續著問：「你們各位還有旁的詢問麼？」旁的人都說：「此外已無何等詢問的必要了，我們已能充分理解了滿洲國的立場，愉快之至！」

國聯調查委員在離開新京時，我送到車站上，那時候李頓握了我的手小聲地說：「恭祝新滿洲國之健全的發達！」同時用力地握了下手就分別了。

這次談話，使鄭孝胥父子感到了極大的興奮，鄭垂甚至估計到，國聯很可能做出一個國際共管滿洲的決議來。後來調查團的報告書公佈出來，使鄭氏父子更有了信心。調查團的報告書中所代表的國聯，正是以鄭氏父子所希望的那種中國的管理者的態度出現的。

報告書明白地說：「目前極端之國際衝突事件，業經中國再度要國聯之干涉。……中國遵循與國際合作之道，當能得最確定及最迅速之進步，以達到其國家之理想。」這位管理者明確地表示：日本「爲謀滿洲之經濟發展，要求建設一能維持秩序之鞏固政權，此項要求，我等亦不以爲無理」。但是，這位管理者認爲最重要的是，「唯有在一種外有信仰內有和平，而與遠東現有情形完全不同之空氣中，爲滿洲經濟迅速發展所必要之投資始可源源而來」。這就是說，要有列強各國共同認定的那種「信仰」才行，這就是鄭氏父子所嚮往的由各國共同經營，利益均沾的局面。

鄭氏父子關於反蘇問題的估計，也得到了證實。調查團說，它理解日本稱滿洲爲其生命線之意義，同情日本對「其自身安全之顧慮」，因此，「日本之欲謀阻止滿洲被利用爲攻擊日本之根據地，以及爲在某種情形之下滿洲邊境被外國軍隊衝過時，日本欲有採取適當軍事行動之能力，吾人均可承認」。

不過調查團又認爲，這樣做法日本的財政負擔必大，而且日本在滿軍隊受時懷反側之民眾包圍，其後又有包含敵意之中國，日本軍隊能否不受重大困難，亦殊難言。因此可以考慮另外的辦法，則「日本甚或又因世界之同情與善意，不須代價而獲安全保障較現時以巨大代價換得者爲更佳」。

調查團於是提出意見說，問題的解決，恢復原狀和維持現狀都不是令人滿意的辦法，認爲只要「由現時（滿洲國）組織毋須經過極端之變更或可產生一種滿意之組織」，這就是實行「獲得高度自治權」的「滿洲自治」，由各國洋人充當這個自治政府的顧問；由於日本人在東北的權益大些，日本人比例也大些，但其他外國也要有一定比例。爲實現這個新政體，「討論和提出一種特殊制度之設立，以治理東三省之詳密議案」，要先成立一個由國聯行政院掌握最高決定權的、由中日雙方和「中立觀察員」組成的顧問委員會。調查團並且認爲「國際合作」的辦法不但適於「滿洲」，也適於對全中國使用。其根據理由也是鄭氏父子屢次表示過的，是因爲中國只有勞動力，而資本、技術、人才全要靠外國人，否則是建設不起來的。

在剛看到報告書的那幾天，鄭孝胥曾興致勃勃地告訴過我，「事情很有希望」，說胡適也在關內發表論文，稱譽報告書爲「世界之公論」。可是後來日本方面的反響到了，他父子大爲垂頭喪氣。

儘管調查團再三談到尊重日本在滿洲的權益，甚至把「九一八」事變也說成是日本的自衛行爲，日本的外務省發言人卻只表示同意一點，就是：「調查團關於滿洲的建議，大可施於中國與列強間的關係而獲得裨益，如制定國際共管計劃者，是也！」至於對「滿洲」本身的共管方案，根本不加理睬。鄭孝胥後來的失寵和被棄，即種因在對於「門戶開放、機會均等」的熱衷上。

在國聯調查團的報告書發表之前，我曾經設想過，假如真的像鄭氏父子希望的那樣，將東北歸爲國際共管，我的處境可能比日本獨占情形下好得多。但是，我還有兩點不同的考慮；一是怕「共管」之中，南京政府也有一份，如果這樣，我還是很難容身；另一點是，即使南京管不上我，國際共管也未必叫我當皇帝，如果弄出個「自治政府」來，那還有什麼帝制？更重要的是，日本的橫蠻，在國際上居然不受一點約束，給我的印象極爲深刻。因此，事後我一想起了調查團會見時我心裏閃過的那個念頭，不禁暗暗想道：「幸虧我沒有傻幹，否則我這條命早完了。……現在頂要緊的還是不要惹翻了日本人，要想重登大寶，還非靠日本人不可呀！」

五、第三次做「皇帝」

京津舊臣，聞皇上就任執政，疑尊號自此取消，同深悲憤。即曾任民國官吏如曹汝霖、汪榮寶等，亦以名義關係甚重為言。臣以皇上屢次堅拒，及最後不得已允許之苦心，詳為解釋，聞者始稍知此中真相，而終無以盡祛其疑。

這是我就任執政一個月後，請假回天津的陳曾壽寄來的「封奏」中的一段。從京津寄來的這類封奏還有好幾件，都曾給了我無限煩惱。

按照約定，我當執政一年期滿，如果關東軍不實行帝制，我是可以辭職的。但是我沒有這樣幹。我沒有這樣的膽量，而且即便關東軍讓我辭職，我能到哪裏去呢？

在就職一周年的頭幾天，出乎我的意料，在一次例行會見中，武藤先向我提起了這個問題。他說，日本現在正研究著滿洲國國體問題，到時機成熟，這個問題自然會解決的。

過了不久，即三月二十七日，日本爲了更便於自由行動，退出了國際聯盟。同時，攻入長城各口的日軍加緊軍事行動，形成了對平津的包圍形勢。五月末，忙於打內戰的南京政府進一步對日本妥協，簽訂了「塘沽協定」，將長城以南、冀東地區劃爲非武裝區，撤走中國軍隊，使日本勢力進一步控制了華北。

在這種形勢下，熱心復辟的人們得到了巨大的鼓舞，都以爲時機已成熟了，紛紛活動起來。熙洽在三月間曾指使他的心腹林鶴皋，邀集了一批滿族「遺民」和前東三省的議員們，在長春聚會，打算弄出一個「勸進表」來，當時被日本憲兵制止了，這時又恢復了活動。華北一些前直系人物和一些日本特務浪人醞釀「擁戴」吳佩孚出山，平津某些與謀的遺老爲此派了人來跟鄭孝胥聯絡，研究在華北、東北實現復辟。

七月間，總務廳長官駒井德三下台，拿了一百萬元退職金，另又要去了一筆巨額機密費，去找黃郛活動華北獨立。他臨走時向鄭孝胥表示還要到上海，爲我將來在全國復辟之事進行活動。

總之，在那些日子裏，經常可以聽見關於復辟或帝制的傳說，這些傳說鼓舞著我，鼓舞著跟我一樣的野心家們。鄭孝胥這年重陽節寫了一首詩，其中有這樣的句子：「燕市再遊非浪語，異鄉久客獨關情；西南豪傑休相厄，會遣遺民見後清。」他這種將在「燕市」恢復

「後清」的「志氣」，使我對他減弱不少惡感。

我的「皇帝夢」又做起來了。我非常關心各方面的消息，我進一步把希望放在屠殺自己同胞的日本軍隊身上。日軍全部占領了熱河之後，我曾大擺慶功宴席，慰問武藤和參加作戰的日軍將領們，祝他們「武運長久」，「再接再厲」。

後來有一路日本軍隊占領了距離北京只有百里之遙的密雲，即按兵不動，我對此不禁大感失望。這時鄭孝胥告訴我，日軍占領華北以至華南只是遲早間的事，當務之急還是應該先辦滿洲國體問題。他又說，此事之決定，不在關東軍而在東京方面，他已聽說東京元老派許多人都是主張我正位的。聽了他的話，我覺得應該派個人到東京從側面去活動一下，至少應該打探些消息來。

接受這個使命的是我的警衛官工藤忠。此人即陪我從天津到東北來的工藤鐵三郎。他在清末時即跟隨升允，在升允後來的復辟活動中，他是積極的贊助者。我在旅順時，他不像上角和甘粕那樣以軍方代理人的面目出現，而是處處站在我一邊說話，甚至背地裏還表示過對關東軍的不滿。有一次，我看到杯子裏的茶水似乎顏色不對，怕有人下了毒，要叫人拿去化驗一下，這時工藤立即端起杯子把茶喝了一口。

我當了執政之後，他是唯一呼我爲「皇上」的日本人，並且時常表示不滿意關東軍的跋扈，時常表示相信我定能恢復「大清皇帝」的名位。他所表現出的忠心，簡直不下於最標準的遺老，因此我賜他改名爲「忠」，拿他當自己家裏人看待。他也感激涕零地表示誓死效忠，永世不變。

他接受了我的使命，去了不多時間就回來了。他在日本見到了南次郎和黑龍會的重要人物，探聽出軍部方面當權人物是同意實行帝制的。根據他的消息，我相信時機是快到了。

一九三三年的十月間，工藤的消息得到了證實。繼任的關東軍司令官菱刈隆正式通知說，日本政府準備承認我爲「滿洲帝國皇帝」。

我得到了這個通知，簡直樂得心花怒放。我考慮到的第一件事情，就是必須準備一套龍袍。

龍袍從北京的太妃那裏拿來了，但是關東軍卻對我說，日本承認的是「滿洲國皇帝」，不是「大清皇帝」，因此我不能穿清朝龍袍，只能穿關東軍指定的「滿洲國陸海空軍大元帥正裝」。

「這怎麼行？」我對鄭孝胥說，「我是愛新覺羅的後人，怎能不守祖制？再說北京的宗室覺羅都要來，看著我穿洋式服裝登極算什麼？」

「皇上說的是。」鄭孝胥不住地點頭，望著攤在桌上的龍袍。這位一心想做「後清」丞相的人，大概正盤算著正一品珊瑚頂和三眼花翎，最近以來對我順從得多了。他點頭說：「皇上說的是，可是關東軍方面怎麼說？」

「給我交涉去。」

鄭孝胥走後，我獨自欣賞著榮惠太妃保存了二十二年的龍袍，心中充滿了感情。這是光緒皇帝穿過的，真正的皇帝龍袍。這是我想了二十二年的龍袍。我必須穿它去登極，這是恢復清朝的起點。……

我的頭腦還沒冷過來，鄭孝胥就回來了。他報告說，關東軍堅持登極時要穿元帥正裝。

「你是不是交涉過？」

「臣豈敢不去。這是板垣親自對臣說的。」

「這怎麼行？」我跳起來，「登極之前要行告天禮，難道叫我穿元帥服磕頭祭天嗎？」

「臣再去跟板垣說說。」

鄭孝胥走後，胡嗣瑗過來提醒我，要爭的不是服制，更重要的是跟軍部說，要任免官吏的決定權。如果這問題解決了，趙武靈王的胡服騎射，也沒什麼不好。

其實胡嗣瑗同我一樣，都不明白日本要這個帝制，不過爲了使我更加傀儡化，爲了更便利於統治這塊殖民地。皇帝的名義哪裏會給我帶來什麼權力，我這樣的人又哪裏會學什麼騎射？除了依附在日本關東軍的皮靴上，我簡直什麼也不會，什麼也不想。所以後來關東軍同意了我穿龍袍去祭天，我也就不再去爭什麼別的了。

一九三四年三月一日的清晨，在長春郊外杏花村，在用土壘起的「天壇」上，我穿著龍袍行了告天即位的古禮。然後，回來換了所謂大元帥正裝，舉行了「登極」典禮。這時執政府改稱爲「宮內府」，我住的地方因要避開日本天皇的「皇宮」稱呼，稱爲「帝宮」。其中的房屋後來除增建了一所「同德殿」之外，其餘的只是修繕了一下，樓名依舊未變。

登極典禮是在勤民樓舉行的。

那天勤民樓的大廳裏鋪著大紅地毯，在北牆跟用絲帷幕裝設成一個像神龕似的地方，中間放一特製的高背椅，上刻有作為徽號的蘭花，所謂「御紋章」。我立在椅前，兩旁站列著宮內府大臣寶熙、侍從武官長張海鵬、侍從武官石丸志都磨和金卓，侍衛處長工藤忠、侍衛官熙侖奐（熙洽之子）和潤良（婉容之兄）等人，以「總理大臣」鄭孝胥為首的文武百官列隊向我行三鞠躬禮，我以半躬答之。接著是日本大使菱刈隆向我呈遞國書和祝賀。這些儀式完了，北京來的宗室覺羅（載、溥、毓字輩差不多全來了），以及前內務府的人又向我行三跪九叩之禮。當然，我是坐在椅子上受禮的。

關內各地遺老，如陳夔龍、葉爾愷、劉承幹、沈曾植、沈曾桐、章梫、黎湛枝、陳伯陶、汪兆鏞等等，都寄來祝賀的表章。上海的大流氓頭子常玉清，也寄來奏摺向我稱臣。

六月六日，日本天皇的兄弟秩父宮雍仁代表天皇前來祝賀，贈我日本大勳位菊花大綬章，贈婉容寶冠章。

胡嗣瑗再三提醒我去要的權利一樣也未到手，而我已經昏昏然了。七月間，我父親帶著弟、妹們來長春看我。我對他的接待，足可以說明我的自我陶醉程度。

他到達長春的時候，我派出了宮內府以寶熙為首的官員和由佟濟煦率領的一隊護軍，到長春車站列隊迎接。我和婉容則在「帝宮」中和門外立候。婉容是宮裝打扮，我是身穿戎裝，胸前掛滿了勳章。我的勳章有三套：一套是日本贈的；一套是「滿洲帝國」的；另一套則是我偷著派人到關內定製的「大清帝國」的。後一套當然不能當著關東軍的面使用，只能利用這個機會佩戴。

我父親的汽車來了，我立正等著他下了車，向他行了軍禮，婉客行了跪安。然後我陪他進了客廳，此時屋內沒有外人，我戎裝未脫，給他補請了跪安。

這天晚上，大擺家宴。吃的是西餐，位次排列完全是洋規矩，由我與婉容分坐在男女主人位子上。另外，又按照我的佈置，從我進入宴會廳時起，樂隊即開始奏樂。這是宮內府的樂隊，奏的什麼曲子我已忘了，大概是沒有做出什麼規定，他們愛奏什麼就奏什麼，反正喇叭一吹起來，我就覺得夠味。

在宴會進行到喝香檳的時候，溥傑按我的佈置，起立舉杯高呼：「皇帝陛下萬歲，萬歲，萬萬歲！」我的家族一起隨聲附和，連我父親也不例外。我聽了這個呼聲，到了酒不醉人人自醉的地步了。

第二天，宮內府大臣寶熙告訴我，關東軍司令部派了人來，以大使館名義向我提出抗議，說昨天武裝的護軍去車站，是違反「滿洲帝國」已承擔義務的前東北當局與日本簽訂的協議的，這個協議規定，鐵路兩側一定範圍內是「滿鐵」的附屬地，除日軍外任何武裝不准進入。關東軍司令官——不，日本大使要求保證今後再不發生同類事件。

這件事本來是足以令我清醒過來的，可是日本人這時還很會給我面子，首先是沒有公開抗議，其次是在我派人道歉和做了保證之後，就沒再說什麼。但更主要的是它給我規定的許多排場，很能滿足我的虛榮心，以致我又陷入了昏迷之中。

最使我陶醉的是「御臨幸」和「巡狩」。

按照關東軍的安排，我每年要到外地去一兩次，謂之「巡狩」。在「新京」（長春），我每年要去參加四次例行儀式，一次是去「忠靈塔」祭祀死於侵略戰爭的日軍亡魂，一次是到「建國忠靈廟」祭祀僞滿軍亡魂，一次是到關東軍司令部祝日皇壽辰「天長節」，一次是到「協和會」參加年會。這樣的外出都稱之爲「御臨幸」。就以去「協和會」爲例，說說排場。

先說「鹵簿」——即所謂「天子出，車駕次第」，是這樣的：最先頭的是軍警的「淨街車」，隔一段距離後是一輛紅色的敞篷車，車上插一小旗，車內坐著「警察總監」，再後面，是我坐的「正車」，全紅色，車兩邊各有兩輛摩托伴隨，再後面，則是隨從人員和警衛人員的車輛。這是平時用的「略式鹵簿」。

在出門的前一天，長春的軍警、憲兵先借題逮捕「可疑分子」和「有礙觀瞻」的「遊民」。市民們根據這個跡象就可以判斷是我要出門了。

到了正日子，沿途預先布滿了軍警，面向外站著，禁止路人通行，禁止兩旁店舖和住家有人出入，禁止在窗口上探頭張望。在「協和會」的大門內外全舖了黃土。車駕動身前，廣播電台即向全市廣播：「皇帝陛下啓駕出宮。」用中國話和日本話各說一遍。這時「協和會」裏的人全體起立，自「總理」以下的特任官們則列隊樓外「奉迎」。車駕到達，人們把身子彎成九十度，同時樂隊奏「國歌」。

我進入屋內，先在便殿休息一下，然後接見大臣們。兩邊侍立著宮內府大臣、侍從武官長、侍衛處長、掌禮處長和侍從武官、侍衛官等，後來另添上「帝室御用挂」吉岡安直。用的桌椅以及桌布都是從宮內府搬來的，上有特定的蘭花「御紋章」。自總理以下有資格的官員們在我面前逐個行過禮，退出。

走完這個過場，我即起身離便殿，此時樂聲大作，一直到我進入會場，走上講台為止。在這段時間內，會場上的人一直是在台下彎成九十度的姿勢。關東軍司令官此時在台上的一角，見我上台，向我彎身為禮，我點頭答禮。

我上台後，轉過身來向台下答過禮，台下的人才直起身子來。此時宮內府大臣雙手捧上「敕語」，我接過打開，向全場宣讀。台下全場的人一律低頭站著，不得仰視。讀完，在我退出會場時，又是樂聲大作，全體九十度鞠躬。我回到便殿稍息，這時特任官們又到樓外準備「奉送」。把我送走後，全市街道上的擴音器則又放出「皇帝陛下啓駕還宮」的兩國話音。我到了家，擴音器還要說一次：「皇帝陛下平安歸宮。」

據說，這是仿效用於日本天皇的辦法。在我照片上做的文章也是從日本搬來的。我的照片被稱做「御容」，後來推廣適應日本人習慣的那種不中不日的「協和語」，改稱之為「御真影」。

按規定，在機關、學校、軍隊和一切公共團體的特定處所，如機關的會議室，學校的校長室裏，設立一個像神龕似的東西，外垂帷幕，裏面懸著我的照片和「詔書」。任何人走進了這間屋子，都必須先向這個掛帷幕的地方行禮。在居民家裏，雖無強制懸御真影的法令規定，但協和會曾強行派售過我與婉容的照片，並指定要懸在正堂上。

這種偶像崇拜教育的施行重點，是在軍隊和學校裏。每天早晨，僞滿各地的軍隊與學校都須舉行朝會，要行兩次遙拜禮，即先面向東方的「皇居」（東京日本天皇的地方），再向長春或帝宮方向，各行一個九十度鞠躬的最敬禮。此外逢到「詔書奉戴日」即頒布每個詔書的日子，還要讀詔書。關於詔書我在後面還要談到。

此外還有其他許多規定，還有外地「巡狩」時的種種排場，在這裏我不一一贅述了。總之，日本軍國主義者把這一套玩意做得極爲認真。據我的體驗，這不僅是爲了訓練中國人，養成盲目服從的習慣和封建迷信思想，就是對下層的日本人也是一樣。日本關東軍曾經幾次利用我去鼓勵它的臣民。

有一次我到阜新煤礦，日本人曾把日本工頭召來，讓我對他說幾句勉勵話。這工頭受此「殊榮」，竟感動得流出眼淚。當然，我這時更覺得有身價了。

使我終於產生最大的錯覺，自認有了極高的權威的，是在一九三五年四月訪問日本之後。

其實這次訪日，全是關東軍安排的。他們說，爲了答謝日本天皇派御弟秩父宮來對我「即位」的祝賀，也是爲了對「日滿親善」的躬親示範，需要這樣辦一辦。

日本政府以樞密顧問官林權助男爵爲首組織了十四人的接待委員會，派了戰艦比睿丸來迎接，白雲、叢雲、薄雲等艦護航。我從大連港起艦時，有球摩、第十二、第十五驅逐艦隊接受我的檢閱，到達橫濱港時，有百架飛機編隊的歡迎。記得我在這次暈頭轉向、受寵若驚的航程中，寫下了一首諂媚的四言詩：

海平如鏡，萬里遠航。
兩邦攜手，永固東方。

在航行的第四日，看了一次七十條艦艇的演習，又在暈船嘔吐之中寫了一首七言絕句：

萬里雄航破飛濤，碧蒼一色天地交，
此行豈僅覽山水，兩國申盟日月昭。

總之，還未上岸，我已受寵若驚。我不僅對日本所示之威力深感驚異，我還把這看做是對我的真心尊敬，真心幫助。過去的一些不愉快，只怪自己誤會了。

到了日本東京，裕仁親自到車站迎接我，並爲我設宴。在我拜會他們後他又回拜了我。我接見了日本元老重臣，受了祝賀，又同裕仁一起檢閱了軍隊。我還參拜了「明治神宮」，慰問了日本陸軍醫院那些侵略中國挨了打的傷兵傷官。我到裕仁的母親那裏，獻了殷勤。日本報紙曾報導過我和她散步的情形，說有一次上土坡，我用手攙扶了日本皇太后，這和我在長春宮內府中，攙我父親上台階有著同樣的心情。其實，我還從來沒有攙扶過自己的父親，如果問到我攙扶裕仁的母親的心情，坦白地說，那純粹是爲了巴結。

最後一天，雍仁代表他哥哥裕仁到車站向我送別，他致歡送詞說：

「皇帝陛下這次到日本來，對於日滿親善，是有重大貢獻的。我國天皇陛下對此感到非常滿意。務請皇帝陛下抱定日滿親善一定能做到的確實信念而回國，這是我的希望。」

我又十分巴結地回答道：

「我對這次日本皇室的隆重接待和日本國民的熱誠歡迎，實是感激已極。我現在下定決心，一定要盡我的全力，爲日滿的永久親善而努力。我對這件事，是抱有確實信心的。」

臨登船出發時，我請擔任接待的林權助代向日本天皇和裕仁母親致謝，這時我居然兩眼含滿了無恥的眼淚，這樣一弄，把那個老頭子也給逗哭了。回想起來，我連一點中國人味也沒有了。

日本皇室這次對我的招待，使我頭腦更加發熱，感到自從當了皇帝之後，連空氣都變了味。我腦子裏出現了一個邏輯：天皇與我平等，天皇在日本的地位，就是我在滿洲國的地位。日本人對我，當如對其天皇者同。

在這種昏昏然中，我一回到長春，立即發表了充滿諛詞的「回鑾訓民詔書」，同時請來新任的關東軍司令長官南次郎大將，向他發表了我的感想。次日（即四月二十九日），與高采烈地參加了裕仁的生日的慶祝會，再次日，便急不可待地下諭，把在長春的所有簡任職以上的官吏，不論中國人日本人全召來，聽我訓話，發表訪日感想。我在事先完全沒有和日本人商議，也沒預備講話稿，到了時候卻口若懸河。我講了訪日的經過，繪形繪聲地描述了日本天皇對我的招待，講了日本臣民對我的尊敬。然後大發議論。

「爲了滿日親善，我確信：如果日本人有不利於滿洲國者，就是不忠於日本天皇陛下，如果滿洲人有不利於日本者，就是不忠於滿洲國的皇帝；如果有不忠於滿洲國皇帝的，就是不忠於日本天皇，有不忠於日本天皇的，就是不忠於滿洲國皇帝……」

我想的實在太天真了。

我回到長春不到一個月，關東軍司令官南次郎在一次例行會見中，告訴我「鄭孝胥總理倦勤思退」，需要讓他養老，換一位總理大臣。關於日本不滿意鄭孝胥的事，我已略有所聞，正想找機會趕走他，現在南次郎提出這事，我立時不假思索地說，讓鄭退休，我完全同意，總理之職可以由臧式毅繼任。我以爲聽了我兩次「日滿親善論」的南次郎一定會遵命的，誰知竟碰了釘子，他向我搖頭說：「不，關東軍已考慮妥了合適的人選，皇帝陛下不必操心，就讓張景惠當總理大臣好了。」

鄭孝胥不久前在他主辦的「王道書院」裏發了一次牢騷。他向聽課的人說：「滿洲國已經不是小孩子了，就該讓它自己走走，不該總是處處不放手。」這話惹惱了日本主子，因此就把他一腳踢開。他後來連存在銀行裏的「建國功勞金」也取不出來，想遷離長春也不得准許，在憲兵隊的監視下，只能在家裏寫寫字，做做詩。這個連骨頭都被「共管」蟲子蛀透了的「詩人兼書法家」，三年之後，終於懷著未遂之願暴死於長春。他的兒子鄭垂也是暴卒的，早於他三年。據傳說，他父子都是死於日本人的暗害。即使傳聞不確，他的下場也足以打破我的恢復祖業的幻想了，而我到一年之後，即日本全面侵華的前夕，才漸漸明白過來。

六、幻想的破滅

日本自一九三三年初退出國際聯盟之後，更加肆無忌憚地進行擴軍備戰，特別是加緊了全面侵華的部署和後方的準備。

在「七七」事變之前，日本在華北連續使用武力和製造事變，國民黨南京政府步步屈服，簽訂了出讓華北控制權的「何（應欽）梅（津）協定」、「秦（德純）土（肥原）協定」等密約，聽任「冀東防共自治政府」、「內蒙自治軍政府」等等偽組織的存在和活動，再三地向日本表白「不但無排日之行動與思想，亦本無排日必要的理由」，並且對國人頒布了「敦睦鄰邦命令」，重申抗日者必嚴懲之禁令。這樣，日本在關內的勢力有了極大的加強，人人可以看出，只要時間一到，五省即可徹底變色。

我在前面說過，這正是關內關外復辟迷們躍躍欲試的時候，正是我第三次「登極」前後得意忘形的時候。然而，日本在張牙舞爪於關內的同時，它在「滿洲國」內也正採取著步步加緊的措施，這些措施終於臨到我這「皇帝」的頭上。

在東北徹底殖民地化的過程中，公平地說，漢奸們是得到不少便宜的。例如改帝制，這個措施不僅使復辟迷們得到了一定心理滿足，而也成了一次發財的機緣，自鄭孝胥以下的大漢奸都得到一筆自五萬至六十萬不等的「建國功勞金」，總數共爲八百六十萬元（以後每逢一次大規模的掠奪，如「糧穀出荷」、「獻金報國」等等，必有一次「獎金」分給上自「總理大臣」下至保甲長）。我現在不想對日本的各種措施做全面的敘述，只把我恢復祖業思想的幻滅以及深感恐懼的事情說一說。

按情理說，日本關東軍在決定帝制時正式告訴我不是恢復清朝，在「登極」時不准我穿龍袍，在決定「總理大臣」人選時根本不理睬我的意見，我就該明白了我的「尊嚴」的虛假性，但是我卻由於過分「陶醉」，竟沒有因此而清醒過來。使我開始感到幻滅滋味的，還是「凌升事件」。

凌升是清末蒙古都統貴福之子，原爲張作霖東三省保安總司令部和蒙古宣撫使署顧問。他是在旅順的「請願代表」之一，因此被列入「建國元勳」之內。事件發生時他是僞滿興安省省長。

一九三六年春天，他突然遭到了關東軍的拘捕。拘捕的原因，據關東軍派來的吉岡安直說，他有反滿抗日活動，但是據佟濟煦聽來的消息，卻是他在最近一次省長聯席會上發過牢騷，以致惹惱了日本人。據說他在這次會上，抱怨日本關東軍言行不一，說他在旅順時曾親耳聽板垣說過，日本將承認「滿洲國」是個獨立國，可是後來事實上處處受關東軍干預，他在興安省無權無職，一切都是日本人做主。開過這個會，他回到本省就被抓去了。我聽到這些消息，感到非常不安，因爲半年前我剛剛與他結爲親家，我的四妹與他的兒子訂了婚。我正在猶豫著，是不是要找關東軍說說情的時候，新任的司令官兼第四任駐「滿」大使植田謙吉先找我來了。

「前幾天破獲了一起案件，罪犯是皇帝陛下認得的，興安省省長凌升。他勾結外國圖謀叛變，反對日本。軍事法庭已經查實他的反滿抗日罪行，宣判了死刑。」

「死刑？」我吃了一驚。

「死刑。」他向他的翻譯點頭重複一遍，意思是向我說清楚。然後又對我說：「這是殺一儆百，陛下，殺一儆百是必需的！」

他走後，關東軍吉岡安直參謀又通知我，應該立刻跟凌升的兒子解除四妹的婚約。我連忙照辦了。

凌升被處決時，使用的是斬首之刑。一同受刑的還有他的幾個親屬。這是我所知道的第一個被日本人殺害的顯要官員，而且還是剛跟我做了親家的。我從凌升跟我攀親的舉動上，深信他是最崇拜我的，也是最忠心於我的人，而關東軍衡量每個人的唯　標準卻是對日本的態度。不用說，也是用這統一標準來看待我的。想到這裏，我越發感到植田「殺一儆百」這句話的陰森可怕。

我由此聯想到不久前的一件事。一九三五年末，有一些人爲圖謀復辟清朝而奔波於關內關外，如康有爲的徒弟任祖安，我從前的奏事官吳天培等，引起了關東軍的注意。關東軍曾就此向我調查。「凌升事件」提醒了我，日本人是不喜歡這類事的，還是要多加小心爲是。

日本人喜歡什麼？我自然地聯想到一個與凌升命運完全不同的人，這就是張景惠。這實在是日本人有意給我們這夥人看的兩個「榜樣」。一福一禍，對比鮮明。

張景惠之所以能得日本人的歡心，代替了鄭孝胥，是有他一套功夫的。這位「鬍子」出身的「總理大臣」的爲人，和他得到日本人的賞識，可以從日本人傳誦他的「警句」上知道。

有一次總務廳長官在國務會議上講「日滿一心一德」的鬼道理，作爲日本掠奪工礦原料行爲的「道義」根據，臨末了，請「總理大臣」說幾句。張景惠說：「咱是不識字的大老粗，就說句粗話吧：日滿兩國是兩隻螞冷（蜻蜓）拴在一根繩上。」這「兩隻螞冷一根繩」便被日本人傳誦一時，成爲教訓「滿」籍官員的「警句」。

日本在東北實行「拓殖移民」政策的時候，在「國務會議」上要通過法案，規定按地價四分之一或五分之一的代價強購東北農田，有些「大臣」如韓雲階等一則害怕造成「民變」，另則自己擁有大量土地，不願吃虧，因此表示了反對。這時張景惠卻出來說話了：「滿洲國土地多得不得了，滿洲人是老粗，沒知識，讓日本人來開荒教給新技術，兩頭都便宜。」提案就此通過了。「兩頭便宜」這句話於是又被日本人經常引用著。

後來，「糧穀出荷」加緊推行，東北農民每季糧食被徵購殆盡，有些「大臣」們因為徵購價過低，直接損害到他們的利益，在「國務會議」上藉口農民鬧饑荒，吵著要求提高收購價格。日本人自然又是不幹，張景惠於是對大家說：「日本皇軍賣命，我們滿洲出糧，不算什麼。鬧饑荒的勒一下褲腰帶，就過去了。」「勒腰帶」又成了日本人最愛說的一句話，當然，不是對他們自己說的。

關東軍司令官不斷地對我稱讚張景惠為「好宰相」，是「日滿親善身體力行者」。我當時很少想到這對我有什麼意義，現在有了凌升的榜樣，在兩者對比之下，我便懂得了。

「凌升事體」過去了，我和德王的一次會見造成了我更大的不安。

德王即由日本操縱成立了「內蒙自治軍政府」偽組織的德穆楚克棟魯普。他原是一個蒙古王公。我在天津時，他曾送錢給我，送良種蒙古馬給溥傑，多方向我表示過忠誠。他這次是有事找關東軍，乘機取得關東軍司令官的允許，前來看望我的。

他對我談起這幾年的經歷和成立「自治軍政府」的情形，不知不覺地發開了牢騷，埋怨他那裏的日本人過分跋扈，說關東軍事先向他許了很多願，到頭來一樣也不實現。尤其使他感到苦惱的是自己樣樣不能做主。

他的話勾起了我的牢騷，不免同病相憐，安慰了他一番。不想第二天，關東軍派到我這裏專任聯絡的參謀，即以後我要談到的「帝室御用掛」吉岡安直，走來板著臉問我：

「陛下昨天和德王談了些什麼？」

我覺得有些不妙，就推說不過是閒聊而已。

他不放鬆我，追問道：「昨天的談話，對日本人表示不滿了沒有？」

我心裏怦怦跳了起來。我知道唯一的辦法就是堅不承認，而更好的辦法則是以進爲退，便說：「那一定是德王故意編排出什麼假話來了吧？」

吉岡雖然再沒有窮追下去，我卻一連幾天心驚肉跳，疑慮叢生。我考慮這件事只有兩個可能，不是日本人在我屋裏安上了什麼偷聽的機器，就是德王在日本人面前說出了真話。我爲了解開這個疑團，費了好大功夫，在屋裏尋找那個可能有的機器。我沒有找到什麼機器，又懷疑是德王成心出賣我，可是也沒有什麼根據。這兩種可能都不能斷定，也不能否定，於是都成了我的新魔障。

這件事發生之後，我懂得的事就比「凌升事件」告訴我的更多了。我再不跟任何外來人說真心話，我對每位客人都有了戒心。事實上，自從我訪日回來發表講演之後，主動來見的人即逐漸減少，到德王會見之後，更近於絕跡。到了一九三七年，關東軍更想出了一個新規矩，即每逢我接見外人，須由「帝室御用掛」在旁侍立。

進入了一九三七年，我一天比一天感到緊張。

在「七七」事變前這半年間，日本加緊了準備工作。為了鞏固它的後方基地的統治，對東北人民的抗日愛國活動，進行了全面的鎮壓。一月四日，以「滿洲國皇帝敕令」頒行了「滿洲帝國刑法」，接著便開始了「大檢舉」、「大討伐」，實行了「保甲連坐法」，「強化協和會」，修「警備道」，建「碉堡」，歸屯併村。

日本這次調來大量隊伍，用大約二十個日本師團的兵力來對付擁有四萬五千餘人的抗日聯軍。與此同時，各地大肆搜捕抗日救國會會員，搜捕一切被認做「不穩」的人。這一場「大檢舉」與「大討伐」，效果並不理想，關東軍司令官向我誇耀了「皇軍」威力和「赫赫戰果」之後不到一年，又以更大的規模調兵遣將（後來知道是七十萬日軍和三十萬偽軍），舉行了新「討伐」，同時據我的親信、警衛處長佟濟煦告訴我，各地經常有人失蹤，好像反滿抗日的分子老也抓不完。

我從關東軍司令官的談話中，從「總理大臣」的例行報告中，向來是聽不到什麼真消息的，只有佟濟煦還可以告訴我一些。他曾經告訴過我，關東軍司令官對我談的「討伐」勝利消息，不一定可靠，消滅的「土匪」也很難說是什麼人。

他說，他有個被抓去當勞工的親戚，參加修築過一件秘密工程，據這個親戚說，這項工程完工後，勞工幾乎全部遭到殺害，只有他和少數幾個人倖免於難，逃了出來。照他看來，報紙上有一次吹噓某地消滅了多少「土匪」，說的就是那批勞工。

佟濟煦的故事說過不久，給我當過英文翻譯的吳沆業失蹤了。有一天溥傑來告訴我，吳是因爲在駐東京大使館時期與美國人有來往被捕的，現在已死在憲兵隊。還說，吳死前曾托看守帶信給他，求他轉請我說情，但他當時沒有敢告訴我。我聽了，趕緊叫他不要再說下去。

在這段時間裏，我經手「裁可」的政策法令，其中有許多關於日本加緊備戰和加強控制這塊殖民地的措施，但無論是「第一五年開發產業計劃」，還是「產業統制法」，也無論是爲適應進一步控制需要而進行的「政府機構大改組」，還是規定日本語爲「國語」，都沒有比溥傑的結婚更使我感到刺激的。

溥傑在日本學習院畢業後，就轉到士官學校學陸軍。一九三五年冬他從日本回到長春，當了禁衛軍中尉，從這時起，關東軍裏的熟人就經常向他談論婚姻問題，什麼男人必須有女人服侍啦，什麼日本女人是世界上最理想的妻子啦，不斷地向他耳朵裏灌。

起初，我聽他提到這些事時不過付之一笑，並沒拿它當回事。不料後來關東軍派到我身邊來的吉岡安直果真向我透露了關東軍的意思，說爲了促進日滿親善，希望溥傑能與日本女人結婚。

我當時未置可否，心裏卻十分不安，趕忙找我的二妹一起商量對策。我們一致認爲，這一定是一項陰謀，日本人想要籠絡住溥傑，想要一個日本血統的孩子，必要時取我而代之。爲了打消關東軍的念頭，我們決定趕快動手，搶先給溥傑辦親事。

我把溥傑找來，先進行了一番訓導，警告他如果家裏有了個日本老婆，自己就會完全處於日本人監視之下，那是後患無窮的，然後告訴他我一定要給他找一個好妻子，他應該聽我的話，不要想什麼日本女人。

溥傑恭恭敬敬地答應了，我便派人到北京去給他說親。後來經我岳父家的人在北京找到一位對象，溥傑也表示滿意，可是吉岡突然找到溥傑，橫加干涉地說，關東軍希望他跟日本女子結婚，以增進「日滿親善」，他既身爲「御弟」，自應做出「親善」表率，這是軍方的意思，本莊繁大將在東京將要親自爲他做媒，因此他不可再去接受北京的親事，應該等著東京方面的消息。結果，溥傑只得服從了關東軍。

一九三七年四月三日，溥傑與嵯峨勝侯爵的女兒嵯峨浩在東京結了婚。過了不到一個月，在關東軍的授意下，「國務院」便通過了一個「帝位繼承法」，明文規定：皇帝死後由子繼之，如無子則由孫繼之，如無子無孫則由弟繼之，如無弟則由弟之子繼之。

溥傑和他的妻子回東北後，我拿定了一個主意：不在溥傑面前說出任何心裏話，溥傑的妻子給我送來的食物我一口也不吃。假若溥傑和我一起吃飯，食桌上擺著他妻子做的菜，我必定等他先下箸之後才略動一點。

後來，溥傑快要做父親的時候，我曾提心吊膽地爲自己的前途算過卦，我甚至也爲我的弟弟擔憂。我相信那個帝位繼承法，前面的幾條都是靠不住的，靠得住的只是「弟之子繼之」這句話。關東軍要的是一個日本血統的皇帝，因此我們兄弟兩個都可能做犧牲品。後來聽說他得的是個女兒，我這才鬆了一口氣。

當時我曾想過，假若我自己有了兒子，是不是會安全？想的結果是，即使真的有了兒子，也不見得對我有什麼好處，因爲關東軍早叫我寫下了字據：若有皇子出生，五歲時就必須送到日本，由關東軍派人教養。

可怕的事情並沒有就此終結。六月二十八日，即「七七」事變九天前，又發生了一起有關「護軍」的事件。

所謂護軍，是我自己出錢養的隊伍，它不同於歸「軍政部」建制的「禁衛軍」。我當初建立它，不單是爲了保護自己，而是跟我當初送溥傑他們去日本學陸軍的動機一樣，想藉此培養我自己的軍事骨幹，爲建立自己所掌握的軍隊做準備。

我這支三百人的隊伍全部都是按照軍官標準來訓練的。負責管理護軍的佟濟煦早就告訴過我，關東軍對這支隊伍是不喜歡的。

我對佟濟煦的預感，過去一直未能理解，直到出了事情這才明白。六月二十八日那天，一部分護軍到公園去遊玩，因租借遊艇，與幾個穿便衣的日本人發生了口角。這時一群日本人一擁而上，不容分說，舉手就打。他們被逼急了，便使出武術來抵抗。

日本人見不能奈何他們，就放出狼狗來咬。他們踢死狼狗，衝出重圍，逃回隊裏。他們沒想到，這一來便闖下了禍。

過了不大時間，宮內府外邊便來了一些日本憲兵，叫佟濟煦把今天去公園的護軍全部交出來。佟濟煦嚇得要命，忙把那些護軍交日本憲兵帶走。日本憲兵逼他們承認有「反滿抗日」活動，那些護軍不肯承認，於是便遭到了各種酷刑虐待。

到這時那些護軍才明白過來，這一事件是關東軍有意製造的：那些穿便衣的日本人原是關東軍派去的，在雙方鬥毆中受傷者有兩名關東軍參謀，被踢死的狼狗即關東軍的軍犬。

我聽到護軍們被捕，原以爲是他們無意肇禍，忙請吉岡安直代爲向關東軍說情。吉岡去了一趟，帶回來關東軍參謀長東條英機的三個條件，即：

一、由管理護軍的佟濟煦向受傷的關東軍參謀賠禮道歉；

二、將肇事的護軍驅逐出境；

三、保證以後永不發生同類事件。

我按照東條的條件一一照辦之後，關東軍接著又逼我把警衛處長佟濟煦革職，由日本人長尾吉五郎接任，把警衛處所轄的護軍編制縮小，長武器一律換上了短槍。

從前，我爲了建立自己的實力，曾送過幾批青年到日本去學陸軍，不想這些人回來之後，連溥傑在內，都由軍政部派了差，根本不受我的支配。現在，作爲骨幹培養的護軍已完全掌握在日本人手裏，我便不再做這類可笑的美夢了。

「七七」事變爆發，日軍占領了北京之後，北京的某些王公。遺老曾一度躍躍欲試，等著恢復舊日冠蓋，但是我這時已經明白，這是決不可能的了。我這時的唯一的思想，就是如何在日本人面前保住安全，如何應付好關東軍的化身——帝室御用挂吉岡安直。

七、吉岡安直

關東軍好像一個強力高壓電源，我好像一個精確靈敏的電動機，吉岡安直就是傳導性能良好的電線。

這個高顴骨、小鬍子、矮身材的日本鹿兒島人，從一九三五年起來到我身邊，一直到一九四五年日本投降，和我一起被蘇軍俘虜時止，始終沒有離開過我。十年間，他由一名陸軍中佐，步步高升到陸軍中將。他有兩個身分，一個是關東軍高級參謀，另一個是「滿洲國帝室御用挂」。後者是日本的名稱，據說意思好像是「內廷行走」，又像是「皇室秘書」，究竟應當譯成什麼合適，我看這並沒有什麼關係，因爲它的字面含意無論是什麼，都不能說明吉岡的實際職能。

他的實際職能就是一根電線。關東軍的每一個意思，都是通過這根電線傳達給我的。我出巡、接見賓客、行禮、訓示臣民、舉杯祝酒，以至點頭微笑，都要在吉岡的指揮下行事。我能見什麼人，不能見什麼人，見了說什麼話，以及我出席什麼會，會上講什麼，等等，一概聽他的吩咐。我要說的話，大都是他事先用日本式的中國話寫在紙條上的。

日本發動了全面侵華戰爭，要僞滿出糧、出人、出物資，我便命令張景惠在一次「省長會議」上，按吉岡的紙條「訓勉」省長們「勤勞奉仕，支持聖戰」。日本發動了太平洋戰爭，兵力不足，要僞滿軍隊接替一部分中國戰場上的任務，我便在軍管區司令官宴會上，按紙條表示了「與日本共生共死，一心一德，斷乎粉碎英美勢力」的決心。

此外，日本在關內每攻佔一個較大的城市，吉岡必在報告了戰果之後，讓我隨他一同起立，朝戰場方向鞠躬，為戰死的日軍官兵致默哀。經他幾次訓練，到武漢陷落時我就再用不著他提醒，等他一報告完戰果我就自動起立，鞠躬靜默。

隨著「成績」不斷進步，他也不斷給我加添功課。例如這次武漢陷落，他又指示我給攻佔武漢的大劊子手岡村寧次寫親筆祝詞，讚頌他的武功，並指示我給日本天皇去賀電。後來修建了「建國神廟」，我每月去那裏為日本軍隊禱告勝利，也是在這「電線」的授意下進行的。

在「七七」事變前，我的私事家事，關東軍還不多過問，可是事變後，情形不同了。「七七」事變前，我在關內的家族照例每年要來一些人，為我祝壽，平時也不免來來往往。「七七」事變後，關東軍做出規定，只准列在名單上的幾個人在一定時間到長春來。而且規定除了我的近支親族之外，其餘的人只能向我行禮，不准與我談話。

同時，外面給我寄來的信件，也一律先送吉岡的嘍囉——宮內府的日系官吏看，最後由吉岡決定是否給我。

當然，關東軍也了解我不致於反滿抗日，但是，他們仍舊擔心我會跟關內勾結起來恢復清朝，而這是不符合他們的要求的。

在那時，要想瞞過吉岡私自會見外人或收一封信，簡直是辦不到的。那時在宮內府設有「憲兵室」，住有一班穿著墨綠色制服的日本憲兵，不僅一切出入的人都逃不出他們的視線，就連院子裏發生什麼事也逃不過他們的耳朵。加之宮內府自次長以下所有的日本人都是吉岡的爪牙，這就造成了對我的嚴格控制。

吉岡之所以能作爲關東軍的化身，幹了十年之久，是有他一套本領的。

有的書上說，吉岡原是我在天津時的好友，後來當了關東軍參謀，正好這時關東軍要選一名帝室與關東軍之間的「聯絡人」，以代替解職的侍從武官石丸志都磨，於是便選上了他。其實在天津時，他不過有一段時間常給我講時事，談不上是我的什麼好友。他被派到我這裏當「聯絡人」，也不是當了關東軍參謀才恰逢其時的。如果說他是溥傑的好友，倒有一半是真的。

僞滿成立之後，溥傑進了日本陸軍士官學校，吉岡正在這個學校擔任戰史教官。他幾乎每個星期日都請溥傑去他家做客，殷勤招待。他們兩人成了好友之後，他即向溥傑透露，關東軍有意請他到滿洲，擔任軍方與我個人之間的聯絡人。

溥傑來信告訴了我，後來又把我回信表示歡迎的意思告訴了他。他這時表示，這是他的榮幸，不過假如他不能得到關東軍高級參謀的身分，就不想幹，因爲從前幹這差事的中島比多吉和石丸志都磨沒在滿洲站住腳，就是由於沒有在關東軍裏扎下根。

後來，不知他怎麼活動的，他的願望實現了，關東軍決定任他爲高級參謀，派他專任對我的聯絡職務。他在動身來滿洲之前，請溥傑寫信把這消息告訴我，同時說：「如果令兄能預先給我準備好一間辦公的屋子，我就更感到榮幸了。」我知道了這件事，滿足了他的「榮幸」感。

過了許久我才明白，原來他這是有意給關東軍看的。他在關東軍的眼裏既有與我的不平凡關係，在我的眼中又有關東軍高參這張老虎皮，自然就左右逢源，得其所哉了。

吉岡很喜歡畫水墨畫。有一次他畫了一幅墨竹，請鄭孝胥題詩，請我題字（什麼字，早已忘了），然後帶到日本，送給裕仁的母親日本皇太后。

不久，日本報紙上刊登了這幅畫，並稱譽吉岡爲「彩筆軍人」。吉岡的藝術聲名是否由此出現的，我不知道，但我敢斷定他指望這幅畫帶給他的，並不是什麼藝術上的稱號，卻是比這稱號更值錢的身價。

我從日本訪問回來，日本皇太后和我有了經常的往來，不斷互相饋贈些小禮物，中間人就是這位吉岡。從那次他送了墨竹之後，東京與長春的往來就更頻繁了。

他大約每年都要往返東京幾次，每次臨走之前，總要叫我做點點心之類的食品，由他帶去送給日本皇太后，回來時，再帶回日本皇太后的禮物，其中必不可少的是日本點心。好在那位老太太和我都有現成的做點心師傅，彼此送來送去，都不費什麼事。不過由於我的疑心病，吉岡每次帶回來的點心，我總是叫別人先吃了才敢動。

當然，吉岡每年一次往返於日滿皇室之間，這決不是他的擅自專斷，但每次往返的內容，我相信主要是他的獨創設計。譬如有一次，他看見了我的四用聯合收音機，忽然像發現了奇蹟似地問我：

「這個機器能Record（錄音）？」

他的中國話不大好，但我們交談起來還不困難，因爲他還會點英文。我們兩人的英文程度差不多，平時說話中國話夾著英文，加上筆談幫忙，倒也能把意思說清楚。

「Record是大大的好。」我說，並且拿出一片錄音片試給他看。

「好，好！」他高興地笑著，看我安好片子，便說：「我教陛下幾句日本話吧！嗯！」接著就用日本話說出：「我祝天皇陛下身體健康！」

我照他說的日本話說一遍：「我祝天皇陛下身體健康……」，這句話錄到唱片上了。他把那唱片放送了兩遍，滿意地拿了起來。

「好，這次我到東京，嗯！把它貢給天皇陛下！」

吉岡說話，總帶幾個「嗯！哈！」眼眉同時挑起。這個毛病，越到後來越多，我也覺著越不受用。和這種變化同時發生的，還有他對於我們之間的關係的解釋。

一九三四年我訪問日本，日本皇太后給我寫了幾首和歌，那時吉岡的話是我最順耳的時候。

「皇太后陛下等於陛下的母親，我如同陛下的準家屬，也感到榮耀！」

他那時對溥傑說：「我和你有如手足的關係。我和皇帝陛下，雖說不能以手足相論，也算是手指與足指關係。咱們是準家族呀！」

但是到了一九三六年前後，他的話卻有了變化：

「日本猶如陛下的父親，嗯，關東軍是日本的代表，嗯，關東軍司令官也等於是陛下的父親，哈！」

日本軍隊前線景況越壞，我在關東軍和吉岡面前的輩份也越低，後來他竟是這樣說的：「關東軍是你的父親，我是關東軍的代表，嗯！」

吉岡後來每天進「宮」極爲頻繁，有時來了不過十分鐘，就走了，走了不到五分鐘，又來了。去而復返的理由都是很不成道理的，譬如剛才忘了說一句什麼話，或者忘了問我明天有什麼事叫他辦，等等。因此我不能不擔心，他是否在用突然襲擊的辦法考查我。

爲了使他不疑心，我只好一聽說他到，立即接見，盡力減少他等候的時間。甚至正在吃飯，也立刻放下飯碗去見他。對於他，我真算做到了「一飯三吐哺、一沐三握髮」的程度。

八、幾個「詔書」的由來

在僞滿學校讀過書的人，都被迫背過我的「詔書」。在學校、機關、軍隊裏，每逢頒布一種詔書的日子，都要由主管人在集會上把那種詔書念一遍。

聽人講，學校裏的儀式是這樣的：儀式進行時，穿「協和服」❹的師生們在會場的高台前列隊肅立，教職員在前，學生在後。戴著白手套的訓育主任雙手捧著一個黃布包，高舉過頂，從房裏出來。黃布包一出現，全場立即低下頭。訓育主任把它捧上台，放在桌上，打開包袱和裏面的黃木匣，取出捲著的詔書，雙手遞給戴白手套的校長，校長雙手接過，面向全體展開，然後宣讀。

如果這天是五月二日，就念一九三五年我第一次訪日回來在這天頒布的「回鑾訓民詔書」（原無標點）：

朕自登極以來，亟思躬訪日本皇室，修睦聯歡，以伸積慕。今次東渡，宿願克遂。日本皇室，懇切相待，備極優隆，其臣民熱誠迎送，亦無不殫竭禮敬。衷懷銘刻，殊不能忘。深維我國建立，以達今茲，皆賴友邦之仗義盡力，以奠丕基。茲幸致誠悃，復加意觀察，知其政本所立，在乎仁愛，教本所重，在乎忠孝；民心之尊君親上，如天如地，莫不忠勇奉公，誠意為國，故能安內攘外，講信恤鄰，以維持萬世一系之皇統。朕今躬接其上下，咸以至誠相結，氣同道合，依賴不渝。朕與日本天皇陛下，精神如一體。爾眾庶等，更當仰體此意，與友邦一心一德，以奠定兩國永久之基礎，發揚東方道德之真義。則大局和平，人類福祉，必可致也。凡我臣民，務遵朕旨，以垂萬禩。欽此！

詔書共有六種，即：

一九三四年三月一日的「即位詔書」；
一九三五年五月二日的「回鑾訓民詔書」；
一九四〇年七月十五日的「國本奠定詔書」；
一九四一年十二月八日的「時局詔書」；
一九四二年三月一日的「建國十週年詔書」；
一九四五年八月十五日的「退位詔書」。

「即位詔書」後來為第五個即「建國十週年詔書」所代替。一九四五年八月十五日的「退位詔書」，那是沒有人念的。所以主要的是四個詔書。學生、士兵都必須背誦如流，背不來或背錯的要受一定懲罰。

這不但是日本在東北進行奴化的宣傳材料，也是用以鎮壓任何反抗的最高司法根據。東北老百姓如果流露出對殖民統治有一絲不滿，都可能被藉口違背詔書的某一句話而加以治罪。

從每一種詔書的由來上，可以看出一個人的靈魂如何在墮落。前兩個我在前面說過了，現在說一下第三個，即「國本奠定詔書」是怎麼出世的。

有一天，我在緝熙樓和吉岡呆坐著。他要談的話早已談完，仍賴在那裏不走。我料想他必定還有什麼事情要辦。果然，他站起了身，走到擺佛像的地方站住了，鼻子發過了一陣嗯嗯之聲後，回頭向我說：

「佛，這是外國傳進來的。嗯，外國宗教！日滿精神如一體，信仰應該相同，哈？」

然後他向我解釋說日本天皇是天照大神的神裔，每代天皇都是「現人神」，即大神的化身，日本人民凡是爲天皇而死的，死後即成神。

我憑著經驗，知道這又是關東軍正在通過這條高壓線送電。但是他說了這些，就沒電了。我對他的這些神話，費了好幾天功夫，也沒思索出個結果來。

事實是，關東軍又想出了一件事要叫我做，但由於關東軍司令官植田謙吉正因發動的張鼓峰和諾門坎兩次戰事不利，弄得心神不寧，一時還來不及辦。後來植田指揮的這兩次戰役都失敗了，終於被調回國卸職。臨走，他大概想起了這件事，於是在辭行時向我做了進一步的表示：日滿親善，精神如一體，因此滿洲國在宗教上也該與日本一致。他希望我把這件事考慮一下。

「太上皇」每次囑咐我辦的事，我都順從地加以執行，唯有這一次，簡直叫我啼笑皆非，不知所措。

這時，胡嗣瑗已經被擠走，陳曾壽已經告退回家，萬繩栻已經病故，佟濟煦自護軍出事以後膽小如鼠，其他的人則無法靠近我。被視爲親信並能見我的，只有幾個妹夫和在「內延」念書的幾個侄子。

那時，在身邊給我出謀獻策的人沒有了，那些年輕的妹夫和侄子們又沒閱歷，商量不出個名堂來，我無可奈何地獨自把植田的話想了幾遍。還沒想出個結果，新繼任的司令官兼第五任大使梅津美治郎來了。他通過吉岡向我攤了牌，說日本的宗教就是滿洲的宗教，我應當把日本皇族的祖先「天照大神」迎過來立為國教。又說，現在正值日本神武天皇紀元二千六百年大慶，是迎接大神的大好時機，我應該親自去日本祝賀，同時把這件事辦好。

後來我才聽說，在日本軍部裏早就醞釀過此事，由於意見不一，未做出決定。據說，有些比較懂得中國人心理的日本人，如本莊繁之流，曾認為這個舉動可能在東北人民中間引起強烈的反感，導致日本更形孤立，故擱了下來。

後來由於主謀者斷定，只要經過一段時間，在下一代的思想中就會扎下根，在中年以上的人中間，也會習以為常，於是便做出了這個最不得人心的決定。

他們都沒有想到，這件事不但引起了東北人民更大的仇恨，就是在一般漢奸心裏，也是很不受用的。以我自己來說，這件事就完全違背了我的「敬天法祖」思想，所以我的心情比發生「東陵事件」時更加難受。

我當了皇帝以後，曾因為祭拜祖陵的問題跟吉岡發生過爭執。登極即位祭祖拜陵，這在我是天經地義之事，但是吉岡說，我不是清朝皇帝而是滿蒙漢日朝五民族的皇帝，祭清朝祖陵將引起誤會，這是不可以的。

我說我是愛新覺羅的子孫，自然可以祭愛新覺羅的祖先陵墓。他說那可以派個愛新覺羅的其他子孫去辦。爭論結果，當然是我屈服，打消了北陵之行，然而我卻一面派人去代祭，一面關上門在家裏自己祭。現在事情竟然發展到不但祭不了祖宗，而且還要換個祖宗，我自然更加不好受了。

自從我在旅順屈服於板垣的壓力以來，儘管我每一件舉動都是對民族祖先的公開背叛，但那時我尚有自己的綱常倫理，還有一套自我寬解的哲學：我先是把自己的一切舉動看做是恢復祖業、對祖宗盡責的孝行，以後又把種種屈服舉動解釋成「屈蠖求伸之計」，相信祖宗在天之靈必能諒解，且能暗中予以保佑。可是現在，日本人逼著我拋棄祖宗，調換祖宗，這是怎麼也解釋不過去的。

然而，一種潛於靈魂深處的真正屬我所有的哲學，即以自己的利害爲行爲最高準則的思想提醒了我：如果想保證安全、保住性命，只得答應下來。當然，在這同時我又找到了自我寬解的辦法，即私下保留祖先靈位，一面公開承認新祖宗，一面在家裏祭祀原先的祖宗。因此，我向祖宗靈位預先告祭了一番，就動身去日本了。

這是我第二次訪問日本，時間在一九四〇年五月，待了一共只有八天。

在會見裕仁的時候，我拿出了吉岡安直給我寫好的台詞，照著念了一遍，大意是：爲了體現「日滿一德一心、不可分割」的關係，我希望，迎接日本天照大神，到「滿洲國」奉祀。他的答詞簡單得很，只有這一句：

「既然是陛下願意如此，我只好從命！」

接著，裕仁站起來，指著桌子上的三樣東西，即一把劍、一面銅鏡和一塊勾玉，所謂代表天照大神的三件神器，向我講解了一遍。我心裏想：聽說在北京琉璃廠，這種玩意很多，太監從紫禁城裏偷出去的零碎，哪一件也比這個值錢，這就是神聖不可侵犯的大神嗎？這就是祖宗嗎？

在歸途的車上，我突然忍不住哭了起來。

我回到長春之後，便在「帝宮」旁修起了一所用白木頭築的「建國神廟」，專門成立了「祭祀府」，由做過日本近衛師團長、關東軍參謀長和憲兵司令官的橋本虎之助任祭祀府總裁，沈瑞麟任副總裁。

從此，就按關東軍的規定，每逢初一、十五，由我帶頭，連同關東軍司令和「滿洲國」的官員們，前去祭祀一次。以後東北各地也都按照規定建起這種「神廟」，按時祭祀，並規定無論何人走過神廟，都要行九十度鞠躬禮，否則就按「不敬處罰法」加以懲治。

由於人們都厭惡它，不肯向它行禮，因此凡是神廟所在，都成了門可羅雀的地方。據說有一個充當神廟的「神官」（即管祭祀的官員），因爲行祭禮時要穿上一套特製的官服，樣子十分難看，常常受到親友們的恥笑，有一次他的妻子的女友對他妻子說：「你瞧你們當家的，穿上那身神官服，不是活像《小上墳》裏的柳祿景嗎？」這對夫妻羞愧難當，悄悄丟下了這份差事，跑到關內謀生去了。

關東軍叫祭祀府也給我做了一套怪模怪樣的祭祀服，我覺著穿著實在難看，便找到一個藉口說，現值戰爭時期，理應穿戎服以示支援日本盟邦的決心，我還說穿軍服可以戴上日本天皇贈的勳章，以表示「日滿一德一心」。

關東軍聽我說得振振有詞，也沒再勉強我。我每逢動身去神廟之前，先在家裏對自己的祖宗磕一回頭，到了神廟，面向天照大神的神龕行禮時，心裏念叨著：「我這不是給它行禮，這是對著北京坤寧宮行禮。」

我在全東北人民的恥笑、暗罵中，發布了那個定天照大神爲祖宗和宗教的「國本奠定詔書」。這次不是鄭孝胥的手筆（鄭孝胥那時已死了兩年），而是「國務院總務廳」囑托一位叫佐藤知恭的日本漢學家的作品。其原文如下：

朕茲為敬立

建國神廟，以奠國本於悠久，張國綱於無疆，詔爾眾庶曰：我國自建國以來，邦基益固，邦運益興，烝烝日躋隆治。仰厥淵源，念斯丕績，莫不皆賴

天照大神之神庥，

天皇陛下之保佑。是以朕向躬訪

日本皇室，誠悃致謝，感戴彌重，詔爾眾庶，訓以一德一心之義，其旨深矣。今茲東渡，恭祝紀元二千六百年慶典，親拜

皇大神宮，回鑾之吉，敬立

建國神廟，奉祀

天照大神，盡厥崇敬，以身禱國民福祉，式為永典，令朕子孫萬世祗承，有孚無窮。

庶幾國本奠於唯神之道，國綱張於忠孝之教。仁愛所安，協和所化，四海清明，篤保神庥。爾眾庶其克體朕意，培本振綱，力行弗懈，自強勿息。欽此！

詔書中的「天照大神之神庥，天皇陛下之保佑」，以後便成了每次詔書不可少的諛詞。為了讓我和偽大臣們接受「神道」思想，日本關東軍不怕麻煩，特地把著名神道家筧克彥（據說是日本皇太后的神道講師）請來，給我們講課。

這位神道家講課時，總有不少奇奇怪怪的教材。譬如有一幅掛圖，上面畫著一棵樹，據他講，這棵樹的樹根，等於日本的神道，上面的枝，是各國各教，所謂八紘一宇，意思就是一切根源於日本這個祖宗。

又一張紙上，畫著一碗清水，旁邊立著若干醬油瓶子、醋瓶子，說清水是日本神道，醬油醋則是世界各宗教，如佛教、儒教、道教、基督教、回教等等。日本神道如同純淨的水，別的宗教均發源於日本的神道。

還有不少奇譚，詳細的已記不清了。總之，和我後來聽到的關於一貫道的說法，頗有點相像。我不知日本人在聽課時，都有什麼想法，我只知道我自己和偽大臣們，聽課時總忍不住要笑，有的就索性睡起覺來。綽號叫于大頭的偽軍政部大臣于深澂，每逢聽「道」就歪著大頭打呼嚕。但這並不妨害他在自己的故鄉照樣設大神廟，以示對新祖宗的虔誠。

一九四一年十二月八日，日本對美英宣戰，在關東軍的指示下，偽滿又頒布了「時局詔書」。以前每次頒發詔書都是由國務院辦的，但這次專門召開了「御前會議」，吉岡讓我親自宣讀。這是十二月八日傍晚的事。這詔書也是佐藤的手筆。

奉

天承運大滿洲帝國皇帝詔爾眾庶曰：

盟邦大日本帝國天皇陛下茲以本日宣戰美英兩國，

明詔煌煌，懸在天日，朕與

日本天皇陛下，精神一體，爾眾庶亦與其臣民咸有一德之心，夙將不可分離關係，固結共同防衛之義，死生存亡，斷弗分攜。爾眾庶咸宜克體朕意，官民一心，萬方一志，舉國人而盡奉公之誠，舉國力而援盟邦之戰，以輔東亞戡定之功，貢獻世界之和平，欽此！

這些恭維諂媚的詞令，和「天照大神之神庥，天皇陛下之保佑」一樣，以後都成了我的口頭禪。

我每逢見來訪我的關東軍司令官，一張嘴便流利地說出：

「日本與滿洲國乃是一體不可分的關係，生死存亡的關係，我一定舉國力爲大東亞聖戰的最後勝利，爲以日本爲首的大東亞共榮圈奮鬥到底。」

一九四二年，做了日本首相的前關東軍參謀長東條英機，到僞滿作閃電式的訪問。我見了他，曾忙不迭地說：

「請首相閣下放心，我當舉滿洲國之全力，支援親邦日本的聖戰！」

這時已經把「盟邦」改稱爲「親邦」。這是僞滿「建國十週年」所帶來的新屈辱，是寫在「建國十週年詔書」裏的。

在這個「十週年」（一九四二年）的前夕，吉岡曾和我說：

「沒有日本，便不會有滿洲國，嗯，所以應該把日本看成是滿洲國的父親。所以，嗯，滿洲國就不能和別的國家❺一樣，稱日本國爲盟邦友邦，應稱做親邦。」

與此同時，國務院最末一任總務廳長官武部六藏，把張景惠和各部僞人臣召到他的辦公室裏，講了一番稱日本爲親邦的道理。接著「建國十週年詔書」就出來了：

我國自肇興以來，歷茲十載，仰賴

天照大神之神庥，

天皇陛下之保佑，國本奠於唯神之道，政教明於四海之民，

崇本敬始之典，萬世維尊。

奉天承運之祚，垂統無窮。

明明之鑒如親，

穆穆之愛如子。夙夜乾惕，唯念昭德，勵精自懋，弗敢豫逸。爾有司眾庶，亦咸以朕心為心，忠誠任事，勤勉治業，上下相和，萬方相協。自創業以至今日，始終一貫，奉公不懈，深堪嘉慰。宜益砥其所心，勵其所志，獻身大東亞聖戰，奉翼親邦之天業，以盡報本之至誠，努力國本之培養，振張神人合一之綱紀，以奉答建國之明命。

欽此！

從此「親邦」二字便成了「日本」的代名詞。

我自認是它的兒子還嫌不夠，武部六藏和吉岡安直竟又決定，要我寫一封「親書」，由總理張景惠代表我到日本去「謝恩」。我在這裏把「謝恩」二字加引號，並非是杜撰，而是真正引用原文的。張景惠的正式身分，乃是「滿洲帝國特派赴日本帝國謝恩大使」，這也是寫在「親書」裏的。

到了一九四四年，日本的敗象越來越清楚，連我也能察覺出來，日本軍隊要倒楣了。有一次吉岡跑來，轉彎抹角地先說了一通「聖戰正在緊要關頭，日本皇軍爲了東亞共榮圈各國的共存共榮，作奮不顧身的戰爭，大家自應盡量供應物資，特別是金屬……」最後繞到正題上，「陛下可以率先垂範，親自表現出日滿一體的偉大精神……」

這回他沒有嗯、哈，可見其急不可待，連裝腔作勢也忘了。而我是渾身毫無一根硬骨頭，立即遵命，命令首先把僞宮中的銅鐵器具，連門窗上的銅環、鐵掛鉤等等，一齊卸下來，交給吉岡，以支持「親邦聖戰」。過了兩天，我又自動地拿出許多白金、鑽石首飾和銀器交給吉岡，送關東軍。不久吉岡從關東軍司令部回來，說起關東軍司令部裏連地毯都捐獻了，我連忙又命把僞宮中所有地毯一律捲起來送去。後來我去關東軍司令部，見他們的地毯還好好地鋪在那裏，究竟吉岡爲什麼要捲我的地毯，我自然不敢過問。

以後我又自動地拿出幾百件衣服，讓他送給山田乙三，即最末一任的關東軍司令長官。當然，經我這一番帶頭，報紙上一宣揚，於是便給日僞官吏開了大肆搜刮的方便之門。聽說當時在層層逼迫之下，小學生都要回家去搜斂一切可搜斂的東西。

吉岡後來對溥傑和我的幾個妹夫都說過這樣的話：「皇帝陛下，在日滿親善如一體方面，乃是最高的模範。」然而，這位「最高模範」在無關緊要之處，也曾叫他上過當。

例如捐獻白金的這次，我不捨得全給他們，但又要裝出「模範」的樣兒，於是我便想出這樣一個辦法，把白金手錶收藏起來，另買了一塊廉價錶帶在手腕上。

有一天，我故意當著他的面看錶，說：「這支錶又慢了一分鐘。」他瞅瞅我這支不值錢的錶，奇怪起來：「陛下的錶，換了的，這個不好……」「換了的，」我說，「原來那支是白金的，獻了獻了的！」

一九四五年，東北人民經過十幾年的搜刮，已經衣不蔽體、食無粒米，再加上幾次的「糧穀出荷」、「報恩出荷」的掠奪，弄得農民們已是求死無門。這時，爲了慰問日本帝國主義，又進行了一次搜刮，擠出食鹽三千擔，大米三十萬噸，送到日本國內去。

本來這次關東軍是打算讓我親自帶到「親邦」進行慰問的。日本這時已開始遭受空襲，我怕在日本遇見炸彈，只得推說：「值此局勢之下，北方鎮護的重任，十分重大，我豈可以在這時離開國土一步？」不知道關東軍是怎麼考慮的，後來決定派一個慰問大使來代替我。張景惠又輪上這個差使，去了日本一趟。他此去死活，我自然就不管了。

九、家門以內

我不能過問政事，不能隨便外出走走，不能找個「大臣」談談，所以當關東軍那邊的電流通不過來的時候，我就無事可幹。我發展了遲眠晏起的習慣，晚上總要在後半夜，甚至過三點才睡，早晨要十一點才起。每日兩餐，早餐在中午十二點至一兩點，晚飯在九至十一點，有時是十二點。四點到五六點睡中覺。

我的日常生活，除了吃睡之外，用這八個字就可以概括了，即：打罵、算掛、吃藥、害怕。

這四樣東西是相互有著關聯的。隨著日本崩潰的跡象越來越明顯，我越是恐怖，就怕日本在垮台之前，會殺我滅口。在這種心理支配下，我對日本人是伺候顏色、諂媚逢迎，對家門以內則是脾氣日趨暴躁，動輒打人罵人。

我的迷信思想也更加發展，終日吃素念經，占卜打卦，求神佛保佑。在這種精神不寧和不正常的生活習慣下，本來就糟踏壞了的身體，這時越發虛弱，因此又擠命打針吃藥。總而言之，這四樣東西構成了我昏天昏地、神神顛顛的生活。

我的殘暴多疑，早在紫禁城時代就種下了根子，到了天津，向前發展了一步。在天津，我給傭人們立下了這樣的「家規」：

一、不准彼此隨便說話，以防結黨營私。

一、不准互相包庇袒護。

一、不准舞弊賺錢。

一、當同事犯有過錯時須立即報告。

一、上級對下級犯過的人，須在發現之後立即加以責打。

如果放鬆看管。罪加一等。

到東北後，又附加了一項誓詞：

「如有違背，甘心承受天罰，遭受天打雷轟。」

在我的大門內，我的殘忍暴虐行爲，後來發展到經常打人，甚至於使用刑具。打人的花樣很多，都是叫別人替我執行。受到這種委派的人往往不是一個兩個，而是全體在場的人。他們在動手的時候，必須打得很重，否則便可能引起我的疑心，認爲他們朋比爲奸，因此臨時轉移目標，改打不肯使勁打人的人。

我的打罵對象除了我的妻子、弟弟和妹夫之外，幾乎包括家裏的一切人。那時我有幾個侄子，在宮裏念書，同時又是陪我說話、伺候我的人，是我培養的親信，可是我一樣地打罵他們。他們那時最怕我說的一句話，就是：「叫他下去！」意思就是到樓下去挨打。

我這些舉動，除了說明我的蠻橫、狂妄、暴虐和喜怒無常的可恥性格之外，實在不能說明別的問題。有一次，一個童僕在我的椅子上坐了一下，別人根據我訂立的家規，把他告發了。我認爲這是冒犯了我，立即命人重重責打了他一頓。其實這個寶座，不是我也坐得心驚肉跳嗎？

在長春，我因患痔瘡，買了不少坐藥。有個小侄子見到這種藥很稀奇，無意中說了一句，「很像個槍彈」，立刻觸了我的忌諱，「這不是咒我吃槍彈嗎！」在我的授意之下，其他的侄子們給了他一頓板子。

在我這種統治下，境遇最慘的是一批重僕。這是從長春的一個所謂慈善團體要來的孤兒，大約有十幾個，他們大都是父母被日本人殺害之後遺下來的。日本人怕這些後代記仇，便叫漢奸政權用慈善團體名義收養起來，並給他們改了姓名，進行奴化教育，用奴役勞動摧殘他們。

當他們聽說被送到我這裏來的時候，有的還抱過很大希望，認爲生活一定比在慈善會裏好些，事實上不但沒有什麼改善，反而更糟。

他們在這裏，吃的是最壞的高粱米，穿的是破爛不堪的衣服，每天要幹十五六小時的活，晚上還要坐更守夜。冬天，因爲又冷又餓，又累又睏，有的在打掃工作中，不知不覺地伏在暖氣上睡去，以致烤得皮焦肉爛。他們挨打更是經常的。幹活睡覺要挨打，掃地不乾淨要挨打，說話大聲要挨打。心裏不高興的隨侍，還常拿他們出氣。爲了處罰他們，負責管理他們的隨侍，特地設了禁閉室。這些孤兒在種種折磨下，長到十七八歲，還矮小得像十來歲的孩子。

有一個叫孫博元的童僕，就是被生生折磨死的。

這孩子在僞宮裏實在受不了，他幻想著外面世界也許好些，屢次想找機會逃走。第一次逃走被發覺抓回來，挨了一頓毒打。第二次又逃走，他以爲通暖氣管的地道通到外面，便鑽了進去，可是在裏面轉來轉去，轉了兩天兩夜也沒找到出口。他又渴又餓，不得不出來找水喝，因此被人發現又抓住了。

我聽到了隨侍的報告，便命令：「讓他先吃點東西，然後再管教他！」可是這時他早被隨侍們管教得奄奄一息了。我聽說他快死了，嚇得要命，怕他死了變成冤鬼前來索命，便命令把醫生叫來搶救，可是已經來不及了。這孩子終於在我的「家規」下，喪失了幼小的生命！

這件事發生後，我並沒有受到良心的責備，只是由於害怕因果報應，花了幾天功夫在佛壇前磕頭念經，超度亡魂，同時責令打過他的隨侍們，在半年以內，每天要用竹板打自己的手心，以示懺悔。好像這樣措置之後，我就可以擺脫一切干係似的。

我對僕人們的苛刻待遇，後來竟因神經過敏而發展到極無聊的地步。我經常像防賊似地防備廚子買菜時賺我幾角錢。我甚至於派人秘密跟蹤，看他是怎麼買的，或者向我的妹妹們調查，肉多少錢一斤，雞多少錢一隻。有時候認為菜做的不好，或者發現有點什麼髒東西，立刻下令罰錢。當然有時因為做的好，也賞錢。我在自己的屋子外面無權無力，只能在日本人決定的法令上劃可，在自己的屋子裏面，卻作威作福，我行我法。

到了偽滿末期，日本的敗象越來越明顯。無論是無線電中的盟國電台消息，還是吉岡安直流露出的頹喪心情，都逐日加深著我的末日情緒。我的脾氣變得更壞了，在家門裏發的威風也更凶了。一九四四年初，一位按例來給我祝壽的長輩，竟平白無辜地成了我發威風的對象。

那天為了慶祝我的生日，宮內府弄了一個滑冰晚會，找了些會滑冰的人來表演。在大家看滑冰的時候，這位關內來的長輩看見了吉岡安直和日本官吏們，為了表示禮貌，在我的面前跟他們招呼為禮。

這樣的事在一般人看來本是極為平常的，可是在當時我那一群人眼中卻成了「大不敬」的失儀行為。

因為「天子」乃是「至尊」，在「天子」面前沒有誰更尊貴的，所以任何人不能有互相致敬、受禮的表示。

家裏的人都知道我是絕對不容許有這類事發生的，而且按照我的教誨，如有人發現任何不敬行爲，不向我報告就要算做不忠。因此，這件當時並未被我發現的「不敬」行爲，過了不大功夫，即在滑冰表演結束後舉行家宴的時候，就有個侄子在宴席上報告了我。

我這時正在高興，加以想到他是個老人，不想深究，便示意叫這忠心的侄子退下。卻不料那位剛犯了「大不敬」的老人，現在又犯了好奇心，想知道那個侄子俯在我耳邊說什麼，便探過頭去問那個侄子，又一次犯了「大不敬」。

我不禁勃然大怒，猛地拍了一下桌子，喝道：「給你臉，不作臉，你還有個夠嗎？」這位老人這才明白了他的「過失」，嚇得面如土色，身不由己地向我雙膝跪倒，誠惶誠恐地低下頭來。而我卻越想越氣，索性離了席，對他嚷叫起來：「你的眼裏還有我嗎？你眼裏沒有我，就是沒有德宗景皇帝，就是沒有穆宗毅皇帝！……」弄得全場鴉雀無聲，可謂大煞風景。

我所以如此氣惱，說穿了不過是因爲被傷害了虛榮心。我甚至覺得這個老人竟不如日本人。連日本人對我使顏色都是背著人進行的，可他倒當著人的面冒犯我！

到長春之後，我看了大量的迷信鬼神書，看得入了迷。我在書上看了什麼六道輪迴，說一切生物都有佛性，我就生怕吃的肉是死去的親人變的，所以除了每天早晚念兩次經外，每頓飯又加念一遍「往生咒」，給吃的肉主超生。

開頭是在開飯的時候，當著人面，我自己默默地念，後來我索性讓人先出去，等我一個人嘟嘟囔囔地念完，再讓他們進來。所以後來每逢吃飯，他們便自動等在外面，聽我嘟囔完了才進來。

記得有一次，我正在同德殿的地下防空洞裏吃飯，忽然響起了空襲警報，我念了咒還不算，還把要吃的一個雞蛋拿起來，對它磕三個頭，才敢把這個「佛性」吃下肚去。

這時，我已經索性吃素，除雞蛋外，葷腥一概不動。我不許人們打蒼蠅，只許向外轟。我知道蒼蠅會帶病菌傳病給人，蒼蠅落過的飯菜，我一律不吃，如果在我的嘴唇上落一下，我就拿酒精棉花擦一下（我身上總帶著一個盛酒精藥棉的小鐵盒），如果發現菜裏有蒼蠅腿要罰廚師的錢，儘管如此，我卻不准任何人打死一隻蒼蠅。有一次我看見一隻貓抓住了一隻老鼠，爲了救這隻老鼠，我就下令全體家人一齊出動去追貓。

我越看佛書越迷，有時做夢，夢見遊了地獄，就越發相信。有一次，我從書上看到，念經多日之後，佛就會來，還要吃東西。我便佈置出一間屋子，預備了東西。在念過經之後，對眾人宣佈道：佛來了！我便跪著爬進屋去。當然裏面是空的，可是因爲我自己也相信了自己的胡說八道，所以戰戰兢兢地向空中碰起頭來。

我家裏的人都叫我弄得神神顛顛的。在我的影響下，家中終日佛聲四起，木魚銅磬響聲不絕，像居身於廟裏一樣。

我還常常給自己問卜算卦，而且算起來就沒完，不得上吉之卦，決不罷休。後來我日益害怕關東軍害我，發展到每逢吉岡找我一次，我要打卦卜一次吉凶。避凶趨吉，幾乎成了支配我一舉一動的中心思想。弄得行路、穿衣、吃飯，腦子裏也是想著哪樣吉，哪樣不吉。至於吉凶的標準，也無一定之規，往往是見景生情，臨時自定。

譬如走路時，前面有塊磚頭，心裏便規定道：「從左面走過去，吉祥，從右邊，不吉祥。」然後便從左面走過去。什麼邁門坎用左腿右腿，夾菜是先夾白先夾綠，真是無窮無盡。婉容也隨我入了迷，她給自己規定，對於認爲不吉的，就眨巴眨巴眼，或是吐吐唾沫。後來弄成了習慣，時常無緣無故地眨巴一陣眼，或者是嘴裏「啐啐啐」連著出聲，就像患了精神病似的。

在我的教育管制之下，我的侄子們——二十左右歲的一群青年，個個像苦修的隱士，有的每天「入定」，有的新婚之後不回家，有的在床頭上懸掛「白骨圖」，有的終日掐訣念咒，活像見了鬼似的。

我還每天「打坐」。「打坐」時，不准有一點聲音。這時所有的人連大氣都不敢出。我的院子裏養了一隻大鶴，牠不管這套，高起興來就要叫一下子。我交代給僕人負責，如果鶴叫一聲，就罰他五角錢。僕人們被罰了不少錢之後，研究出一個辦法：鶴一伸脖子他就打牠脖子一下，這樣就不叫了。

因爲怕死，所以最怕病。我嗜藥成癮，給了我的家人和僕人不少罪受，也給自己找了不少罪受。我嗜藥不僅是吃，而且還包括收藏。中藥有藥庫，西藥有藥房。我有時爲了菜的口味差一些，硬叫扣出廚子幾角錢來，但爲買些用不著的藥品，可以拿出幾千元、幾萬元去向國外訂購。我的一些侄子，上學之外要爲我管藥房、藥庫。他們和我專雇的醫生每天爲我打補針，總要忙上幾小時。

從前我在紫禁城裏時常「疑病」，現在用不到疑心，我真的渾身是病了。記得有一次例行「巡幸」，到安東去看日本人新建的水力發電站。到了那裏，由於穿著軍服，還要在鬼子面前撐著架子，走了不多遠，我就喘得透不過氣來，回來的時候，眼看就要昏過去了，隨行的侄子們和醫生趕快搶著給我打強心劑和葡萄糖，這才把我搶救過來。

這種虛弱的身體，加上緊張的心情，讓我總覺得死亡迫在眉睫。

有一天，我到院子裏去打網球，走到院牆邊，忽然看到牆上有一行粉筆寫的字：

「日本人的氣，還沒受夠嗎？」

看到這行粉筆字，我連網球也忘記打了，趕緊叫人擦了去。我急忙回到我的臥室，心裏怦怦跳個不停，覺得虛弱得支持不住了。

我怕日本人發現這行粉筆字之後，會不分青紅皂白地在我這「內廷」來個「大檢舉」，那不定會鬧成什麼樣子。令我更驚慌的是，顯然在我這內廷之中，有了「反滿抗日分子」。他敢於在大庭廣眾之下寫字，就不敢殺我嗎？

由於我整天昏天黑地、神神顛顛，對家庭生活更沒有一點興趣。我先後有過四個妻子，按當時的說法，就是一個皇后，一個妃，兩個貴人。如果從實質上說，她們誰也不是我的妻子，我根本就沒有一個妻子，有的只是擺設。雖然她們每人的具體遭遇不同，但她們都是同樣的犧牲品。

長時期受著冷淡的婉容，她的經歷也許是現代新中國的青年最不能理解的。她如果不是在一出生時就被決定了命運，也是從一結婚就被安排好了下場。我後來時常想到，她如果在天津時能像文綉那樣和我離了婚，很可能不會有那樣的結局。當然，她究竟和文綉不同。在文綉的思想裏，有一個比封建的身分和禮教更被看重的東西，這就是要求有一個普通人的家庭生活。而婉容，卻看重了自己的「皇后」身分，所以寧願做個掛名的妻子，也不肯丟掉這塊招牌。

自從她把文綉擠走之後，我對她便有了反感，很少和她說話，也不大留心她的事情，所以也沒有從她嘴裏聽說過她自己的心情、苦悶和願望。只知道後來她染上了吸毒（鴉片）的嗜好，有了我所不能容忍的行爲。

「八一五」後她和我分手時，煙癮已經很大，又加病弱不堪，第二年就病死在吉林了。

一九三七年，我爲了表示對婉容的懲罰，也爲了有個必不可少的擺設，我另選了一名犧牲品——譚玉齡，她經北京一個親戚的介紹，成了我的新「貴人」。她原姓他他拉氏，是北京一個初中的學生，和我結婚時是十七歲。她也是一名掛名的妻子，我像養一隻鳥兒似地把她養在「宮」裏，一直養到一九四二年死去爲止。

她的死因，對我至今還是一個謎。她的病，據中醫診斷說是傷寒，但並不認爲是個絕症。後來，我的醫生黃子正介紹市立醫院的日本醫生來診治。吉岡這時說是要「照料」，破例地搬到宮內府的勤民樓來了。就這樣，在吉岡的監督下，日本醫生給譚玉齡進行了醫治，不料在進行治療的第二天，她便突然死去了。

令我奇怪的是，日本醫生開始治療時，表現非常熱心，在她身邊守候著，給她打針，讓護士給她輸血，一刻不停地忙碌著。但是在吉岡把他叫到另外一間屋子裏，關上門談了很長時間的話之後，再不那麼熱情了，他沒有再忙著注射、輸血，變成了沉默而悄悄的。住在勤民樓裏的吉岡，這天整夜不住地叫日本憲兵給病室的護士打電話，訊問病況。

這樣過了一夜，次日一清早，譚玉齡便死了。不由我不奇怪，爲什麼吉岡在治療的時候，找醫生談那麼長時間的話呢?爲什麼談過話之後，醫生的態度便變了呢?

我剛聽到了她的死訊，吉岡就來了，說他代表關東軍司令官向我弔唁，並且立即拿來了關東軍司令官的花圈。我心裏越發奇怪，他們怎麼預備的這樣快呢?

由於我犯了疑心，就不由得回想起譚玉齡的生前。在生前她是時常和我談論日本人的。她在北京念過書，知道不少關於日本人在關內橫行霸道的事。自從德王那件事發生後，我有時疑心德王亂說，有時疑心日本人偷聽了我們的談話。譚玉齡的死，我不由得又想起了這些。

吉岡在譚玉齡死後不久的一個舉動，更叫我聯想到，即使不是吉岡使了什麼壞，她的死還是和關東軍有關的。譚玉齡剛死，吉岡就給我拿來了一堆日本姑娘的相片，讓我挑選。我拒絕了。我說譚玉齡遺體未寒，無心談這類事。他卻說，正是因爲要解除我的悲痛，所以他要早日為我辦好這件大事。我只得又說，這確是一件大事，但總得要合乎自己的理想，不能草率從事，況且語言不通，也是個問題。

「語言通的，嗯，這是會滿洲語言的，哈！」

我怕他看出我的心思，忙說：「民族是不成問題的，但習慣上、興趣上總要合適才好。」我拿定了主意，決不要日本妻子，因為這就等於在我床上安上了個耳目。但這話不好明說，只得推三阻四，找各式借題來抵擋。

不想這個「御用挂」，真像掛在我身上一樣，死皮賴臉，天天糾纏。我怕惹惱他，又不好完全封口。後來，也許是他明白我一定不要日本人，也許關東軍有了別的想法，又拿來了一些旅順日本學校的中國女學生的相片。

我二妹提醒我說，這是日本人訓練好的，跟日本人一樣。可是我覺得這樣總拖也不是個辦法，因為如果關東軍硬給我指定一個，我還是得認可。我最後決定挑一個年歲幼小的，文化程度低些的。

在我看來，這樣的對象，即使日本人訓練過，也還好對付；而且只要我功夫作好，也會把她訓練回來。決定後，我向吉岡說了。

就這樣，一個後來被稱做「福貴人」的十五歲的孩子，便成了我的第四名犧牲品。她來了不到兩年，也就是她還不到成年的年歲，偽滿就垮了台。在大崩潰中，我成了俘虜，她被遣送回長春老家去了。

十、大崩潰

在戰犯管理所的時候，有個前偽滿軍的旅長對我說過一個故事。太平洋戰爭發生的那一年冬天，他在關東軍的指揮下，率偽滿軍前去襲擊抗聯部隊。他的隊伍在森林裏撲了一個空，只找到了一個藏在地下小屋裏的生病的抗聯戰士。這個人衣服破爛，頭髮、鬍子挺長，就像關了很久的囚犯似的。他望見這俘虜的外貌，不禁嘲弄地說：

「看你們苦成這副模樣，還有什麼幹頭！你知道不知道，大日本皇軍把新加坡、香港都占領啦……」

「俘虜」突然笑起來。這位「滿洲國」少將拍著桌子制止道：「笑什麼？你知道你這是受審判嗎？」那戰士對他的回答，叫他大吃一驚——

「誰審判誰？你們的末日不遠了，要不了多長時候，你們這群人，都要受人民的審判！」

偽滿的文武官員，一般說來都知道東北人民仇恨日寇和漢奸，但卻不理解他們何以有這麼大的膽量，何以那麼相信自己的力量，同時又確信強大的統治者必敗無疑。我從前一直把日本帝國主義的力量看做強大無比，不可動搖。在我心裏，能拿來和日本做比較的，連大清帝國、北洋政府和國民黨的中華民國都夠不上，至於「老百姓」，我連想也沒想過。

究竟是誰強大無比，是誰軟弱無力？其實早有無數的事實告訴過我，但是我極不敏感，一直到從吉岡嘴裏透露了出來的時候，我還是模模糊糊。

有一次，關東軍安排我外出「巡幸」（一年有一次），去的地點是延吉朝鮮族地區。我的專車到達那裏，發現大批的日本憲兵和六個團的僞軍，把那裏層層圍了起來。我問吉岡這是什麼意思，他說是「防土匪」。「防土匪何用這麼多兵力？」「這土匪可不是從前那種土匪，這是共產軍哪！」「怎麼滿洲國也有共產軍？共產軍不是在中華民國嗎？」「有的，有的，小小的有的，……」吉岡含含混混回答著，轉移了話題。

又一次，關東軍參謀在例行的軍事形勢報告之外，特地專門向我報告了一次「勝利」。在這次戰役中，抗聯的領袖楊靖宇將軍犧牲了。他興高采烈地說，楊將軍之死，消除了「滿洲國的一個大患」。我一聽「大患」二字，忙問他：「土匪有多少？」他也是這麼說：「小小的，小小的有。」

一九四二年，華北和華中的日本軍隊發動了「大掃蕩」，到處實行三光政策，製造無人區。有一次，吉岡和我談到日軍對華北「共產軍」的種種戰術，如「鐵壁合圍」、「梳蓖掃蕩」等等，說這給「大日本皇軍戰史上，增添了無數資料」。我聽他說的天花亂墜，便湊趣說：「共產軍小小的，何犯上用這許多新奇戰術？」不料這話引起了他的嘲弄：

「皇帝陛下倘若有實戰體驗，必不會說這話。」

我逢迎道：「願聞其詳。」

「共產軍，這和國民黨軍不一樣。軍民不分，嗯，軍民不分，舉例說，嗯，就像赤豆混在紅砂土裏，……」他看我茫然無知的樣子，又舉出中國的「魚目混珠」的成語來做譬喻，說日本軍隊和八路軍、新四軍作戰時，常常陷入四面受敵的困境。後來，他竟不怕麻煩，邊說邊在紙上塗抹著解釋：「共產軍」不管到哪裏，百姓都不怕他；當兵一年就不想逃亡，這實在是大陸上從來沒有的軍隊；這樣隊伍越打越多，將來不得了。「可怕！這是可怕的！」他不由自主地搖頭感歎起來。看見這位「大日本皇軍」將官居然如此評論「小小的」敵人，我惶惑得不知說什麼才合適，拚命地搜索枯腸，想起了這麼兩句：

「殺人放火，共產共妻，真是可怕！」

「只有鬼才相信這個！」他粗暴地打斷了我的話。過了一會兒，他又用嘲弄的眼神看著我說：

「我這並不是正式評論，還是請陛下聽關東軍參謀長的報告吧。」

說著，他把剛才塗抹過的紙片都收了起來，放進口袋。

我逐漸地覺出了吉岡的「非正式評論」，比關東軍司令官和參謀長的「正式評論」近乎事實。植田謙吉發動諾門坎戰役時，爲了證實他的「正式評論」，曾把我和張景惠等都請了去，參觀日本飛機超過蘇聯飛機的速度表演。

事實上，那次日軍被打得落花流水，損失了五萬多人，植田也因之撤職。吉岡在非正式評論時說：「蘇軍的大炮比皇軍的射程遠多了！」

藏在吉岡心底的隱憂，我漸漸地從收音機裏，越聽越明白。日軍在各個戰場失利的消息越來越多，報紙上的「赫赫戰果」、「堂堂入城」的協和語標題，逐漸被「玉碎」字樣代替。物資匱乏情況嚴重，我在封鎖重重中也能覺察出來。不但是搜刮門環、痰桶等廢銅爛鐵的活動，伸進「帝宮」裏來，而且「內廷」官員家屬因缺乏食物，也紛紛來向我求助了。

「強大無比」的日本統治者開始露餡，「無畏的皇軍」變成樣樣畏懼。因爲怕我知道軍隊供應質量低劣，關東軍司令官特地展覽了一次軍用口糧請我去參觀；因爲怕我相信從收音機裏聽到的海外廣播，送來宣傳日軍戰績的影片給我放映……。不用說我不相信這些，就連我最小的侄子也不相信。

給我印象最深的，是日本軍人流露出來的恐懼。

占領了新加坡之後到東北來任關東軍某一方面軍司令長官的山下奉文，當時趾高氣揚不可一世的狂態還留在我的記憶裏，可是到了一九四五年，當他再次奉調南洋，臨行向我告別時，卻對我捂著鼻子哭了起來，說：「這是最後的永別，此一去是不能再回來了！」

在一次給「肉彈」舉行餞行式時，我又看到了更多的眼淚。肉彈是從日本軍隊中挑選出來的士兵，他們受了「武士道」和「忠君」的毒素教育，被挑出來用肉體去和飛機坦克碰命，日本話叫做「體擋」。

吉岡從前每次提到這種體擋，都表示無限崇敬。聽那些事蹟，我確實很吃驚。這回是關東軍叫我對這批中選的肉彈鼓勵一下，爲他們祝福。

那天正好是陰天，風沙大作。餞行地點在同德殿的院裏，院裏到處是一堆堆的防空沙袋，更顯得氣象頹喪。肉彈一共有十幾個人，排成一列站在我面前，我按吉岡寫好的祝詞向他們念了，然後向他們舉杯。這時我才看見，這些肉彈個個滿臉灰暗，淚流雙頰，有的竟哽咽出聲。

儀式在風沙中草草結束了，我心慌意亂，又急著要回屋裏去洗臉，吉岡卻不離開，緊跟在我身後不去。我知道他一定又有話說，只好等著他。他清了清嗓子，嗯了幾聲，然後說：

「陛下的祝詞很好，嗯，所以他們很感動，嗯，所以才流下了日本男子的眼淚……」

聽了這幾句多餘的話，我心說：「你這也是害怕呵！你怕我看出了肉彈的馬腳！你害怕，我更害怕啦！」

一九四五年五月，德國戰敗後，日本四面受敵的形勢就更明顯了，蘇聯的出兵不過是個時間上的問題。日本過去給我的印象不管如何強大，我也明白了它的孤立劣勢。

最後崩潰的日子終於來了。

一九四五年八月九日的早晨，最末一任的關東軍司令官山田乙三同他的參謀長秦彥三郎來到了同德殿。向我報告說，蘇聯已向日本宣戰了。

山田乙三是個矮瘦的小老頭，平時舉止沉穩，說話緩慢。這天他的情形全變了，他急促地向我講述日本軍隊如何早有十足準備，如何具有必勝之信心。他那越說越快的話音，十足的證明連他自己也沒有十足的準備和信心。

他的話沒說完，忽然響起了空襲警報。我們一齊躲進了同德殿外的防空洞，進去不久，就聽見不很遠的地方響起了爆炸聲。我暗誦佛號，他默不作聲。一直到警報解除，我們分手時爲止，他再沒提到什麼信心問題。

從這天夜裏起，我再沒有脫衣服睡覺。我的袋裏總放著一支手槍，並親自規定了內廷的戒嚴口令。

次日，山田乙三和秦彥三郎又來了，宣佈日軍要退守南滿。「國都」要遷到通化去，並告訴我必須當天動身。我想到我的財物和人口太多，無論如何當天也搬不了。經我再三要求，總算給了三天的寬限。

從這天起，我開始受到了一種新的精神折磨。這一半是由於吉岡態度上有了進一步的變化，一半是由於我自己大大地犯了疑心病，自作自受。我覺出了吉岡的變化，是由於他在山田乙三走後，向我說了這麼一句話：

「陛下如果不走，必定首先遭受蘇聯軍的殺害！」

他說這句話的時候，樣子是惡狠狠的。但是讓我更害怕的，是我從他的話裏猜測到，日本人正疑心我不想走，疑心我對他們懷有貳心。

「他們怕我這個人證落在盟軍手裏，會不會殺我滅口？」這個問題一冒頭，我的汗毛都豎起來了。

我想起了十多年的故技，我得設法在吉岡面前表現「忠誠」。我靈機一動，叫人把國務院總理張景惠和總務廳長官武部六藏找來。我向他們命令道：

「要竭盡全力支援親邦進行聖戰，要抗拒蘇聯軍到底，到底……」

說完，我回頭去看吉岡的臉色。但這個形影不離的「御用挂」，卻不知道什麼時候出去了。

我莫名其妙地起了不祥的預感，在屋子裏轉來轉去。這樣過了一會兒，我忽然看見窗外有幾個日本兵端著槍，向同德殿這邊走來。我的魂簡直飛出了竅，以爲是下毒手來了。我覺著反正沒處可躲，索性走到樓梯口，迎上了他們。這幾個日本兵看見了我，卻又轉身走了。

我認爲這是來查看我，是不是跑了。我越想越怕，就拿起電話找吉岡，電話怎麼也叫不通。我以爲日本人已經扔下我走了，這叫我同樣的害怕。

後來我給吉岡打電話，電話通了，吉岡的聲音很微弱，說他病了。我連忙表示對他的關懷，說了一堆好話，聽他說了「謝謝陛下」，我放了電話，鬆了一口氣。這時我感到肚子很餓，原來一天沒吃一點東西了。我叫剩下來的隨侍大李給我「傳膳」，大李說廚師全走了。我只好胡亂吃點餅乾。

十一日晚上九點多，吉岡來了。這時我的弟弟、妹妹、妹夫和侄子們都已先去了火車站，家裏只剩下我和兩個妻子。吉岡對我和隨行的一些隨侍們用命令口氣說：

「無論是步行，或是上下車輛，由橋本虎之助恭捧『神器』走在前面。無論是誰，經過『神器』，都須行九十度鞠躬禮。」

我知道這真到了出發的時候了。我恭恭敬敬地站著，看祭祀長橋本虎之助捧著那個盛著『神器』的包袱，上了頭輛汽車，然後自己進了第二輛。汽車開出了「帝宮」，我回頭看了一眼，在「建國神廟」上空，升起了一股火苗。

在通往通化大栗子溝的路上，火車走了三夜兩天。本來應從瀋陽走，爲了躲避空襲，改走了吉林——梅河口的路線。兩天裏只吃了兩頓飯和一些餅乾。沿途到處是日本兵車，隊伍不像隊伍，難民不像難民。在梅河口，車停下來，關東軍司令官山田來到了車上。他向我報告日軍打了勝仗，擊毀了多少蘇軍飛機和坦克。但是在吉林站上，我卻看到一幅相反的景象：成批的日本婦女和孩子叫嚷著擁向火車，向攔阻她們的憲兵哀求著，哭號著……在站台盡頭處，日本士兵和憲兵廝打著……

大栗子溝是一座煤礦，在一個山彎裏，與朝鮮一江之隔，清晨，白霧瀰漫著群山，太陽升起之後，青山翠谷，鳥語花香，景色極美，在當時，這一切在我的眼裏卻都是灰暗的。我住的地方是日本礦長的住宅，有七八間房，這種日本式的房間隔音不好，所以成天鬧哄哄的。

八月十三日到了這裏，過了兩天驚惶不安的生活，八月十五日日本就宣佈投降了。

當吉岡告訴了我「天皇陛下宣佈了投降，美國政府已表示對天皇陛下的地位和安全給以保證」，我立即雙膝跪下，向蒼天磕了幾個頭，念誦道：「我感謝上天保佑天皇陛下平安！」吉岡也隨我跪了下來，磕了一陣頭。

磕完頭，吉岡愁眉苦臉地說，日本關東軍已和東京聯繫好，決定送我到日本去。「不過，」他又說，「天皇陛下也不能絕對擔保陛下的安全。這一節要聽盟軍的了。」

我認爲死亡已經向我招手了。

張景惠、武部六藏和那一群「大臣」、「參議」找我來了。原來還有一場戲要演，他們拿來了那位漢學家的新手筆——我的「退位詔書」。我站在猶如一群喪家犬的大臣、參議面前，照著念了一遍。這個第六件詔書的字句已不記得了，只記得這件事：這篇詔書原稿上本來還有那少不了的「仰賴天照大神之神庥，天皇陛下之保佑」，可是叫橋本虎之助苦笑著給劃掉了。橋本擔任過守護天皇的近衛師團長，後來又做了守護天照大神的祭祀長，可算是最了解天皇和天照大神的人了。

我假如知道，我這時的身價早已降在張景惠那一批人之下，心情一定更糟。日本人在決定我去東京的同時，佈置了張景惠和武部六藏回到長春，安排後事。他們到了長春，由張景惠出面，通過廣播電台和重慶的蔣介石取得了聯繫，同時宣佈成立「治安維持會」，準備迎接蔣介石的軍隊接收。他們打算在蘇軍到達之前，盡快變成「中華民國」的代表。

但沒有料到蘇軍來得如此神速，而共產黨領導的抗聯軍隊也排除了日軍的抵抗，逼近了城市。

蘇軍到了長春，蘇聯指揮官對他們說了一句：「等候吩咐吧。」張景惠他們以爲維持會被承認了，不禁對蘇聯又生了幻想，張景惠回家對他老婆說：「行啦，這又撈著啦！」第二天，僞大臣們應邀到達了蘇軍司令部，等著蘇軍司令的委派，不料蘇聯軍官宣佈道：「都到齊啦，好，用飛機送你們到蘇聯去！」

八月十六日，日本人聽說在長春的禁衛軍已和日軍發生了衝突，就把隨我來的一連禁衛軍繳了械。這時吉岡通知我，明天就動身去日本，我當然連忙點頭稱是，裝出高興的樣子。

吉岡叫我挑選幾個隨行的人。因爲飛機小，不能多帶，我挑了溥傑、兩個妹夫、三個侄子、一個醫生和隨侍大李。「福貴人」哭哭啼啼地問我：「我可怎麼辦呢？」我說：「飛機太小，你們坐火車去吧。」「火車能到日本嗎？」我不假思索地說：「火車能到。頂多過三天，你和皇后他們就見著我了。」「火車要是不來接呢？我在這裏一個親人也沒有呀！」「過兩天就見著了，行了行了！」

我心亂如麻，反覆思索著如何能逃脫死亡，哪還有心顧什麼火車不火車呢？

飛機飛行的第一個目標是瀋陽，我們要在那裏換乘大型飛機。從通化出發，和我在一起的是吉岡、橋本、溥傑和一名日本神官（隨橋本捧「神器」的），其他人和一名日本憲兵在另一架飛機上。這天上午十一時，我先到了瀋陽機場，在機場休息室裏，等候著那另一架飛機。

等候了不久，忽然響起了一片震耳的飛機馬達聲。原來是蘇軍飛機來著陸了。一隊隊手持衝鋒槍的蘇聯士兵，走下飛機，立即將機場上的日本軍隊繳了械。不大的時間，機場上到處是蘇聯的軍人。這是蘇軍受降的軍使來到了。

由於這個變化，我沒有能夠到日本去。第二天，便被蘇聯飛機載往蘇聯去了。

註釋：

❶ 偽滿大漢奸及其職務：國務總理鄭孝胥，民政部總長臧式毅，外交部總長謝介石，軍政部總長張景惠，財政部總長熙洽，實業部總長張燕卿，交通部總長丁鑒修，司法部總長馮涵清，文教部總長鄭孝胥（兼），奉天省長臧式毅（兼），吉林省長熙洽（兼），黑龍江省長程志遠（兼），立法院院長趙欣伯，監察院院長于沖漢，最高法院院長林棨，最高檢查廳廳長李槃，參議府議長張景惠（兼），參議府副議長楊玉麟，參議府參議張海鵬、袁金鎧、羅振玉、貴福，執政府秘書處處長胡嗣瑗，執政府秘書處秘書萬繩栻、商衍瀛、羅福葆、許寶衡、林廷琛，內務處處長寶熙，內務官特任張燕卿、金壁東、王季烈、佟濟煦、王大忠、商衍瀛，警備處處長佟濟煦，侍從武官長張海鵬，國務院秘書官鄭垂，國務院秘書官鄭禹。

❷ 我手頭無原件，這是引用《東方雜誌》第二九卷第四號上的。

❸ 事實上，喜歡吹牛的鄭氏父子並沒有撒謊。在當時的《東方雜誌》上，就可以找到《紐約論壇報》、《紐約日日新聞》等報紙上的祖日言論的譯文。譬如，前者有這樣的話：「日人軍事行動，乃對中國廢除不平等條約政策所不能免之反響」，後者：「日本繼承俄國在滿洲開發，至於今日，其功績之偉大，為世人公認。」國聯通過派遣調查團的決議，確曾遭受到美國的反對，理由是：「此種行動足以刺激日本國民的情緒」，國聯在一次會議上，打算做出要求日軍退出滿洲的決議時，美國國務卿凱塞爾就公開表示，對此並未附議。這些事實的記載可以從當時的許多報刊上看到。後來美國國務院發表了一些秘密文件，其中《一九三一年美國外交文件》一書，公佈了那年十一月二十七日美駐日大使

福白斯交給日本外務大臣瞥原的一份覺書，透露了美國政府當時「曾勸中國政府採取妥協步調」。至於日美對東北問題的秘密談判，則在一九三五年十二月號的《國際事件》（International Affairs，1935 Dec.）上據西・萊特的一篇文章《美國人對遠東問題的觀點》（Q・Wright・American View of the Far Eastern Problem）中揭露了出來。

❹協和服是偽滿公教人員統一的制服，墨綠色，薦任官以上還有一根黃色的繩子套在頸間，稱為「協和帶」。學校裏的校長和訓育主任，一般都有這根所謂「協和帶」。

❺偽滿於一九三九年，參加了日德意三國於一九三一年訂的「防共協定」，這就是所謂盟邦。太平洋戰爭爆發後，又增添了與偽滿建交的日本統治的南洋各傀儡國家。

第七章　在蘇聯

一、疑懼和幻想

飛機飛到赤塔，天差不多快黑了。我們是第一批到蘇聯的僞滿戰犯，和我同來的有溥傑、兩個妹夫、三個侄子、一個醫生和一個傭人。

我們這一家人乘坐蘇軍預備好的小汽車，離開了機場。從車中向外瞭望，好像是走在原野裏，兩邊黑忽忽的看不到盡頭。

走了一陣，穿過幾座樹林，爬過幾道山坡，道路變得崎嶇狹仄，車子速度也降低下來。忽然間車停了，車外傳來一句中國話：

「想要解溲的，可以下來！」

我不覺大吃一驚，以爲是中國人接我們回去的。其實說話的是一位中國血統的蘇聯軍官。在我前半生中，我的疑心病可把自己害苦了，總隨時隨地無謂地折磨自己。明明是剛剛坐著蘇聯飛機從中國飛到蘇聯來，怎麼會在這裏向中國人移交呢！

這時我最怕的就是落在中國人手裏。我認爲落在外國人手裏，尙有活命的一線希望，若到了中國人手裏，則是準死無疑。

我們解完溲，上了汽車，繼續走了大約兩小時，進入一個山峽間，停在一座燈火輝煌的樓房面前。

我們這一家人下了車，看著這座漂亮的建築，有人小聲嘀咕說：「這是一家飯店呵！」大家都高興起來了。

走進了這座「飯店」，迎面走過來一位四十多歲穿便服的人，後面跟著一群蘇聯軍官。他莊嚴地向我們宣佈道：

「蘇聯政府命令：從現在起對你們實行拘留。」

原來這是赤塔市的衛戍司令，一位蘇聯陸軍少將。他宣佈完了命令，很和氣地告訴我們說，可以安心地住下，等候處理。說罷，指著桌上一個盛滿了清水的瓶子說：

「這裏是有名的礦泉，礦泉水是很有益於身體健康的飲料。」

這種礦泉水乍喝有點不大受用，後來卻成了我非常喜歡的東西。我們就在這個療養所裏開始了頗受優待的拘留生活。每日有三頓豐盛的俄餐，一次俄式午茶。有服務員照顧著，有醫生、護士經常檢查身體，治療疾病，有收音機，有書報，有各種文娛器材，還經常有人陪著散步。對這種生活，我立刻感到了滿意。

住了不久，我便生出一個幻想：既然蘇聯和英美是盟邦，我也許還可以從這裏遷到英美去做寓公。這時我還帶著大批的珠寶首飾，是足夠我後半生花用的。要想達到這個目的，首先必須確定我能在蘇聯住下來。

因此，我在蘇聯的五年間，除了口頭以外，共三次上書給蘇聯當局，申請准許我永遠留居蘇聯。三次上書，一次是在赤塔，兩次是在兩個月以後遷到離中國不遠的伯力。這三次申請，全無下文。

僞滿的其他「抑留者」❶，在這個問題上，自始至終與我採取了完全相反的態度。我到赤塔後不幾天，張景惠、臧式毅、熙洽等這批僞大臣便到了。大約是第二天，張、臧、熙等人到我住的這邊來看我。我以爲他們來給我請安的，不料卻是向我請願。張景惠先開的口：

「聽說您願意留在蘇聯，可是我們這些人家口在東北，都得自己照料，再說，還有些公事沒辦完。請您跟蘇聯人說一說，讓我們早些回東北去，您瞧行不行？」

他們有什麼「公事」沒辦完，我不知道，也不關心，因此對於他們的請求，毫無興趣。

「我怎麼辦得到呢？連我是留是去，還要看人家蘇聯的決定。」

這些傢伙一聽我不管，就苦苦哀求起來：「您說說吧，您一定做得到。」

「這是大夥兒的意思，大夥推我們做代表來請求溥大爺的。」

「大夥的事，不求您老人家，還能求誰呢？」

他們現在不能再叫我「皇上」、「陛下」，就沒口地亂叫起來。我被纏的沒法，只好找負責管理我們的蘇聯中校渥羅闊夫。

渥羅闊夫聽了我告訴他的僞大臣們的要求，便說：「好吧，我代爲轉達。」

在我提出要求留蘇申請的時候，他也是這樣回答的。以後的情況也相同，沒有下文。

但是這些大臣和我一樣的不死心，遷到怕力市郊之後，我申請留在蘇聯，他們就申請回到東北，還是逼著我替他們說話。

那時我還不明白，他們比我了解國民黨的政治內幕，知道國民黨那些人對他們的特殊需要，因此相信回去不僅保險，還能撈一把。也許這個誘惑太大了，便有人想回去想得幾乎發了瘋。

在伯力市郊的時候，有一次，一個充當打掃職責的僞滿俘虜，大約是發羊角瘋之類的病，倒在地下胡說八道。有一位崇信乩壇的僞大臣，認定這是大神附體，便立刻跪在這個俘虜面前大磕其頭，並且嘴裏還念念叨叨，恭請「大神」示知，他什麼時候能離蘇回家。

在蘇聯，除了蘇聯翻譯人員經常給大家講新聞，我們還可以經常看到旅順蘇軍發行的中文《實話報》，聽到國內的戰事消息。

我對這些很不關心，認爲無論誰勝誰敗對我反正是一樣，都會要我的命。我唯一的希望就是永遠不回國。那些僞大臣們卻很留心國內的形勢。他們把希望放在蔣介石的統治上，他們相信，有美國的幫助，蔣介石是可以打敗人民解放軍的，所以起初聽到人民解放軍的勝利消息，誰也不相信。

到後來，事實越來越真，於是他們又發起慌來。新中國宣告成立時，有個自認爲經驗豐富的人，提出打個賀電的意見，這個意見得到了廣泛的響應。

二、放不下架子

在蘇聯的五年拘留生活中，我始終沒有放下架子。我們後來移到伯力收容所，這裏雖然沒有服務員，我照樣有人服侍。家裏人給我疊被、收拾屋子、端飯和洗衣服。他們不敢明目張膽地叫我「皇上」，便改稱我爲「上邊」。每天早晨，他們進我的屋子，照例先向我請安。

剛到伯力郊外的時候，有一天，我想散散步，從樓上下來。樓梯底下椅子上坐著一個從前的「大臣」，他見了我，眼皮也沒抬一下。我心裏很生氣，從此就不想下樓了。每天待在樓上，大部分時間都花在念經上。

不過一般說起來，那些僞大臣大多數對我還是保持尊敬的。舉例說，在蘇聯的五年，每逢過舊曆年，大家包餃子吃，第一碗總要先盛給我。

我自己不幹活，還不願意我家裏這些人給別人幹活。有一次吃飯，我的弟弟和妹夫給大家擺檯子，就叫我給禁止住了。我的家裏人怎麼可以去伺候別人！

一九四七至四八年間，我家裏的人一度被送到同一城市的另一個收容所裏，這是我第一次跟家裏人分開，感到了很大的不方便。蘇聯當局很照顧我，容許我單獨吃飯。可是誰給我端飯呢？幸而我的岳父自告奮勇，他不僅給我端飯，連洗衣服都願替我代勞。

爲了使我們這批寄生蟲，做些輕微的勞動，收容所給我們在院子裏劃出了一些地塊，讓我們種菜。我和家裏人們分得一小塊，種了青椒、西紅柿、茄子、扁豆等等。看到青苗一天天在生長，我很覺得新奇，於是每天提個水壺接自來水去澆，而且澆得很有趣味。這是以前從來沒有過的。但主要的興趣，還是在於我很愛吃西紅柿和青椒。當然，我常常想到，這到底不如從菜舖裏買起來方便。

爲了我們學習，收容所當局發給了我們一些中文書籍，並且有一個時期，叫我的弟弟和妹夫給大家照著本子講《列寧主義問題》和《聯共黨史》。

講的人莫名其妙，聽的人也糊里糊塗。我自己心裏只是納悶，這和我有什麼關係？假如不讓我留在蘇聯，還要把我送回去，我就是能背下這兩本書，又有什麼用？

「學習」這兩個字，那時對我說起來，還不如青椒、西紅柿現實一些。每次學習，我坐在講桌旁邊一個特殊的座位上，總是一邊聽「教員」結結巴巴地講我不懂而且也不想懂的「孟什維克」。「國家杜馬」，一邊胡思亂想：「如果能住在莫斯科，或者倫敦，這些珠寶首飾夠我用幾年？」「蘇聯人不吃茄子，這回收下的茄子，怎麼個吃法？」……

不過，我還能裝出很像用心聽的樣子，可有的人就不同了，他們索性打起鼾來。晚飯後，是自由活動時間，卻另是一個樣：走廊的一頭是幾桌麻將；另一頭靠窗的地方，有人向窗外天空合掌，大聲念著「南無阿彌陀佛！觀世音菩薩！」

樓上日本戰犯那裏傳來「烏烏烏」的日本戲調子；更稀奇的是有人擺起測字攤，四面圍著一群人，訊問什麼時候可以回家，家裏發生什麼事沒有。還有些人在臥室裏偷著扶乩，問的全是有關回家的問題。最初幾天，門外的蘇聯哨兵被吵聲驚動，曾經十分驚奇地瞅著這群人，直搖腦袋，後來連他們也習慣了。

在這種時候，我多半是在自己的屋子裏，搖我的金錢課，念我的金剛經。……

三、我不認罪

既然放不下架子，又不肯學習，我的思想根本不起變化，認罪自然更談不到。

我知道，在法律面前，我是犯有叛國罪的。但我對這件事，只看做是命運的偶然安排。「強權就是公理」和「勝者王侯敗者寇」，這就是我那時的思想。我根本不去想自己該負什麼責任，當然更想不到支配我犯罪的是什麼思想，也從來沒有聽說過什麼思想必須改造。

爲了爭取擺脫受懲辦的厄運，我採取的辦法仍然是老一套。既然在眼前決定我命運的是蘇聯，那麼就向蘇聯討好吧。於是我便以支援戰後蘇聯的經濟建設爲詞，向蘇聯獻出了我的珠寶首飾。

我並沒有獻出它的全部，我把其中最好的一部分留了下來，並讓我的侄子把留下的那部分，藏進一個黑色皮箱的箱底夾層裏。因爲夾層小，不能全裝進去，就又往一切我認爲可以塞的地方塞，以致連肥皂裏都塞滿了，還是裝不下，最後只好把未裝下的扔掉。

有一天，蘇聯的翻譯和一個軍官走進大廳，手裏舉著一個亮晃晃的東西向大家問道：

「這是誰的？誰放在院子裏的廢暖氣爐片裏的？」

大廳裏的抑留者們都圍了過去，看出軍官手裏的東西是一些首飾。有人說：「這上面還有北京銀樓的印記呢，奇怪，這是誰擱的呢？」

我立刻認出來，這是我叫侄子們扔掉的。這時他們都在另一個收容所裏，我也就不去認賬，連忙搖頭道：

「奇怪，奇怪，這是誰擱的呢？……」

不料那翻譯手裏還有一把舊木梳，他拿著它走到我跟前說：

「在一塊的還有這個東西。我記得，這木梳可是你的呢！」

我慌張起來，連忙否認說：「不是不是！木梳也不是我的！」

弄得這兩個蘇聯人沒辦法，怔了一陣，最後只好走了。他們可能到現在還沒弄清楚，我這個人到底是什麼心理。其實我只有一個心理，這就是怕承認了這件事會引起他們對我的猜疑，所以我採取了一推二賴的辦法。我推得竟這樣笨，不由得不使他們發怔了。

我不但扔了一些首飾，還放在爐子裏燒了一批珍珠。在臨離開蘇聯之前，我叫我的傭人大李把最後剩下的一些，扔進了房頂上的煙囪裏。

我對日本人是怨恨的。蘇聯向我調查日寇在東北的罪行時，我以很大的積極性提供了材料。後來我被召到東京的「遠東國際軍事法庭」去作證，我痛快淋漓地控訴了日本戰犯。但我每次談起那段歷史，從來都不談我自己的罪過，而且盡力使自己從中擺脫出來。因爲我怕自己受審判。

我到東京「遠東國際軍事法庭」去作證，是在一九四六年的八月間。我共計出庭了八天，據說這是這個法庭中作證時間最長的一次。那些天的法庭新聞，成了世界各地某些以獵奇爲能事的報紙上的頭等消息。

證實日本侵略中國的真相，說明日本如何利用我這個清朝末代皇帝爲傀儡，以進行侵略和統治東北四省，這是對我作證的要求。

今天回想起那一次作證來，我感到很遺憾。由於那時我害怕將來會受到祖國的懲罰，心中顧慮重重，雖然說出了日本侵略者的一部分罪惡事實，但是爲了給自己開脫，我在掩飾自己的罪行的同時，也掩蓋了一部分與自己的罪行有關的歷史真相，以致沒有將日本帝國主義的罪行，予以充分的、徹底的揭露。

日本帝國主義者和以我爲首的那個集團的秘密勾結，這本是在「九一八」以前就開始了的。日本人對我們這夥人的豢養。培植，本來也是公開的秘密。「九一八」事變後我們這夥人的公開投敵，就是與日本人長期勾結的結果。我爲了開脫自己，卻迴避了這個問題，只顧談了我怎麼被逼和受害。

外邊的帝國主義和裏邊的反動勢力的勾結，跟任何黑幫搭夥一樣，內部摩擦是不可避免的，而我卻把這類事說成好像是善與惡的衝突。

我在法庭上曾有幾次表現了激動。談到了迎接「天照大神」那回事時，一個日本律師向我提出，我攻擊了日本天皇的祖宗，這很不合乎東方的道德。

我激昂地大聲咆哮：「我可是並沒有強迫他們，把我的祖先當他們的祖先！」

這引起了哄堂大笑，而我猶忿忿不已。

提起了譚玉齡之死，我把自己的懷疑也當做了已肯定了的事實，並且悲憤地說：「連她，也遭到了日本人的殺害！」

固然，這時我的心情是激動的，但同時，我更願意人人把我看成是一個被迫害者。

被告的辯護人爲了減輕被告的罪，曾使用了許多辦法來對付我，企圖降低我的證言價值，甚至想否定我的證人資格。當然，他們是失敗了；即使他們真把我全否定了，也無法改變被告者的命運。但是如果他們是在利用我的畏懼懲罰的心理，使我少談真相，那麼他們是達到了部分目的。

我還記得在我歷數日本戰犯的罪行之後，一個美國律師對我大嚷大叫：「你把一切罪行都推到日本人身上，可是你也是罪犯，你終究要受中國政府的裁判的！」

他這話確實打中了我的要害，說到了我最害怕的地方。我就是出於這種心理，才把投敵叛國說成是被綁架的結果的。我把我與日本的勾結，一律否認，甚至在法庭上拿出了我給南次郎寫的信時，我也堅決否認，說成是日本人偽造的。我掩蓋了這件事，也掩蓋了日本軍國主義的種種陰謀手段，所以到頭來還是便宜了日本軍國主義者。

註釋：

❶ 拘留中的偽滿文官身分是抑留者，武官是戰犯。

第八章 由疑懼到認罪

一、我只想到死

押送僞滿戰犯的蘇聯列車，於一九五〇年七月三十一日到達了中蘇邊境的綏芬河車站。負責押送的阿斯尼斯大尉告訴我，向中國政府的移交，要等到明天早晨才能辦。他勸我安心地睡一覺。

從伯力上車時，我和家裏的人分開了，被安置在蘇聯軍官們的車廂裏。他們給我準備了啤酒、糖果，一路上說了不少逗趣的話。儘管如此，我仍然覺得他們是在送我去死。我相信只要我一踏上中國的土地，便沒有命了。

在對面臥舖上，阿斯尼斯大尉發出了均勻的呼吸聲。我睜著眼睛，被死亡的恐懼攪得不能入睡。我坐起來，默誦了幾遍《般若波羅蜜多心經》，剛要躺下，站台上傳來了越來越近的腳步聲，好像走來了一隊士兵。

我湊近車窗，向外張望，卻看不見人影。皮靴步伐聲漸漸遠去了，只剩下遠處的燈光在不祥地閃爍著。我歎了口氣，縮身回到臥舖的犄角上，望著窗桌上的空酒杯出神。我記起了阿斯尼斯喝酒時說的幾句話：「天亮就看見你的祖國了，回祖國總是一件值得慶賀的事。你放心，共產黨的政權是世界上最文明的，中國的黨和人民氣量是最大的。」

「欺騙！」我惡狠狠地瞅了躺在對面臥舖上的阿斯尼斯一眼，他已經打起鼾來了。「你的話，你的酒，你的糖果，全是欺騙！我的性命跟窗外的露水一樣，太陽一出來便全消失了！你倒睡得瓷實！」

那時在我的腦子裏，只有祖宗而無祖國，共產黨只能與「洪水猛獸」聯繫著，決談不上什麼文明。我認爲蘇聯雖也是共產黨國家，對我並無非人道待遇，但蘇聯是「盟國」之一，要受到國際協議的約束，不能亂來。至於中國，情況就不同了。中國共產黨打倒了蔣介石，不承認任何「正統」，對於我自然可以爲所欲爲，毫無顧忌。

我在北京、天津、長春幾十年間聽到的宣傳，所謂「共產黨」不過全是「殘酷」、「凶惡」等等字眼的化身，而且比蔣介石對我還仇恨百倍。我到了這種人手裏，還有活路嗎？「好死不如賴活」的思想曾支配了我十來年，現在我認爲「賴活」固然是幻想，「好死」也是奢望。

我在各種各樣恐怖的設想中度過了一夜。當天明之後，阿斯尼斯大尉讓我跟他去見中國政府代表的時候，我只想著一件事：我臨死時有沒有勇氣喊一聲「太祖高皇帝萬歲」？

我昏頭脹腦地隨阿斯尼斯走進一間廂房。這裏坐著兩個中國人，一位穿中山裝，一位穿草綠色的沒有銜級的軍裝，胸前符號上寫著「中國人民解放軍」七個字。他們倆站起身跟阿大尉說了幾句話，其中穿中山裝的轉過身對我打量了一下，然後說：

「我奉周恩來總理的命令來接收你們。現在，你們回到了祖國。……」

我低頭等著那軍人給我上手銬。可是那軍人對我瞅著，一動不動。

「他知道我跑不了的。」一個多小時之後，我這樣想著，跟阿斯尼斯走出車廂，上了站台。站台上站著兩排持槍的兵，一邊是蘇聯軍隊，一邊是個個都佩戴著那種符號的中國軍隊。我們從中間走過，上了對面的列車。在這短暫的片刻時間內，我想起了蔣介石的八百萬軍隊，就是由戴這種符號的人消滅的。我現在在他們眼裏，大概連個蟲子也不如吧？

進了車廂，我看見了僞滿那一夥人，看見了我家裏的人。他們規規矩矩地坐著，身上都沒有鐐銬和繩索。我被領到靠盡頭不遠的一個座位上，有個兵把我的皮箱放上行李架。我坐下來，想看看窗外的大兵們在幹什麼，這時我才發現，原來車窗玻璃都被報紙糊上了；再看看車廂兩頭，一頭各站著一個端衝鋒槍的大兵。我的心涼下來了。氣氛如此嚴重，這不是送我們上刑場又是幹什麼呢？我看了看左近的犯人，每個人的臉上都呈現出死灰般的顏色。

過了不大功夫，有個不帶任何武器的人，看樣子是個軍官，走到車廂中央。

「好，現在你們回到祖國了。」他環視著犯人們說，「中央人民政府對你們已經做好安排，你們可以放心。……車上有醫務人員，有病的就來報名看病……」

這是什麼意思呢？祖國，安排，放心，有病的看病？呵，我明白了，這是爲了穩定我們的心，免得路上出事故。後來，幾個大兵拿來一大筐碗筷，發給每人一副，一面發一面說：「自己保存好，不要打了，路上不好補充。」我想，看來這條通往刑場的路還不短，不然爲什麼要說這個呢。

早餐是醬菜、鹹蛋和大米稀飯。這久別的家鄉風味勾起了大家的食欲，片刻間一大桶稀飯全光了。大兵們發現後，把他們自己正要吃的一桶讓給了我們。我知道車上沒有炊事設備，他們要到下一個車站才能重新做飯，因此對大兵們的這個舉動，簡直是百思不得一解，最後只能得出這樣一個結論：反正他們對我們不會有什麼好意。

吃過這頓早飯之後，不少人臉上的愁容舒展了一些。後來有人談起，他們從大兵們讓出自己的早飯這件事上，覺出了押送人員很有修養、很有紀律，至少在旅途中不會虐待我們。我當時卻沒有這種想法，我想的正相反，認爲共產黨人對我是最仇恨的，說不定在半路上就會對我下手，施行報復。

就像中了魔一樣，我往這上頭一想，就覺得事情好像非發生不可，而且就像是出不了這天夜裏似的。有的人吃過早飯打起盹來，我卻坐立不安，覺得非找人談談不可。我要向押送人員盡早地表白一下，我是不該死的。

坐在我對面的是個很年輕的公安戰士。這是我面前最現成的談話對象。我仔細地打量了他一番，最後從他的胸章上找到了話題。我就從「中國人民解放軍」這幾個字談起。

「您是中國人民解放軍（我這是頭一次使用「您」字），解放，這兩個字意思好極了。

我是念佛的人，佛經裏就有這意思。我佛慈悲，發願解放一切生靈……」

年輕的戰士瞪起兩隻大眼，一聲不響地聽著我叨叨。當我說到我一向不殺生，連蒼蠅都沒打過的時候，他臉上的表情，是令人捉摸不透的。我不由得氣餒下來，說不下去了。我哪裏知道，這位年輕的戰士對我也是同樣的摸不著頭腦呢！

我的絕望心情加重了。我聽著車輪軋著鐵軌的鬧聲，覺著死亡越來越近了。我離開了坐位，漫無目的地在通道上走著，走到車的另一頭，在廁所門邊站了幾秒鐘，又轉身往回走。我走到中途，聽見旁邊的侄子小秀在和什麼人低聲說話，好像說什麼「君主」、「民主」。我忽然站住向他嚷道：

「這時候還講什麼君主？誰要說民主不好，我可要跟他決鬥！」

人們全給我弄呆了。我繼續歇斯底里地說：「你們看我幹什麼？反正槍斃的不過是我，你們不用怕！」

一位戰士過來拉我回去，勸我說：「你該好好休息一下。」我像鬼迷了似地拉住這位戰士，悄悄對他說：「那個是我的侄子，思想很壞，反對民主。還有一個姓趙的，從前是個將官，在蘇聯說了不少壞話……」

我回到座位上，繼續絮叨著。那戰士要我躺下來，我不得已，躺在椅子上，閉上眼，嘴裏仍停不下來。後來，大概是幾夜沒睡好的緣故吧，不知道是從什麼時候起，我竟睡著了。

一覺醒來，已是第二天的清晨。我想起了昨天的事，很想知道被我檢舉的那兩個人命運如何。我站起來尋找了一下，看見小秀和姓趙的還都坐在原來的位子上，小秀神色如常，姓趙的卻似乎有點異樣。

我走近他，越看越覺得他的神色淒慘；他正端詳著自己的兩手，翻來覆去地看。我斷定他自知將死，正在憐惜自己。這時我竟又想起了死鬼報冤的故事，生怕他死後找我算賬。想到這裏，我身不由己走到他面前，跪下來給他磕了一個頭。行過這個「禳災」禮，我一面往回走，一面嘟嘟囔囔念起「往生神咒」。

列車速度降低下來，終於停了。不知是誰低低說了一聲：「長春！」我像彈簧似地一下子跳起，撲向糊著報紙的窗戶，恨不得能鑽個窟窿看看。我什麼也看不見，只聽到不遠的地方有許多人唱歌的聲音。我想，這就是我死的地方了。這裏曾是我做皇帝的地方，人們已經到齊，在等著公審我了。

我在蘇聯曾從《實話報》上看到過關於鬥爭惡霸的描寫，知道公審的程序，首先是民兵夾著被審者上場。這時正好車門那邊來了兩個大兵，讓我受了一場虛驚。原來他們是來送早餐稀飯的。與此同時，列車又開動了。

列車到了瀋陽。我想這回不會再走了，我一定是死在祖宗發祥的地方。車停下不久，車廂裏進來一位陌生的人，他拿著一張字條，當眾宣佈說：「天氣太熱，年紀大些的現在隨我去休息一下。」然後念起名單來。

我聽到那名單裏不僅有我，而且裏面還有我的侄子小秀，我奇怪了。我今年四十四歲，如果勉強可以算是年紀大的，可是三十幾歲的小秀是怎麼算進去的呢？我斷定，這必是一個騙局。

我是皇帝，其他的都是大臣，小秀則是叫我檢舉連累的，全都完了。我同名單上的人們一起坐進了一部大轎車，隨車的也是端衝鋒槍的大兵。我對小秀說：「完啦！我帶你見祖宗去吧！」小秀臉色一下子變得煞白。拿名單的那個人卻笑道：「你怕什麼呀？不是告訴過你這是休息嗎？」我沒有理他，心裏只顧說：「騙局！騙局！騙局！」

汽車在一座大樓門前停下了，門口又是端著衝鋒槍的大兵。一個不帶武器的軍人迎著我們，領我們進了大門，說了一聲：「上樓！」

我已經是豁出去了，既然得死，那就快點吧。我把上衣一團，夾在胳臂下就上了樓。我越走越快，竟超過了帶頭的那位，弄得他不得不趕緊搶到我前面去。

到了樓上，他快步走到一個屋門口，示意叫我進去。這是間很大的屋子，當中擺著長桌、椅子，桌上是些水果、紙煙、點心。我把衣服往桌上一扔，隨手拿起一個蘋果，咬了一口，心裏說，這是「送命宴」，快吃快走。我咬了一半蘋果，後面的人才陸續到達。片刻間，屋裏坐滿了人，除了點名來的我們十幾個之外，還來了不少穿中山服和軍裝的人。

在離我身邊不遠的地方，出現了一位穿中山裝的中年人，開始講話了。我費勁地咽著嘴裏的東西，他的話竟一句也沒聽見。我好容易吃完那個蘋果，便站起來打斷了他的話：

「別說了，快走吧！」

有些穿中山裝的笑了起來。那講話的人也笑道：

「你太緊張了。不用怕。到了撫順，好好休息一下，老老實實地學習……」

聽清了這幾句話，我怔在那裏了。難道是不叫我死嗎？這是怎麼回事？這時正好帶我們來的那人走了過來，手裏拿著那張點名的名單，向剛才講話的那人匯報說，除熙洽因病未到外，其餘需要休息的都來了。我一聽，這更不是瞎猜了。爲了證實這一點，我不顧一切地，上前一把將那個名單搶了過來。這個舉動雖然引起了一陣哄堂的笑聲，但是我卻弄明白了那確實是個名單，不是什麼死刑判決書之類的東西。

正在這時，張景惠的兒子小張也來了。他是跟另一批僞滿戰犯首先回國的，他把那一批人的現狀告訴了我們，又把一些人的家屬情況說了。大家聽說先來的一批人都活著，而且家裏情況很好，子女們讀書的讀書，工作的工作，每個人的臉上都放了光。這時我的眼淚有如泉水，洶湧而至……

固然，我所得到的這種輕鬆感，歷時並沒有多久，只不過是從瀋陽到撫順這段路上的一個小時，但它畢竟是起了鬆弛神經的作用，否則我真會發起瘋來的。因爲從伯力上火車以後，五天來我想到的只是死。

二、初到撫順

火車到達撫順以前，一路上可以聽到各式各樣關於美妙前景的估計。車上的氣氛全變了，大家抽著從瀋陽帶來的紙煙，談得興高采烈。

有人說他到過撫順最豪華的俱樂部，他相信那裏必定是接待我們的地方；有人說我們在撫順不會住很久，休息幾天，看幾天共產黨的書，就會回家；有人說，他到了撫順首先給家裏拍個平安電報，叫家裏給準備一下；還有人說，可能在撫順的溫泉洗個澡就走。形形色色的幻想，不一而足。說起原來的恐懼——原來大家都跟我一樣——又不禁哈哈大笑。可是，當到了撫順，下了火車，看見了四面的武裝哨兵時，誰的嘴角也不再向上翹了。

下了車，我們在武裝哨兵的監視戒備下，被領上了幾輛大卡車。從這時起，我的頭又發起昏來。在糊里糊塗中，不知道過了多少時間，只知道後來車停下時，我已置身在一座深灰色大磚牆的裏面。又是大牆！而且是上面裝著鐵絲網、角上矗立著崗樓。我下了車，隨著人們列隊走了一小段路，停在一排平房的面前。這排房子的每個窗口，都裝著鐵欄。我明白了，這是監獄。

我們被大兵領進了平房的入口，經過一條狹長的甬道，進了一間大屋子。我們在這裏經過檢查，然後由不帶武器的軍人分批領出去。我和另外幾個人跟著一個軍人在甬道裏走了一大段，進了一間屋子。我還沒看清楚屋裏的形勢，身後就響起了門外拉鐵門的刺耳聲。這間屋子裏有一條長長的板炕，一條長桌和兩條長凳。

跟我一起進來的是僞滿的幾名將官，當時還不熟悉。我不想跟他們說話，不知道他們是同我一樣的恐慌，還是由於在我面前感到拘謹，也一律一聲不響，低著腦袋站在一邊。

這樣怔了一陣，忽然那刺耳的鐵門聲又響了，房門被拉開，一位看守人員走進來，讓我跟他到另一間屋子去。我沒想到在這間屋子裏又看見了我的三個侄子、二弟溥傑和我的岳父榮源。原來還是讓我們住在一起的。他們剛剛領到新被新褥和洗漱用具，而且給我也帶了一套來。

最先使我受到安慰的，是榮源憑著他的閱歷做出的一番分析。

「這是一所軍事監獄，」他摸著窗欄說，「全是穿軍裝的，沒有錯。不像馬上……出危險，不然何必發牙刷、毛巾呢。剛才檢查的時候，留下了金銀財物，給了存條，這也不像是對……，這是對待普遍犯人的。再說伙食也不錯。」

「伙食不錯，別是什麼催命宴吧？」侄子小固毫無顧忌地說。

「不，那種飯有酒，可是這裏並沒有酒。」他很有把握地說，「我們看下頓，如果下頓仍是這麼好，就不是了。沒聽說連吃幾頓那個的。」

第二天，我開始有點相信岳父的話了，倒不是因爲伙食和昨天不相上下，而是因爲軍醫們給我們進行了身體檢查。檢查非常仔細，連過去生過什麼病，平常吃什麼、忌什麼都問到了。同時還發了新的黑褲褂和白內衣，令人更驚異的是還給了紙煙。顯然，這不像是對待死囚的。

過不多天，一個粗短身材、年在四十上下的人走進我們的屋子。他問了我們每個人的名字，在蘇聯都看過什麼書，這幾夜睡的好不好。聽了我們的回答之後，他點點頭，說：「好，馬上就發給你們書籍、報紙，你們好好學習吧。」

幾個鐘頭之後，我們便收到了書籍、報紙，還有各類的棋和紙牌。從這天起，我們每天聽兩次廣播，廣播器就設在甬道裏，一次是新聞，一次是音樂或戲曲節目。除此之外，每天下午還有一個半小時的院中散步。就在第一次外出散步時，侄子小固打聽出這個叫我們「好好學習」的人是這個戰犯管理所的所長。

給我們送書來的那人姓李，後來知道是位科長。

那時我們除了對所長之外，管所方人員一律叫「先生」（因為那時不知道別的稱呼）。這位李先生給我拿來了三本書——《新民主主義論》、《中國近百年史》和《新民主主義革命史》。他說現在書還不夠，大家可以輪流看，或者一人念大家聽。這些書裏有許多名詞，我們感到很新鮮，然而更新鮮的則是叫我們這夥犯人念書。

對這些書最先發生興趣的是小固，他看的比誰都快，而且立刻提出了疑難問題要別人解答。別人答不上來，他就去找管理所的人問。

榮源譏笑了他，說：「你別以爲這是學校，這可是監獄。」

小固說：「所長不是說要我們學習嗎？」

榮源說：「學習，也是監獄。昨天放風時我聽人說，這地方從前就是監獄。從前是，現在有書有報還是。」

溥傑跟著說，日本監獄據說也給書看，不過還沒聽說過中國有這麼「文明的監獄」。

榮源仍是搖頭晃腦地說：「監獄就是監獄，文明也是監獄。學那行子，還不如念念佛。」

小固要和他爭辯，他索興閉上眼低聲念起佛來。

這天我們從院子裏散步回來，小固傳播了剛聽來的一條新聞：前僞滿總務廳次長老谷拿一塊錶送給看守員（這時我們還不知道這個職務名稱，我們當面稱先生，背後叫「管人的」），結果挨了一頓訓。

這條新聞引起了幾個年輕人的議論。小秀說，上次洗澡的熱水，並不是熱水管裏的；鍋爐還沒修好，那水是「管人的」先生們用水桶一擔一擔挑來的。「給犯人挑水，還沒聽說過。」

小瑞也認爲這裏「管人的」跟傳說中的「獄卒」不同，不罵人、不打人。

榮源這時正爲吃晚飯做準備，剛念完「往生神咒」，冷笑了一下，低聲說：「你們年輕人太沒閱歷，大驚小怪！那送錶的一定送的不是時候，叫別人看見了，當人面他怎麼能要？不打、不罵，你就當他心裏跟咱沒仇？瞧著吧，受罪在後頭！」

「挑水又怎麼說？」小固頂撞地說，「給咱挑水洗澡，就是叫咱受罪？」

「不管怎麼說，」榮源的聲音壓得更低了，「共產黨，不會喜歡咱這種人！」

說著，他摸了一陣口袋，忽然懊惱地說：「我把煙忘在外邊窗台上了。真可惜，從瀋陽帶回來的只剩這一包了。」他不情願地打開一包所裏發給的低級煙，還嘟囔著，「這裏『管人的』大都吸煙，我那包算白送禮了！」

真像戲裏所說的，「無巧不成書」，他的話剛說完，房門被人拉開了，一個姓王的看守員手裏舉著一樣東西問道：「這屋裏有人丟了煙沒有？」大家看得清楚，他手裏的東西正是榮源那包瀋陽煙。

榮源接過了煙，連聲地說：「謝謝王先生，謝謝王先生！」聽看守員的腳步聲遠了，小固先禁不住笑起來，問他剛才念的是什麼咒，怎麼一念就把煙給念回來了。榮源點上了煙，默默地噴了一陣，恍然大悟似地拍了一下大腿：

「這些『管人的』準是專門挑選來的！爲了跟咱們鬥心眼兒，自然要挑些文明點兒的！」

小固不笑了，溥傑連忙點頭，另外兩個侄子也被榮源的「閱歷」鎮住了。我和溥傑一樣，完全同意榮源的解釋。

過了不多天，發生了一件事，使榮源的解釋大爲遜色。這天我們從院子裏散步回來，溥傑一面急急忙忙地找報紙，一面興奮地說，他剛聽見別的屋子裏的人都在議論今天報上登的一篇文章，這篇文章使他們猜透了新中國叫我們學習的意思。大家一聽，都擁到了他身邊，看他找的是什麼文章。

文章找著了，我忘了那文章的題目，只記得當溥傑念到其中新中國迫切需要各項人材，必須大量培養、大膽提拔幹部的一段時，除了榮源之外，所有的腦袋都擠到了報紙上面。

據溥傑聽到別的屋子裏的人判斷，政府讓我們學習，給我們優待，就是由於新國家缺少人材，要使用我們這些人。今天想起來，這個判斷要多可笑有多可笑，可是在當時它確實是多數人的想法。在我們這間屋子裏，儘管榮源表示了懷疑，其他人卻越想越覺著像是這麼回事。

我記得從那天起，屋裏有了一個顯著的變化，大家都認真地學習起來。以前，除了小固之外，別人對那些充滿新名詞的小冊子都不感興趣，每天半天的讀書，主要是爲了給甬道裏的看守人員看。現在，不管看守人員在不在，學習都在進行著。

那時還沒有所方幹部給講解，所謂學習也只不過是摳摳名詞而已。當然，榮源仍舊不參加，在別人學習的時候，他閉著眼念他的經。

這種盲目的樂觀，並沒有持續多久，當所方宣佈調整住屋，把我和家族分開時，它就像曇花一現似地消失了。

三、我離開了家族

爲什麼把我和家族分開？我到很晚才明白過來，這在我的改造中，實在是個極其重要的步驟，可是在當時，我卻把這看做是共產黨跟我勢不兩立的舉動。我認爲這是要向我的家族調查我過去的行爲，以便對我進行審判。

我被捕之後，在蘇聯一貫把自己的叛國行爲說成是迫不得已的，是在暴力強壓之下進行的。我把跟土肥原的會談改編成武力綁架，我把勾結日本帝國主義的行爲和後來種種諂媚民族敵人的舉動全部掩蓋起來。知道底細的家族成員們一律幫我隱瞞真相，哄弄蘇聯人。現在回到了中國，我更需要他們爲我保密，我必須把他們看管好，免得他們失言，說出不該說的話來。特別是小秀，更需加意防範。

到撫順的第一天，我就發現小秀因爲火車上的那點「睚眦之仇」，態度有些異樣。那天我進了監房不久，忽然覺著有什麼東西在脖子上爬，忙叫小秀給我看看。要是在以往，他早就過來了，可是那天他卻裝作沒聽見，一動不動。不但如此，後來小瑞過來，從我脖子後頭找到一個小毛蟲，扔在地上，小秀在旁邊還哼了一聲：「現在還放生，放了生叫牠害別人！」我聽了，渾身都覺著不是勁。

過了幾天，小瑞給我整理被褥，我叫他把被子抖一抖。這個舉動很不得人心，把屋裏抖得霧氣騰騰。

溥傑鼓著嘴，躲到一邊去了，小固捂著鼻子對小瑞說：「行行好吧。嗆死人啦！」小秀則一把抓過被子，扔到鋪上說：「這屋子裏不只你們住著，別人也住著！爲了你們就不顧別人，那可不行。」我沉下了臉，問道：「什麼你們我們？你還懂規矩嗎？」他不回答我，一扭頭坐在桌子旁，悶著頭不說話。過了一會兒，我看見他噘著嘴使勁在紙上畫，想看看他畫什麼，不料剛走過去，他拿起紙來就扯了。恍惚之間，我看到了一行字：「咱們走著瞧！」

我想起了火車上的那回事，嘗到了自作自受的後悔滋味。從這天起，我盡力向他表示好感，拿出和顏悅色對他。我找了個機會，單獨向他解釋了火車上那回事，並非出於什麼惡意，我對他一向是疼愛的。此後，一有機會我就對三個侄子大談倫常之不可廢，大難當前，和衷共濟之必要。當小秀不在跟前的時候，我更囑咐別人：「對小秀多加小心！注意別讓他有軌外行動！多哄哄他！」

經過一番努力，小秀沒發生什麼問題，後來報上那篇文章在我們腦子裏引起了幻想，小秀的態度也完全正常了。可是我對他剛放下心，就調整監房了，看守員叫我一個人搬到另一間屋子裏去。

小瑞和小固兩人替我收拾起舖蓋、皮箱，一人替我拿一樣，把我送到新屋子。他們放下東西走了。我孤零零地站在一群陌生人面前，感到非常彆扭，簡直坐也不是，站也不是。這屋子裏原來住著八個人，見我進來，都沉默不語，態度頗爲拘謹。後來，大概是經過一致默契，有人把我的舖蓋接過去，安放在靠近牆頭的地方。以後我才明白，這個地方是冬暖夏涼的地方，冬天得暖氣，夏天有窗戶。我當時對這些好意連同他們的恭敬臉色全沒注意，心裏只想著這次分離對我的危險。我默默地坐了一會兒，覺得這裏連板炕都似乎特別硬。我站起來，抱著胳臂蹓開了。

我踱了一陣，想出一個主意，就走到房門前，敲了幾下門板。

「什麼事？」一位矮墩墩的看守員打開門問。

「請問先生，我能不能跟所長先生談一件事？」

「哪類的事？」

「我想說說，我從來沒跟家裏人分開過，我離開他們，非常不習慣。」

他點點頭，叫我等一等。他去了一會兒，回來說所長准許我搬回去。

我高興極了，抱起舖蓋，看守員幫我提上箱子，便往回裏走。在甬道裏，我碰見了所長。

「爲照顧你和年歲大些的人，所裏給你們定的伙食標準比較高些，」所長說，「考慮到你們住一起用不同的伙食，恐怕對他們有影響，所以才……」

我明白了所長原來是這樣考慮的，不等他說完，就連忙說：「不要緊，我保險他們不受影響。」我差點說出來：「他們本來就該如此！」

所長微微一笑：「你想的很簡單。你是不是也想過，你自己也要學一學照顧自己？」

「是的，是的，」我連忙說，「不過，我得慢慢練，一點一點地練……」

「好吧，」所長點頭說，「你就練練吧。」

我回到家裏人住的那間屋子，覺得分別了半天，就像分別了一年似的。見了面，大家都很高興。我告訴了他們所長說要我「練一練」的話，大家從這句話裏覺出政府似乎不急於處理我的意思，就更高興了。

然而家裏人並沒有讓我去練，我自己也不想去練。我只考慮所長那番話的意思，遲早還會叫我們分開，因此必須好好地想出個辦法來應付這個問題。我竟沒想到，所長給的時間是這樣短，才過了十天，我的辦法還沒想好，看守員就又來叫我收拾舖蓋了。

我決定趁小瑞給我收拾東西的時間，對家族囑咐幾句。因爲怕門外的看守員聽見，不好用嘴說，就寫了一個紙條；又因屋子裏這時多了兩個汪僞政權的人，所以紙條寫得特別含蓄。

大意是；我們相處得很好，我走後仍要和衷共濟，我對你們每人都很關懷。寫罷，我交給溥傑，叫他給全體傳閱。我相信他們看了，必能明白「和衷共濟」的意思是不要互相亂說。我相信兩個汪僞政權的人對我的舉動並沒有發生懷疑。

我的侄子又給我抱著舖蓋提著箱子，把我送進上次那間屋子，人們又把我的舖蓋接過去，安放在那個好地方。跟上次一樣，我在炕上坐不住，又抱著胳臂踱了一陣，然後去敲門板。

還是那個矮墩墩的看守員打開了門。我現在已知道他姓劉，而且對他有了一些好感。這是由吃包子引起的。

不久前，我們第一次吃包子，大家吃得特別有味，片刻間全吃光了。劉看守員覺著這件事很新鮮，笑著走過來，問我們夠不夠。有人不說話，有人吞吞吐吐地說「夠了」。他說：「怎麼忸忸怩怩的，要吃飽嘛！」說著，一陣風似地走了，過了一會兒，一桶熱騰騰包子出現在我們的房門口。我覺得這個人挺熱心，跟他說出我的新主意，諒不至於出岔子。

「劉先生，我有件事……」

「找所長？」他先說了。

「我想先跟劉先生商量一下，我，我……」

「還是不習慣？」他笑了。這時我覺出背後也似乎有人在發笑，不禁脹紅了臉，連忙辯解說：

「不，我想說的不是再搬回去。我想，能不能讓我跟家裏人每天見一面。只要能見見，我就覺著好得多了。」

「每天在院裏散步，不是可以見嗎？這有什麼問題？」

「我想跟他們在一起說說話兒，所長准許嗎？」按照規定，不同監房是不得交談的。

「我給你問問去。」

我得到了准許。從這天起，我每天在院子裏散步時都能和家裏人見一次面，說一會兒話兒。幾個侄子每天都告訴我一點關於他們屋裏的事情，所裏的人跟他們說了什麼，他們也照樣告訴我。從接觸中，小固還是那樣滿不在乎，小秀也沒什麼異樣，小瑞仍然恭順地為我洗衣服、補襪子。

我所擔心的問題得到了解決，不想新的問題出現了。這就是，過去四十多年的「飯來張口、衣來伸手」的生活習慣，現在給我帶來極大的苦惱。

四十多年來，我從來沒疊過一次被，舖過一次床，倒過一次洗臉水。我甚至沒有給自己洗過腳，沒有給自己綁過鞋帶。像飯勺、刀把、剪子、針線這類東西，從來沒有摸過。現在一切事都要我親自動手，使我陷入了十分狼狽的境地。早晨起來，人家早已把臉洗完了，我才穿上衣服，等到我準備去洗臉了，有人提醒我應該先把被疊好；等我胡亂地捲起被子，再去洗臉，人家早洗完了；我漱口的時候，已經把牙刷放進嘴裏，才發現沒有蘸牙粉，等我把這些事情都忙完了，人家早飯都快吃完了。我每天總是跟在別人後面，忙得昏頭脹腦。

僅僅是忙亂，倒還罷了，更惱人的是同屋人的暗笑。同屋的八個人，都是僞滿的將官，有「軍管區司令」、「旅長」，也有「禁衛軍團長」，他們從前在我面前都是不能抬頭的人物。我初到這間屋子的時候，他們雖然不像我的家族那樣偷著叫我「上邊」，但「你」字還不敢用，不是稱我爲「先生」，就是索性把稱呼略掉，以表示對我的恭敬。這時他們的恥笑雖不是公然的，但是他們那種故做不看、暗地偷看的表情，常常讓我感到格外不好受。

讓我感到很不好受的還不僅限於此。我們從到撫順的第一天起，各個監房都建立了值日制度，大家每天輪流打掃地板、擦洗桌子和倒尿桶。沒跟家族分開時，這些事當然用不著我來幹。我搬進了新屋之後，難題就來了，輪到我值日那天該怎麼辦呢？我也去給人倒尿桶？我跟日本關東軍訂立密約的時候，倒沒覺得怎樣，而現在把倒尿桶卻當成了上辱祖宗、下羞子侄的要命事。幸好所方給我解了圍，第二天，所方一位姓賈的幹部走來對大家說：「溥儀有病，不用叫他參加值日了！」我聽到這句話，猶如絕路逢生，心中第一次生出了感激之情。

值日的事解決了，不想又發生了一件事。有一天，我們正在院子裏三三兩兩地散步，所長出現了。我們每次散步他必定出現，而且總要找個犯人談幾句。這次我發現他注意到了我。他把我從上到下打量了一陣，打量得我心裏直發毛。

「溥儀！」他叫了一聲。我從回國之後，開始聽別人叫我的名字，很覺不習慣，這時仍感到刺耳，覺得還不如聽叫號碼好受。來這裏的初期，看守員一般總是叫號碼的（我的號碼是「九八一」）。

「是，所長。」我走了過去。

「你的衣服是跟別人一塊發的，怎麼你這一身跟別人的不一樣？」他的聲調很和氣。

我低頭看看自己的衣服，再看看別人，原來別人身上整整齊齊，乾乾淨淨，而我的卻是折折囊囊，邋里邋遢：口袋扯了半邊，上衣少了一隻扣子，膝蓋上沾了一塊藍墨水，不知怎麼搞的，兩隻褲腿也好像長短不一，鞋子還好，不過兩隻鞋只有一根半鞋帶。

「我這就整理一下，」我低聲說，「我回去就縫口袋、釘扣子。」

「你衣服上的褶子是怎麼來的呢？」所長微笑著說，「你可以多留心一下，別人怎麼生活。能學習別人的長處，才能進步。」

儘管所長說得很和婉，我卻覺得很難堪，很氣惱。我這是第一次被人公開指出我的無能，這是我第一次不是被當做尊嚴的形象而是作爲「廢物」陳列在衆目注視之下。「我成了大夥研究的標本啦！」我難受地轉過身，避開「大臣」和「將官」們的目光，希望天色快些暗下來。

我溜到牆根底下，望著灰色的大牆，心中感慨萬千：我這一生一世總離不開大牆的包圍。從前在牆裏邊，我還有某種尊嚴，有我的特殊地位，就是在長春的小圈子裏，我也保持著生活上的特權，可是如今，在這個牆裏，那一切全沒有了，讓我跟別人一樣，給我造成了生存上的困難。

總之一句話，我這時不是因感到自己無能而悲哀，而是由於被人看做無能而氣惱。或者說，我不是怪自己無能，而是怨恨我一向認爲天生應該由人來服侍的特權的喪失。我因免於值日而對所方發生的感激之情，這時一下子全消失了。

這天晚上，我發現了別人臨睡時脫下衣服，都整整齊齊地疊好、放在枕頭底下，而我卻一向是脫下來順手一團，扔到腳底下的。我想起所長說的話，確有幾分道理，應該注意一下別人的長處，——我如果早知道這點的話，今天不是就不會碰到這種難堪了嗎？我對夥伴們產生了不滿，他們爲什麼對我這樣「藏奸」，不肯告訴我呢？

其實，那些僞將官們連向我說話還感到拘謹，我既然不肯放下架子去請教，誰還敢先向我指指點點呢？

我就是這樣的在撫順度過了兩個多月。

十月末，管理所遷往哈爾濱，我們便離開了撫順。

四、搬到哈爾濱

在開往哈爾濱的列車上，只有幾個年輕些的人還有點興趣談天說笑，願意跟看守員打打「百分」，其他的人則很少說話，即使說起來聲調也不高。車廂裏大部分時間都是沉寂的。有不少人夜裏睡不著，白天吃不下。

我雖然不像回國時那樣恐怖，卻仍是比任何人都緊張。這時，正是朝鮮戰場上的美國軍隊逼近了鴨綠江，中國人民志願軍出國抗美援朝不久。

有一天夜裏，我見溥傑跟我一樣睡不著覺，便悄悄地問他對戰局的看法。他死陰活氣地回答說：「出國參戰，簡直是燒香引鬼。眼看就完啦！」我領會他所謂「完啦」的意思：一方面指中國必然吃敗仗，至少東北要被美國軍隊占領；一方面擔心共產黨看到「大勢已去，江山難保」，先動手收拾我們這批人，免得落到美國人手裏去。後來才知道，這是當時犯人們的共同想法。

到了哈爾濱，看到管理所的房子，我越發絕望了。管理所的房子原是偽滿遺留下來的監獄，看見了它，大有「以其人之道，還治其人之身」的滋味。這所監獄是經日本人設計，專門關押「反滿抗日犯」的地方，共兩層，中心是崗台，圍著崗台的是兩層扇面形的監房，監房前後都是直徑一寸的鐵欄杆。由洋灰牆隔成一間間小屋，每屋可容七八人。我這屋裏住了五個人，不算擁擠，不過由於是日本式的，只能睡地舖。

我在這裏住了大約兩年，後來聽說拆掉了。剛住進去的時候，我還不知道僞滿時關在這裏的「犯人」很少有活著出去的，不過單是聽到那鐵欄杆的開關聲，就已經夠我受的了，這種金屬響聲總讓我聯想到酷刑和槍殺。

我們受到的待遇仍和撫順一樣，看守員仍舊那樣和善，伙食標準絲毫沒有變化，報紙、廣播、文娛活動一切如常。看到這些，我的心情雖然有了緩和，卻仍不能穩定下來。記得有一天夜裏，市區內試放警報器，那淒厲的響聲，在我腦裏久久不能消失。一直到我相信了中朝人民軍隊確實連獲勝利之前，我總認爲自己不死於中國人之手，就得死在美國飛機的轟炸中。總之，我那時只想到中國必敗、我必死，除此以外，別無其他結果。

我還清清楚楚地記得，我們從報上看到了中國人民志願軍在朝鮮前線取得第一次戰役勝利的消息，當時誰也不相信；到了年末，第二次戰役大捷的消息來了，中朝人民軍隊把美國軍隊趕到三八線附近，我們還抱有很大的懷疑。過了年，有一天一位所方幹部站在崗台上，向大家宣讀了中朝軍隊光復漢城的新聞號外，各監房爆發出激烈的掌聲。那時我心中仍舊半信半疑。二月間，報上公佈了「懲治反革命條例」，所方恐怕引起我們驚慌不安，停止我們閱報，我們不了解內情，便斷定是在朝鮮前線打了敗仗，懷疑以前的捷報全是假的。我由此認爲自己的厄運快來了。

一天半夜，我突然被鐵門聲驚醒，見欄杆外來了好些人，從隔壁監房裏擁著一個人走出去。我認爲這必是美國軍隊逼近了哈爾濱，共產黨終於對我們下手了，不由地渾身戰慄起來。好容易度過了這一夜，天亮後聽同屋子的人議論，才明白這是個天大的誤會。原來前「四平省長」老曲半夜小腸疝氣病發作，看守員發現後，報告了所長，所長帶著軍醫和護士們來檢查了一下，最後送他進了醫院。我當時由於恐懼和聯想，弄得神魂顛倒，所以只看見軍裝的褲腿，竟沒看見醫生和護士們的白衣衫。

這個誤會的解除並沒給我帶來多大的安慰。我怕聽的除了夜裏的鐵門聲之外，還有白天的汽車聲。每逢聽見外面有汽車響，我就疑心是來裝我們去公審的。

我白天把精力放在傾聽、觀察鐵欄杆外邊的一切動靜上，夜裏時常爲噩夢驚醒。和我同屋的四個僞滿「將官」，情形不比我好多少。他們跟我一樣，飯量越來越小，聲氣越來越低。我記得那些日子，每逢樓梯那邊有響聲，大家都一齊轉頭向欄杆外窺探，如果樓梯上出現一個陌生面孔，各個監房裏一定自動停止一切聲息，好像每個人都面臨著末日宣判一樣。正在大家最感絕望的時候，公安機關的一位首長來到監獄，代表政府向我們講了一次話。聽了這次講話我們才重新看到了生機。

這位首長站在崗台前對著各個監房講了一個多小時。他代表政府明確地告訴我們，人民政府並不想叫我們死，而是要我們經過學習反省，得到改造。他說共產黨和人民政府相信在人民的政權下，多數的罪犯是可能改造成爲新人的。他說共產主義的理想，是要改造世界，就是改造社會和改造人類。他說完，所長又講了一會兒。記得他說過這樣一段話：

「你們只想到死，看什麼都像爲了讓你們死才安排的。你們可以想想，如果人民政府打算處決你們，又何必讓你們學習？

「你們對於朝鮮戰爭有很多奇怪的想法。有人可能認爲，志願軍一定打不過美國軍隊，美國軍隊一定會打進東北，因此擔心共產黨先下手殺了你們；有人還可能迷信美國的武力，認爲美國侵略者是不可戰勝的。我可以明確地告訴你們：中朝人民一定會打敗美帝國主義，中國共產黨的改造罪犯的政策也一定得到勝利。共產黨人從來不說空話，事實就是事實！

「你們也許會說，既然不想殺我們，就把我們放出去不好嗎？不好！如果不經改造就放你們出去，不僅你們還會犯罪，而且人民也不答應，人民見了你們不會加以饒恕。所以，你們必須好好地學習、改造。」

我對那位首長和所長的話雖然不完全懂，甚至不完全相信，但關於政府不想處決我們的這段話，卻是越想越有道理。是呵，如果是存心殺掉我們，在撫順時何必爲我們擴建監獄的澡堂？到哈爾濱又何必搶救垂危的病人？又何必一直對我和年紀大的給以伙食方面的照顧？

對於像治病、洗澡之類的這些生活待遇，後來才知道，在新中國的監獄裏不是什麼稀奇事，但在當時，我們確實感到很新奇，把它看做是對我們的特殊照顧。因此聽到了政府人員正面說出不想消滅我們的話來，我們頓時覺得輕鬆了不少。

關於首長和所長說的學習、改造，在當時我們沒有一個人加以理睬。在我看來，叫我們看書看報不過是爲了讓我們消磨時間，免得胡思亂想。說看幾本書就可以改變一個人的思想，我覺得實在不可思議。對於美國軍隊可以打敗的話，我更不相信。

同屋的四個自命懂得軍事的「將官」，則一致認爲，美國或許沒有膽量冒天下之大不韙，不敢拿出原子彈，然而美國僅僅用常規武器就足以稱霸世界、無敵於天下；說可以打敗美國軍隊，只不過是句空話。

可是後來，我們漸漸覺得，共產黨人不大像是說空話的人。過了不久我們重新看到了報紙，覺得那些有關朝鮮戰場的消息不像是假的。那些「將官」們也說，歷來編造戰報，雙方死傷人數可以造假，而地域的得失卻不能做長時間的謊報，特別是美軍總司令表示願意談判的消息，更是不能編造的。美國軍隊也要談判停戰問題，還能說是無敵的嗎？「將官」懷疑起來了，不用說，我更解釋不通了。

「兵不厭詐，」一個當過「旅長」的戰犯說，「也許這裏面還有問題呢！我不相信美國是『紙老虎』。」

可是不管怎麼不信，朝鮮戰爭越來越不像我們原先那樣想的，美國越弄越不像個真老虎。這種出乎意料的情況越明顯，我反而越感到了安心，因爲我認爲如果共產黨沒有潰敗，就不至於急於消滅我這個累贅。

這時的學習也與以前不同了。以前的學習是自流的，所方並不過問，現在是所方管學習的幹部親自領導我們學習。他給我們做了「什麼是封建社會」的專題講話，然後由我們討論。每人還要寫學習筆記。

有一天，講課的幹部對我們說：

「我已經講過，改造思想首先要了解自己原來是什麼思想。每個人的思想是跟他的出身、歷史分不開的，因此，要從自己的出身、歷史上去研究。爲了進行思想改造，每個人要客觀地無保留地反省一下自己的歷史，寫一份自傳。……」

我心裏對自己說：「這就是改造嗎？這是不是藉口改造來騙我的供詞呢？共產黨看戰局穩定下來，大概就要慢慢收拾我了吧？」

這就是我當時的思想。我正是在這種對立的思想支配下，寫下了我的第一份自傳的。

五、寫自傳與獻「寶」

我認爲寫自傳是審判的前奏。既然要審判，那就是說生死尚未定局，在這上面我要力爭一條活路。

對於應付審判，我早有了既定的打算。剛到哈爾濱那天，我們走下汽車，還沒進入監房，這時侄子小固湊近我，在我耳邊悄悄地說：「問起來，還是在蘇聯那套說法！」我略略點了一下頭。

所謂在蘇聯的那套說法，就是隱瞞我投敵的行徑，把自己說成是一個完全善良無辜的、愛國愛民的人。我明白現在的處境與在蘇聯時不同，我必須編造得更加嚴密，決不能有一點點漏洞。

小固那天的話，是代表同他住在一起的侄子們和隨侍大李的。那幾句話說明了他們早已有了準備，同時也說明了他們對我的忠心，一如往昔。不過要想不出漏洞，光是忠心還不夠，我覺得還必須再囑咐一下。特別是要囑咐一下大李，因爲他是我的自傳中最關鍵的部分——我從天津怎樣到的東北——的實際見證人。我從靜園溜走前，事先他給我準備的行李衣物，我鑽進汽車的後廂後，是他給我蓋的箱蓋。這些事一旦被洩漏出去，那個土肥原強力綁架的故事就不會有人相信了。

這件事只能在休息時間，利用我和我的家族合法的見面機會去辦。這時情況與以前已經有些不同了，一些年紀較輕的犯人開始幹起雜活，如挑水、送飯、幫廚之類。我的家族除了榮源這時已死，黃醫生因風濕性關節炎經常休息外，其餘都參加了這種服務性的勞動。我在休息時間，不大容易全看到他們，不是這個在幫廚，就是那個在送開水。不過，也有個好處，這就是他們行動比較自由，可以爲我傳話找人。我就是利用這種便利讓小瑞把大李給我悄悄找來的。

大李來了，恭順地走近了我，帶著聽候吩咐的樣兒。我壓低嗓音問他：

「你還記得從天津搬家的事嗎？」

「是說到關外吧？是我收拾的東西，是吧？」

「如果所方問起我是怎麼從天津走的，你就說全不知道。你收拾東西，是在我走後，知道嗎？」

「走後？」

「對啦，走後，你是聽了胡嗣瑗的吩咐，把我用的衣物行車送到旅順的。」

大李點點頭，表示心領神會，悄悄走了。

第二天，小瑞在院子裏告訴我，大李請他轉報，昨天晚上他和所方賈科員談天，他告訴賈科員我在東北時待底下人很厚道，從不打人罵人。又說我在旅順時，成天鎖門，不見日本人。我聽了這話，覺著這個大李做得太過分了，爲什麼提旅順的事呢！我叫小瑞告訴他：別多嘴，如果問起旅順的情形，就說什麼也不知道。

我對大李的忠誠很滿意。我對重要的問題有了把握，又向侄子們分別囑咐過了，這才動手寫起我的自傳。在這份自傳裏，我寫下了我的家世，寫下了西太后如何讓我做了皇帝，我在紫禁城如何度過了童年，我如何「完全不得已」地躲進了日本公使館，我如何在天津過著「與世無爭」的生活，然後是按外界傳說寫成的「綁架」和「不幸的」長春歲月。記得我在最後是這樣結束的：

我看到人民這樣受苦受難，自己沒一點辦法，心中十分悲憤。我希望中國軍隊能打過來，也希望國際上發生變化，使東北得到解救。這個希望，終於在一九四五年實現了。

這份自傳經過再三地推敲和修改，最後用恭楷繕清，送了上去。從這篇文字上我相信任何人都可以看出，我是個十分悔罪的人。

送出自傳之後，我又想，僅僅這篇文字還不夠，還必須想個辦法讓政府方面相信我的「誠實」和「進步」才行。怎麼辦呢？依靠大李他們替我吹噓嗎？這顯然不夠，最重要的是我自己還必須有實際上的成績。

一想到成績，我不禁有些洩氣。自從回國以來，即使火車上的那段不算，撫順的那段也不算，單說自從到了哈爾濱，我參加了監房內的值日以來，那成績就連我自己也不滿意，更不用說所方了。

原來犯人們自從聽了公安機關的首長和所長的講話之後，每個人都在設法證明自己有了「覺悟」，都把所謂的「覺悟」看做活命的手段。現在回想起來，感到非常可笑，人們當時竟把事情看得那麼簡單：好像只要作假做得好，就可以騙得過政府。在我存有這種妄想的時候，最使我引為悲哀的，就是我處處不如別人。

當時大家都從學習、值日和生活這三方面，努力表現自己，希圖取信所方。我們這個組，在學習方面「成績」最好的要算我們的組長老王。他原是僞滿軍法少將，在北平學過幾年法政，文化程度比較高，對新理論名詞懂得比較快。其他三名「將官」起初跟我一樣，連「主觀」「客觀」都鬧不清，可是「進步」也比我快。在開討論會時，他們都能說一套。最要命的是學完「什麼叫封建社會」的專題後，每人要寫一篇學習心得（或稱學習總結），把自己對這個問題的領會、感想，用自己的話說出來。

在討論時，我還可以簡單地說一說，知道多少說多少，寫心得可就不這麼容易了。老實說，這時我對於學習還沒感到有什麼需要，學習對於我，非但沒解決什麼認識上的問題，反而讓我對於書上關於封建社會的解釋感到害怕。

例如，封建帝王是地主頭子，是最大的地主，這些話都像是對我下判決似的。如果我是最大的地主，那麼不但從叛國投敵上說該法辦，而且從土地改革的角度上說也赦不了，那不是更沒活路了嗎？

我在這種不安的情緒中，簡直連一個字也寫不下去。在我勉強安下心東抄西湊地寫完這篇心得後，又看了看別人寫的，覺得我的學習成績是決不會使所方滿意的。

到哈爾濱後，我自動地參加了值日，這是唯一可以證明「進步」的地方。在這裏，所方再沒有人宣佈我「有病」，而我也發現這裏每間屋的屋角上都有抽水馬桶，沒有提馬桶這個難題了。值日工作只是接遞外面送來的三頓飯、開水和擦地鋪，我不再感到怵頭，當輪到我的時候，就動手幹起來了。我有生以來第一次爲別人服務，就出了一個岔子，在端飯菜的時候，幾乎把一碗菜湯全灑在人家頭上。因此，以後每逢輪到我，總有人自動幫忙。他們一半是好意，一半也是不甘再冒菜湯澆頂的危險。

生活上的情形，就更不能跟別人比了。我的服裝依舊不整潔，我的衣服依舊靠小瑞給我洗縫。自從所長當眾指出我的邋里邋遢以後，我心裏總有一種混雜著羞恥和怨恨的感情。我曾試著練習照顧自己，給自己洗衣服，可是當我弄得滿身是水，仍然制服不了肥皂和搓板的時候，心中便充滿了怨氣；而當我站在院裏等待小瑞，別人的目光投向我手中待洗的衣襪時，我又感到羞恥。

交上自傳不久，我忽然下定決心，再試一次。我覺得這件事再困難也要幹，否則所方看我一點出息都沒有，還怎麼相信我呢？我以滿頭大汗的代價，洗好了一件白襯衣。等晾乾了一看，白襯衣變成了花襯衣，好像八大山人的水墨畫。我對著它發了一陣呆，小瑞過來，把「水墨畫」從晾衣繩上拉下來，夾在懷裏悄悄地說：「這不是上頭幹的事，還是給瑞幹吧。」

他的話很順耳，——我邊散步邊思索著，不錯，這不是我幹的，而且也幹不好。可是，我不幹這個，幹什麼才能向所方表現一下自己呢？我必須找一件可以幹、而且幹得出色的事情才行。

我正苦苦地思索著，忽然旁邊幾個人的議論引起了我的注意。

這是我五妹夫老萬那屋裏的幾個。他們正談論著關於各界人民捐獻飛機大炮支援志願軍的事。那時按規定，不同監房的人不得交談，但聽別人的談話並不禁止。那堆人裏有個姓張的前僞滿大臣，在撫順時曾跟我同過屋，他有個兒子從小不肯隨他住在僞滿，反對他這個漢奸父親，連他的錢也不要。他現在估計這個兒子一定參加了抗美援朝。他每提起兒子，總是流露出不安的心情，現在又是如此。

「如果政府還沒有沒收我的財產，我要全部捐獻給抗美援朝。我兒子既然不要，我只好這樣。」

有人笑道：「這豈不是笑話！我們的財產本來就該沒收的。」

「那怎麼辦呢？」老張愁眉苦臉地說，「也許我那孩子就在朝鮮拚命呢！」

「你想的太多，毫無根據。」另一個說，「你以爲漢奸的兒女可以參軍嗎？」

這句話別人聽了顯然不是味兒，一時都不再做聲，可是老張還想他的主意：

「咱們隨身帶的財物，政府並沒充公，是代爲保存的。我把它捐出去好不好！」

「那有多一點？」又有人笑他，「除了皇上和總理大臣，誰的東西都值不了多少錢！……」

這句話把我提醒了。不錯，我還有許多珠寶首飾呢，這可是任何人都無法跟我較量的。不說藏在箱子底的那些，就說露在外面的一點也是很值錢的。其中那套乾隆皇帝當太上皇時用的「寶」，就是無價之寶。這是用田黃石刻的三顆印，由三條田黃石鏈條連結在一起，雕工極爲精美。我不想動用藏在箱底的財寶，決定把這三顆印拿出來以證明我的

「覺悟」。

決定了就趕快做。我記得從前有一次，所方人員在崗台上宣佈志願軍取得第五次戰役勝利的消息時，不知是哪個犯人聽完之後立刻向幹部要求到朝鮮去參戰，接著有好些人都提出這個要求，還有人立時扯本子寫申請書。

當然，所方沒有接受。我後來不免有些嫉妒地想：這些人既表現了「覺悟」，又實際擔不上什麼風險，心眼真是不少。我想起那回事，決定這回不能落後於人，不要讓他們搶先辦了，顯得我是跟著學的。

正好，這天政府負責人員來巡視，我透過欄杆，看出來人正是在瀋陽叫我不要緊張的那位。根據所長陪伴的形勢，我斷定他必是所長的上級，雖然他並沒穿軍裝。我覺得向這樣人拿出我的貢品，是效果更好的。等他巡視到我們監房跟前的時候，我向他深鞠一躬，說道：

「請示首長先生，我有件東西，想獻給人民政府……」

我拿出了乾隆的田黃石印給他，他卻不接過去，只點點頭：

「你是溥儀吧？好，這件事你跟所方談吧。」

他又問了幾句別的話，就走開了。我想，他如果看到我的東西，知道它的價值，就不會如此冷淡了。沒有辦法，我只好找所方辦這件事。我寫了一封信，連同那套石印，交給看守員請他轉送給所長。

這套田黃石印送出之後，猶如石沉大海，一連多日沒有消息。我不禁起了疑心，是不是看守員偷著匿起來了呢？

我犯了老毛病，疑心什麼就相信是什麼。這天晚上，別人下棋的下棋，打撲克的打撲克，我卻獨自尋思田黃石印的去向，已經完全肯定是被貪汙了。我考慮著是否直接問一下所長。這時矮墩墩的劉看守員從外面經過，站住了。

「你怎麼不玩？」他問。

「我不會。」我答。這是實話。

「你學嘛，打百分一學就會。」

「我學也學不會。」這也是實話。

「哪裏的話！我不信還有學不會打撲克的。等一等，」他熱情地說，「我交了班來教你。」過了一會兒，他果真帶著一副撲克牌來了。他一屁股坐在欄杆外面，興致勃勃地洗起牌來。我那套田黃石印就是交給他的。我心裏對他原有的好印象全沒有了。我當時的心情——現在想起來還是難受的——竟是充滿了厭惡。

「我就不相信這個學不會，」劉看守員發著牌說，「再說，不會玩怎麼行？你將來重新做人，重新生活，不會玩那可怎麼生活！」

我心想：「你可真會說，裝的真像呵！」

「溥儀並不笨，」高個子老王也湊過來，嘴裏叼著個小煙袋，笑著說。這就是在撫順給榮源找回瀋陽煙的那個看守員，他的煙癮很大，終日不離煙袋，那煙袋只有一扠長。他到痰盂那裏敲掉了煙灰，又開始裝新的一袋，一邊裝一邊說：「溥儀不笨，只要學，什麼都學的會。」

他點上了煙。隔壁有個人對他說：「王先生，你的煙挺香呵！」

「怎麼，大概你的煙卷又沒啦？」他挪過一步對隔壁看看。不知是誰笑著又說：「我抽煙太沒計劃。」王看守員笑笑，解下了小煙荷包，扔了過去：「好吧，拿紙捲一支過過癮。」

王看守員每逢犯人抽光了規定的紙煙，總要解下煙荷包讓人捲煙過癮。這種舉動原來使我很不理解，而現在則有了解釋：「你們全是騙人！我就不信你們這一套！」

事實上，一心想騙人的不是別人，正是我自己，而弄得別人不能相信的，也是我自己。過了不久，所長在院子裏對我說：

「你的信和田黃石的圖章，我全看到了。你從前在蘇聯送出去的那些東西，現在也在我們這裏。不過，對於人民說來，更有價值的是人，是經過改造的人。」

六、小家族起變化

所長這段話的含意，我是過了許多年以後才明白的。當時我只是想，他既然說「需要改造」，那麼我眼前就沒有什麼危險。

可是萬沒想到，在我覺得已經沒了危險的時候，危險就來了。

有一天，我的眼鏡腿掉了，我請看守員代我送到大李那裏去修理。大李是個很巧的人，他常給人修理些小玩意，像眼鏡、鐘錶、自來水筆等等，到他手裏都能整舊如新。我的眼鏡每逢有了毛病，他總是很認真地給我修好。沒想到，這一次他的態度變了。

我們這個管理所的建築有個特點，樓上樓下的聲響可以互相聽到。看守員拿了我的眼鏡下樓不久，我就聽見了大李嘟嘟囔囔的聲音。語音雖不清楚，但可以聽出是不高興。過了一會兒，看守員把眼鏡帶回來了，無可奈何地對我說：「你是不是自己想想辦法？他說沒辦法修。」

我聽到大李的嘟囔聲時，就滿肚子是氣，心想他竟然敢對我端架子，太可惡了。我倒要看看他是不是敢端下去。我對看守員說：「我自己會就不找他了。上次就是他修好的，還是請江先生跟他再說說吧。」這位江看守員年紀很輕，個子瘦小，平常很少說話。我們同屋的人都說他為人老實。他果然很老實，聽了我的話又下樓去了。

這回大李沒推，給我修理了。可是拿回來一看，修得非常馬虎，只是用一根線繫了一下，連原來的螺絲都不見了。

我仔細地琢磨了一下，終於明白了大李是變了，而且不是從今天開始的。我記起了不久前的一天，我因為多日不見大李，散步時想問他在忙什麼，就叫小瑞去找，不料小瑞回來說：「大李說他忙，沒功夫。」剛才從他拒絕修眼鏡的嘟囔聲音裏，我模糊地聽到這樣一句話：「我不能老伺候他，我沒功夫！」

修眼鏡的事過去不久，便到了一九五二年的新年。所方讓我們組織一個新年晚會，自己演唱一些小節目，作爲娛樂。舞台就是崗台前的空地。我在「三人快板」這個節目上，又發現了不祥之兆。

這是小秀小固和大李三個人自編自演的。他們那間屋子裏，除了小瑞，全都上了台。他們三個人用問答的形式，數說著發生在犯人中的引人發笑的故事，諷刺了某些犯人不得人心的行爲。譬如被人們稱做大下巴的前僞滿司法大臣張煥相，他最愛對人發脾氣，吵起來弄得四鄰不安，他在吃飯時常灑一地飯粒，別人如果給他指出來，他就灑得更多。又譬如有些人當看守員經過的時候拚命提高嗓門讀書，其實不是爲自己讀，而是做給所方看。他們一面念著快板，一面模仿著被諷刺者的姿態，引起了一陣陣的笑聲。我一聽就知道這主要是小固編的。起初我也覺得很好笑，可是聽到後來就笑不起來了。他們諷刺起一些迷信鬼神的人。他們說，這種人不明白從前算卦、求神並沒有挽救了自己，進了管理所還偷偷地念咒求神。這段快板的諷刺對象，顯然也把我包括了進去，因爲我這時還沒有完全停止念咒求神的活動。這段快板，說的雖然並非毫無道理，可是，我怎麼可以被諷刺呢？不錯，從前我確實是上過卦、乩、經、咒的當，我們現在關在監獄裏，漸漸明白了求神不如求人的道理，可是又何必當眾影射我？這簡直是「沒上沒下」了！

問題還不僅限於此。接著，他們又諷刺了一種人，這種人進了監獄，明白了許多道理，政府拿他當人看待，「但是他仍要給別人當奴才」，「百依百順地伺候別人」，結果不能幫助「別人」改造，只能「幫助別人維持主人架子，對抗改造」。我一聽立刻就明白了這個被諷刺的人是誰，這個「別人」又是誰。同時也明白了小瑞不參加這個節目演出的原因。我心裏疼惜起小瑞來，我更擔心小瑞會撐不下去。

事實上，小瑞跟別人一樣，也有了一些變化。最近大李、小秀和小固在院子裏不露面了，小瑞也減少了露面的次數，我的髒衣服逐漸積壓起來，多日送不出去。

開過這次晚會，小瑞索性不來拿我的衣服去洗了。緊接著，又出了一件大事。

這天該我值日，我蹲在欄杆邊上等著接飯菜。送飯菜的是小瑞。他把一樣樣飯菜遞完，最後拿出一張疊成小塊的紙條，放在我手裏。我怔了一下，忙悄悄地藏起來，然後回身送飯，盡力不動聲色。飯後，我裝作上廁所，在屋角矮牆後的馬桶上，偷偷地打開紙條。只見那上面寫著：

我們都是有罪的，一切應該向政府坦白。我從前給您藏在箱底的東西，您坦白了沒有？自己主動交代，政府一定寬大處理。

一股怒火，陡然在我胸中升起。但是過了不大時間，這股怒火就被一股冷氣壓熄了。我看到了眾叛親離的預兆。

紙條扔到馬桶裏被水沖走了，紙條所帶來的心思卻去不掉。我默默地回想著這幾個青年人的過去和現在，覺得他們的變化簡直不可思議。小秀不必說了，其餘的幾個是怎麼變的呢？

大李，他的父親原在頤和園當差，侍奉過西太后，由於這個關係，在宮裏裁汰太監時，他得以進宮當差，那年他才十四歲。後來隨我到天津，和另外幾個童僕一起，在我請來的漢文教師教導下念書。他正式做了我的隨侍，是我認爲最可靠的僕人之一。

我離大栗子溝時，挑了他做跟隨。在蘇聯，他曾因一個日本人不肯讓路而動過拳頭，對我卻始終恭順，俯首貼耳地聽我訓斥。他爲我銷毀珠寶，做得涓滴不留，一絲不苟。對這樣的一個人，我實在想像不出他發生變化的理由。現在事實就是如此，在他的眼裏，已經沒有了「上邊」和「下邊」了。

小固，是恭親王溥偉的兒子，溥偉去世後，我以大清皇帝的身分賜他襲爵，把他當做未來「中興」的骨幹培養，他也以此爲終身志願，到了蘇聯還寫過述志詩以示不忘。他在我的教育下，篤信佛教，曾入迷到整天對著骷髏像參「白骨禪」，而且剛到哈爾濱那天，還不忘表示過忠誠。沒想到這樣的人，竟會編出那樣的快板來諷刺我，顯然，他的忠誠是不存在了。

最不可思議的是小瑞的變化。如果說大李是「非我族類，其心必異」，小秀是由於「睚眦之仇」，小固是看穿了「白骨禪」之類的欺騙，那麼小瑞是爲了什麼呢？

小瑞是清朝惇親王的後人，他家這一支自從他祖父載濂、叔祖父載漪和載瀾被列爲「庚子肇禍諸臣」之後，敗落了下來。他十九歲那年被我召到長春，與其他的貧窮「宗室子弟」一起念書。在那批被稱爲「內廷學生」的青年中，他被我看做是最聽話、最老實的一個。我覺得他天資低些，心眼少些，而服侍我卻比心眼多的更好。

在蘇聯，他表現出的忠誠，五年如一日。記得我曾經試驗過他一次，我對他說：「你如果真的忠於皇上，心裏有什麼，都該說出來。你有沒有不敬的想頭？」他聽了，立刻滿臉通紅，連聲說「有罪有罪」，經我一追問，這老實人說出了一件使他不安已久的事。

原來有一次我爲了一件事不稱心，叫幾個侄子一齊跪了一個鐘頭，他那時心裏喊了一聲冤枉，埋怨我不好伺候。他說出了這個秘密，滿臉流汗，恐惶萬狀。如果我這時下令叫他痛打自己一頓，他必是樂於執行的。我只點點頭說：「你只要知罪就行了，姑且寬赦你這一回！」他忙磕頭謝恩，好像從地獄回到天堂一樣的快樂。

從蘇聯臨回國時，我斷定性命難保，曾和妹夫、弟弟們商量「立嗣」問題，決定叫小瑞做我的承繼人。他聽到這個決定後的表現就更不用說了。如果說，在蘇聯時我有時還叫別人幹點什麼，那麼回國之後，別人就不用想插手，因爲我身邊的事全被他包辦下來了。這樣的一個人，今天卻教訓起我來，說我「有罪」了！

這些不可思議的變化，其實只要細想一下，是可以看出一些端倪來的。新年晚會那天，小固有一段快板詩，裏面反映了他們的思想變化。大概意思是說他從少年時期到了僞滿，終日在「內廷」裏聽著反宣傳，受著奴化教育，久而久之認為日本人是天底下最強大的，中國老百姓是天生無能、該受擺布的，以及人是生來要分等級的等等。他們回國之後，才明白過去是受了騙。回國的第一天，在綏芬河車站上發現火車司機是中國人，這就大大出乎他們的意料之外。以後，幾乎天天發現有出乎意料的事情。他們最感到意外的，是所方人員的態度和抗美援朝的勝利。……

小固的這段唱詞，我當時只當做是一般的開場白，未加注意。然而這不正是他們對我「背叛」的原因嗎？他們不是發現被我欺騙了嗎？但這都不是我當時能理解的。我最不明白的是，他們離開了我以後，與所方人員——所長、幹部、看守員、炊事員、醫生、護士們接觸時，都強烈感覺出與前不同的地位：在這裏，雖然是個犯人，卻是個有人格的人，而從前雖然被看做是個貴族，被看做是「一人之下、萬人之上」的人，實際上卻是個不折不扣的奴才。他們越想越覺得自己的青春時代過得不光彩。

我們回國，列車在瀋陽站停下時，正趕上與我們同車的一位女工❶下車，這位女工因保護祖國財產而負傷，在站上她受到了各界人士們的熱烈歡迎。他們聽車上的公安戰士們講述了那位青年女工的故事，第一次知道了原來還有這樣不同的青年生活在人間。以後，他們又聽到了志願軍的英雄事蹟，祖國建設事業中的英雄事蹟，這給他們打開了視野。他們經過不斷的對比，不由得不開始思索起許多問題：為什麼從前不知道世界上還有這樣的人？為什麼同樣是青年人，人家會那樣生活，而自己卻只知參禪、磕頭？為什麼人家那樣尊嚴地、光榮地生活著，而自己卻受到無理打罵還要謝恩認罪？爲什麼人家這樣有本事，而自己卻什麼也不懂？……

這樣想著想著，他們就變了。他們開始認真地學習，開始向所方講出了過去的一切。

我消滅了紙條，靠牆坐著，憂悶地想：共產黨真厲害，不知是使了什麼法兒，讓他們變成這個樣兒。我唯一感到一點安慰的，是妹夫和弟弟們還沒有什麼異狀，不過這點安慰，卻抵不上我的憂慮：小瑞會不會向所方檢舉我？

一想到檢舉，我心裏除了氣惱、憂慮，更感到了左右爲難。我藏在皮箱底層的東西，都是經過精選的白金、黃金、鑽石、珍珠之類的首飾，共計四百六十八件。我把它看做後半生生活的依靠，如果沒有了它，即使放了我，我也無法活下去。「自食其力」這四個字，在我腦子裏根本就不存在。把珠寶交出去嗎？我隱瞞了這麼長時間，忽然拿了出來，這就證明了我過去全是騙人。繼續隱瞞下去嗎？除了小瑞，其他人也都知道這個秘密。即使小瑞不說，其他人說不說，我更沒有把握。如果被別人揭發出來，那就更糟！

「主動交代，可以寬大處理。」這句話在我心裏浮現出來，隨後又漸漸消失了。

那時在我看來，「共產黨」三個字和「寬大」總像調和不起來似的。儘管進入管理所以來受到的待遇大大出乎意料，儘管從報上屢次看到從寬處理「五反」案件的消息，但是我還是不能相信。在「三反」、「五反」運動開始不久，有個別罪大惡極的貪汙犯被判處了死刑，接著，報上揭露了許多資本家盜竊國家資財、竊取經濟情報、走私、行賄，以及偷漏國稅等等罪行，這時我不由得把這些案件拿來跟我的加以比較。我對「首惡必辦，脅從不問，立功受獎」這幾句話也另有自己想法。我認爲即使那些寬大事例全是真的，也不會適用於我，因爲我是「首惡」，屬於必辦之類的。

「坦白從寬」嗎？——我苦笑了一下。在我的設想中，管理所長聽我說出了這件事，知道受了騙，立刻會勃然大怒，狠狠地責罰我，而且追究我還有什麼別的欺騙行爲。我當初對待處於自己權威下的人，就是如此。

我不能去坦白，——我對自己說，小瑞他們還不至於真的能「絕情絕義」到檢舉我的地步。我把這件事拖下來了。

過了一個星期，又輪到小瑞給我們送飯。我偷偷地注意到，他的神色十分嚴肅，連看也不看我一眼。不但如此，他還對我的皮箱狠狠地盯了一陣。

不好，——我心裏嘀咕著，他別是要有什麼舉動吧？

過了不到兩個小時，我們剛剛開始學習，小瑞忽然匆匆地又來了。他在我們房外停了一下，然後匆匆地走開。我看得清清楚楚，他的兩眼剛才正是搜索那只皮箱的。

我斷定他剛才一定到所長那裏去過。我沉不住氣了。「與其被揭發出來，倒不如主動交代的好。」我心裏說。

我抓住了組長老王的手，忙不迭地說：

「我有件事情要向政府坦白。我現在就告訴你……」

七、坦白從寬

「我溥儀沒有良心。政府給我如此人道待遇，我還隱瞞了這些東西，犯了監規，不，這是犯了國法，這東西本來不是我的，是人民的。我到今天才懂得，才想起了坦白交代。」

在所長的接待室裏，我站在所長面前，低著頭。在靠窗的一張桌子上，那四百六十八件首飾，發射著令人惋惜的光彩。假如我的「主動坦白」可以挽救我，假如寬大政策對我有效驗的話，那麼光彩就讓它光彩去吧。

所長注視了我一陣，點點頭說：「坐下來吧！」從這一聲裏，我聽出了希望。

「你爲了這件事，經過了很多思想鬥爭吧？」所長問。

我避開了那個紙條，說我一直爲這件事心中不安。在我說的那些話裏，只有最後一句是真的：「我不敢坦白，我怕坦白了也得不到寬大處理。」

「那爲什麼呢？」所長的嘴角上漾著笑意，「是不是因爲你是個皇帝？」

我怔了一下，承認了：「是的，所長。」

「也難怪你會這樣想，」所長笑起來了，「你有你的獨特歷史，自然有許多獨特想法。我可以再告訴你一次：共產黨和人民政府的政策是說到做到的，不管從前是什麼身分，坦白的都可以從寬，改造好的還可以減刑，立功的還可以受獎。事在人爲。你這些東西當初沒交出來，犯了監規，並且藏在箱底裏一年多，如今你既然自己來坦白，承認了錯誤，這說明你有了悔悟，我決定不給你處分。」

說罷，他命令門外的看守員去找保管員來。保管員到了，他命令道：

「你把那堆東西點收下來，給溥儀開一個存條。」

我感到太出乎意料了。我連忙站起來：

「不，我不要存條。政府不肯沒收，我也要獻出來。」

「還是給你存起來吧。你在這裏點交。」所長站起來要走，「我早已告訴過你，對我們說來，更有價值的是經過改造的人。」

我帶著四百六十八件首飾的存條，回到了監房。同伴們正開討論會，討論著正在學習的《中國怎樣降爲殖民地半殖民地》這本書裏的問題。他們看見我回來了，停下討論，給了我前所未有的待遇，慶賀我有了進步。

「老溥，佩服你！」他們現在已經不叫我溥先生，而是一視同仁地以「老」字相呼了。剛一聽到這稱呼，我比聽叫「先生」更覺著不是滋味，不過今天被他們叫得很舒服。「老溥，從你這件舉動上，給了我啓發！」「老溥，沒看出你真有勇氣。」「老溥，我有你這例子，更相信寬大政策了。我向你表示感謝。」等等。

我這裏該補充說明一件事。自從我的衣物自洗自縫以來，我的外形比以前更加狼狽不堪了，而同伴們對我的尊敬也隨著「先生」的稱呼去了一大半，有人甚至於背後叫起我「八雜市」（哈爾濱從前一個專賣破爛的地方）來。在學習上表現出的無知，也時常引起他們的毫無顧忌的笑聲。總之，我明白了自己在他們心目中的身分。現在他們再三對我表揚，我頓時有了揚眉吐氣之感。

這天休息時，我在院子裏聽見前僞滿駐日大使老元對別人談論這件事。老元這人心眼極多，可以說眼珠一轉就夠別人想一天的。這個多心眼的人說出一段話，大大觸動了我的心事：

「老溥是個聰明人，一點不笨。他爭取了主動，坦白那些首飾，做的極對。其實，這種事瞞也瞞不住，政府很容易知道的。政府掌握著我們的材料，比我們想像的還要多。你們想想報上的那些三反、五反的案子就知道。千百萬人都給政府提供材料，連你忘了的都變成了材料，飛到政府手裏去了。」

照他這話說來，我在自傳裏扯的謊，看來也瞞不住了。

如果我說了出來，會不會像交出珠寶一樣的平安無事呢？一個是政治問題，一個是經濟問題，能一樣對待嗎？所長可沒說。可是似乎用不著說，犯了法就是犯了法，經濟上犯罪也是犯罪，三反、五反案件重的重辦、輕的輕辦，坦白的從寬，應該全是一樣的。

話是這樣說，事情不到臨頭，我還是下不了決心。跟上回不同的是，報上一出現「寬大」二字，我比以前更加想看個究竟了。

三反、五反運動接近了尾聲，結案的消息多了起來，而且盡是「寬大處理」的。老王是幹過「法官」的，我曾跟他研究過報上的那些案件。每次研究，我總在心裏跟我自己的事情聯繫起來，反覆考慮，能否援用這項政策。後來所方叫我們寫日寇在東北的罪行材料時，我想的就更多了。

政府爲了準備對日本戰犯的處理，開始進行有關調查，號召僞滿戰犯提供日寇在東北的罪行材料。那天所方幹部宣佈這件事的時候，有人提出一個問題：「除了日寇的，別的可不可以寫？」幹部回答：「當然可以寫，不過主要的是日寇罪行。」我聽了，不由得犯了嘀咕：他要寫什麼別的？別的當然是中國人的，中國人最大的罪犯當然是我！我家裏的人會不會也要寫點「別的」？

僞滿戰犯對於寫日寇在東北的罪行，都很積極。我們這個組，頭一天就寫出了十多份。組長老王收齊了寫好的材料，滿意地說：「我們的成績不錯！明天一定還可以寫出這麼多。」有人接口說：「如果讓東北老百姓寫，那不知可以寫出多少來。」老王說：「那還用說，政府一定會向東北人民調查的！你看呢，老溥？」我說：「我看是一定的，可不知道這次除了日寇，還調查別人不？」「不調查別人，可是準有人要寫到我們。老百姓恨我們這些人不下於恨日本人呢！」

吃晚飯的時候，是大李來送飯。我覺著他好像特別有氣似的，他不等我把飯菜接過來，放在地上就走了。他走開以後，我立刻想起了我離開靜園的時候，是他幫助我鑽進車廂裏去的。

第二天，我們又寫了一天材料。我知道的不多，寫的也少了。老王收材料時，仍很滿意，因爲別人寫的還是不少。他說：「你們瞧吧，以此推想，東北人民寫的會有多少！政府掌握了多少材料！幹過司法工作的就知道，有了證據就不怕你不說。從前，舊社會司法機關認爲頂難的就是證據，可是在人民政府這裏，老百姓都來提供材料，情形就不同了。」我聽了這話，心裏又是一跳。

「政府掌握了材料！」這話我不是第一次聽說了。今天早晨，我們議論報上一條關於捕獲暗藏的反革命分子的消息時，我不由得又想起了這句話。報上這條消息中說，一九三五年殺害了紅軍將領方志敏的劊子手，已經在湖南石門的深山中捕獲了。

這個劊子手在湖南解放後，先藏在常德縣，後來躲到石門的深山裏，繼續幹反革命活動，但是終於給公安機關偵察出來。怎麼查出來的，報上沒說。我心想，這大概又是掌握了材料，大概共產黨從一九三五年就把這個劊子手的材料記下來了。我跟老王學得了一句司法術語，這叫「備案存查」。

第三天，當我寫下了最後的一條材料，忽然聽到樓梯口上有人聲。我扭過頭來，看見有個陌生的中年人出現在崗台的附近，後面隨著所長。根據經驗，我判斷出這是上級機關來人視察。這位視察人員挨次察看了每間監房，聽著看守長報告每個監房犯人的名字，面上毫無表情。他沒穿軍衣，我卻覺得他像一位軍人，這與其說是由於他的精確適度的每個動作和他的端正的體型，無寧說是由於他的嚴肅的面容。他大約不到五十歲。

「你在幹什麼？」他在我們的監房外停下了，這樣問著，眼睛看著我。我沒料到他的聲調很溫和，而且他臉上浮著一絲笑容。

我站了起來，報告說我正寫日寇的罪行。他對我的回答感到興趣：「你知道些什麼日寇罪行？」

我把剛寫好的，從前聽佟濟煦說的那段屠殺建築秘密工程工人的故事說了。

也許是我的神經過敏，也許事實就是如此，我覺得他臉上的那一絲笑容突然消失了，他的目光變得非常嚴峻。我萬沒料到這個故事引起了他這麼強烈的反應。

「我當時聽了很刺激，我原沒想到日本人這樣殘忍。」我不安地說。

「你爲什麼不向日本人抗議呢？」他逼視著我的眼睛。

我覺出他在生氣，趕緊低下了頭，輕聲說：

「我……不敢。」

「你不敢，害怕，是嗎？」他不要我回答，自顧說下去，「唉，害怕，害怕就能把一個人變成這樣！」末後這句，又恢復了平靜的聲調。

我低聲說：「這都是由於我的罪過造成的，我只有向人民認罪，我萬死不足以蔽其辜！」

「也不要這樣，把一切攬到自己頭上。你只能負你自己那部分責任。應當實事求是。是你的，你推不掉，不是你的，也不算在你的賬上。」

我仍繼續說，我的罪是深重的，我感激政府對我的待遇，我已認識自己的罪惡，決心改造好。我不知道他是否在聽我的話，只見他察看我們的監房各處，並且叫一個犯人拿過漱口杯看了一看。等我說完，他搖搖頭，說道：

「應當實事求是。只要真正認罪，有了悔改表現，一定可以得到寬大。共產黨說話算數，同時重視事實。人民政府對人民負責。你應當用事實和行動而不是用嘴巴來說明自己的進步。努力吧。」

他對我寫的那堆東西看了一眼，然後向隔壁的監房走去了。

我的心沉重得厲害。我拿起寫好的那堆材料重看了一遍，似乎今天我才感到這類事情的嚴重性。

從這以後，那雙嚴峻的目光似乎總也離不開我，那幾句話也總衝擊著我的心：「是你的，你推不掉！」「應當實事求是！」「用事實和行動而不是用嘴巴來說明自己的進步！」我覺得自己正處在一個無法抗拒的衝力面前。是的，這是一種不追究到底誓不罷休的衝力。就是由於這股衝力，一九三五年殺害方志敏的劊子手藏在深山中也沒能逃脫掉。我覺得在這股衝力面前，日寇在東北的罪行必將全部結算清楚，僞滿大小漢奸的舊賬都無法逃掉。

這天是星期日，我在院子裏晾曬洗好的衣服，忽然看見大李和小瑞。還有一位所方幹部從遠處走過來。他們三個人在花台附近立了一會兒，分手走開了。小瑞向我晾衣服的地方走來，我想跟他招呼一下，他卻看也不看我一眼，一直走了過去。我不禁狐疑起來：「這是怎麼回事？難道——他們真往絕處走嗎？」

我回到屋裏，找出了一些舊報紙，專挑上面關於寬大處理三反、五反案件的消息和文章來閱讀。看了一陣，老王過來說：

「你幹什麼？研究五反？」

「不研究了。」我放下報紙，下了決心，「我想起過去的一些事，以前認識不到它的性質，現在看起來正是罪惡，把這些寫到感想裏你看好不好？」

「怎麼不好？當然好啦！」他又放低聲音說：「再說政府掌握咱們很多材料，還是先說了好。」

我拿起筆來了。在這份學習感想中，有一段的大意是：帝國主義侵略中國，離不開利用封建和買辦的勢力，我的經歷就是個典型例子。以我為招牌的封建勢力在復辟的主觀幻想下，勾結日本帝國主義，而日本帝國主義則用這招牌，把東北變成了它的殖民地。我把在天津張園、靜園的活動，我把我那一夥人與日本人的關係，以及我和土肥原見面的詳情，原原本本地寫了出來。

兩天之後，組長老王告訴我，所方看到了我寫的東西，認為我有了重大的進步，值得在本組裏表揚。

「拿出一件真正的物證，比說一萬句空話還有用。」幹過「法官」的老王說。

八、糊紙盒

一九五二年末，我們搬出了那所帶鐵欄杆的房子，住進房間寬敞的新居。這裏有新板舖，有桌子、板凳，有明亮的窗戶。我覺著所長說的「改造」，越發像是真的，加上我交代了那段歷史之後，不但沒受到懲辦，反而受到了表揚，於是我便開始認真地學習起來。

我當時的想法，認爲改造就是念書；把書念會了，把書上的意思弄明白了，就算是改造成功了。我當時並沒有想到，事情並不這麼簡單；改造並不能僅僅靠念書，書上的意思也並不單靠念一念就能明白。例如對於《什麼叫封建社會》這本書，是我早在一九五〇年底到一九五一年初念過的，但是如果我沒有經過那一段勞動（生活和生產方面的勞動），我到現在也不會明白封建制度造了什麼孽。什麼叫封建社會？我在念了那本書的兩年多之後，即一九五三年春天糊紙盒的時候，才真正找到了自己的答案。

一九五三年春，所方和哈爾濱一家鉛筆廠聯繫好，由犯人們包糊一部分裝鉛筆的紙盒。從這時起，我們每天學習四個小時，勞動四個小時。所方說這是爲了調劑一下我們的生活，又說，我們這些人從來沒勞動過，幹點活兒，會對我們有好處。這句話對我的特殊意義，是我當時完全意識不到的。

我從前不用說糊鉛筆盒，就是削鉛筆也沒動過手。我對鉛筆的有關知識至多是記得些商標圖案——維納斯牌是個缺胳臂的女人，施德樓牌是一隻公雞等等；我從來沒留心它的盒子，更不知糊一個盒子要這麼費事。我糊了不大功夫，起先感到的那點新鮮味全沒有了，心裏像也抹上漿糊似的，弄得糊里糊塗。別人糊出了好幾個，我的一個仍拿不出手去，簡直說不上是個盒子還是什麼別的東西。

「你這是怎麼糊的？」前僞滿軍醫院長老憲把我的作品拿在手裏端詳著，「怎麼打不開？這叫什麼東西？」

老憲是肅親王善耆的兒子，從小跟他的幾個兄弟姊妹受日本浪人川島浪速的教育。他在日本長大，學過醫。金碧輝（日名川島芳子）是他的妹妹，做過僞哈爾濱市長的金碧東是他的兄弟，一家滿門都是親日派漢奸。在蘇聯他跟我第一次見面，曾經跪在我面前哭著說：「奴才這可看見主人了！」現在跟我住在一起，卻是最喜歡找我的碴兒。原因是他為人尖酸刻薄，又極容易跟人爭執，卻又爭不過人，而我各方面都不如別人能幹，向來沒勇氣和人爭論，所以成了他的發洩對象。

我這時心裏混合著妒嫉、失望和對於譏笑的擔心，而老憲的多事偏又引起了人們的注意，紛紛過來圍觀那個作品，發出了討厭的笑聲。我走過去，一把從老憲手中奪下來，把它扔進了廢料堆裏。

「怎麼？你這不是任意報廢麼？」老憲對我瞪起了眼。

「誰報廢？我糊的差點，不見得就不能用。」我嘰咕著，又從廢料堆裏把我的作品揀回來，把它放在成品堆裏。這樣一擺，就更顯得不像樣了。

「你放在哪裏，也是個廢品！」

聽了他這句雙關話，我氣得幾乎發抖。我一時控制不住，破例地回敬了一句：「你有本事對付我，真是欺軟怕硬！」這句話碰了他的傷疤，他立刻紅了臉，嚷道：「我欺誰？我怕誰？你還以爲你是個皇上，別人都得捧著你才對嗎？……」幸虧這時沒有人理他，組長也出來阻止，他才沒嚷下去。

可是事情並沒有就此結束。老憲可不是個善罷甘休的人。

第二天糊紙盒的時候，老憲選了我旁邊的一個位置坐下，從一開始糊起，總是用一種挑剔的眼光瞧我的活。我扭了一下身子，把後背給了他。

我這天的成績，雖說比不上別人，總算有了些進步。到了晚上，所方用我們昨天生產所得的酬勞，買了些糖果發給我們。這是我頭一次享受自己的勞動果實（雖然我的成績是最次的），我覺得我分得的糖果，比過去任何一次吃到的都要甜。這時候，老憲說話了：

「溥儀今天成績不壞吧？」

「還好，沒有廢品。」我頂撞地說。

「嘻，還是虛心些的好。」他的臉上皮笑肉不笑。

「說沒有廢品就算不虛心？」我心中直冒火，糖果也不覺著甜了。我最討厭老憲的地方，就是他專愛挑人家高興的時候找碴子。「如果再出廢品，再隨你扣帽子吧。」

我想堵他這一句就不再理他。不料他走到我那堆成品裏順手拿出了一個，當著眾人舉了起來說：「請看！」

我抬頭一看，幾乎把嘴裏的糖果吸到肺裏去。原來我糊倒了標籤。

我氣極了，真想過去把那盒子抓過來扔到那張凹凸不平的臉上。我控制了自己，半晌只說了這麼一句話：

「你想怎麼就怎麼吧！」

「喝，好大口氣！還是臭皇帝架子。」他提高嗓門，「我對你批評，是對你好意。你不想一想。」他聽見門外看守員的腳步聲，嗓門更響了：「你還幻想將來當你的皇帝吧？」

「你簡直胡說八道！」我激怒地回答，「我比你笨，不如你會說會做，我天生的不如你。這行了吧？」

別人都離開了座位，過來勸架。我們這時住的房間很大，一共有十八個人，除我之外，有三個僞大臣，十四個僞將官。組長是老韋，也是僞將官。張景惠是三名僞大臣之一，他老得糊塗，平時不學習、不勞動，也不愛說話。這天晚上除了張景惠之外，其餘的都爲了「紙盒事件」參與了議論。

有人批評老憲說，既然是好意批評就不應大喊大叫地說話；有人批評我說，盒子糊壞了，就應承認，不該耍態度；蒙古族的老郭認爲老憲的態度首先不好，不怪溥儀生氣；向來和老憲要好的一個僞禁衛軍團長則表示反對，說是老郭用「帶色眼鏡」看人；又有人說，這問題可以放到星期六的生活檢討會上去談，一時七嘴八舌，彼此各不相讓。正在鬧得不可開交的時候，我看見「禁衛軍團長」拉了吵得嘴角起沫的老憲衣襟一下，而且別人也都突然靜了下來。我回頭一看，原來管學習的李科員走了進來。

原先管學習的李科長，已經調走了，新來的這位又姓李，大家因爲對從前那位叫慣了「學習主任」，所以現在對這位李科員也叫「學習主任」。他問組長大家吵什麼，老韋說：

「報告主任，是由一個廢紙盒引起的……」

李科員聽完，把我糊倒標籤的紙盒拿起來看了看，說道：

「這算是什麼大事，值得爭吵？標籤倒了，在上面再糊個正的不就行了嗎？」

李科員的這席話把大夥說得個個啞口無言。

事情這還不算完。

過了幾天，負責分配紙盒材料的小瑞向我們轉達，另外幾組要發起一個勞動競賽，問我們參加不參加。我們表示了響應。小瑞又告訴了一個消息，說小固在他們那個組裏創造了一個用一道手續糊盒的「底蓋一碼成的快速糊盒法」，效率比以前提高了一倍還多。

我們組裏一聽，覺得參加競賽是不能用老辦法了，得想個提高效率的新辦法才行。那時我們常從報上看到關於技術革新創造的記載，如郝建秀工作法、流水作業法等等，有人從這方面得到了啓發，提出了流水作業法，就是每人專搞一門專業，抹漿糊的專抹漿糊，黏盒幫的專黏盒幫，貼紙的專貼紙，糊標籤的專糊標籤，組成一道流水作業線。

大家一致同意試試這辦法，我也很高興，因爲這樣分工序的辦法，幹的活兒比較簡單，混在一起也容易遮醜。誰知道這樣幹了不久，問題就暴露出來了，在流水作業線裏，東西到了我這兒很快地積壓起來，水流不過去了。而且，這又是老憲發現的。

「由於個人的過失，影響了集體，這怎麼辦？」他故意表示很爲難的樣子。

這次我一句也沒和他吵。我面對著一大疊等著糊亮光紙的半成品，像從前站在養心殿門外等著叫「起兒」的人們那樣呆著。當我聽到我下手工序的一個夥伴也說我的操作不合乎標準，廢品率必然會提高的時候，我知道無論是公正的老郭，還是李科員出來，都不會反對老憲的挑剔了。結果是，我退出了流水作業線，另外去單幹。

這是我和家裏人分開之後，再一次感到了孤寂的滋味，而這次被排除出整體之外，好像脫光了身子站在眾人面前，對比特別強烈，格外覺著難受。特別是老憲，那張橘皮臉上露出幸災樂禍和報復的滿足，走過我面前時還故意咳嗽一聲，氣得我的肺都要炸了。我很想找個同情者談談，但是組裏每個人都是忙忙碌碌的，都沒有談話的興趣。碰巧這時我又患了感冒，心裏特別不痛快。

這天夜裏，我做起了噩夢，夢見那張凹凸不平的橘皮臉直逼著我，惡狠狠地對我說：「你是個廢物！你只能去當要飯化子！」接著我又夢見自己蹲在一座橋上，像童年時太監們向我描繪的「鎮橋猴」那樣。突然有個人伸出一隻手壓在我頭上，把我驚醒過來。我在朦朧中看見一個穿白衣服的人立在我面前，用手摸我的腦門，說：「你發高燒，感冒加重了，不要緊，讓我給你檢查一下吧。」

我覺得頭昏昏的，太陽穴的血管突突直跳，定了定神，才明白了是怎麼回事。原來看守員發現我在說夢話，又說又鬧，叫不醒我，就報告了看守長，看守長把軍醫溫大夫找來了。大夫看過了體溫計，護士給我注射了一針藥。我漸漸睡著了，不知他們什麼時候離去的。

我病了半個月，經過大夫、護士每天的治療，漸漸恢復起來。在這半個月裏，我每天大部時間睡在床上，不學習，不勞動，整天想心事。我在這半個月裏想的比過去幾年想的還多。我從紙盒一直回想到西太后那張嚇得我大哭的臉。

我從前一回憶起那個模糊的印象，只覺得西太后很可怕，而現在，我覺得她可恨了。她為什麼單單挑上我來當那皇帝呢？我本來是個無知的、純潔的孩子，從任何方面來說，我至少不會比溥傑的天分還差，可是由於做了皇帝，在那密不通風的罐子中養大，連起碼的生活知識也沒有人教給我，我今天什麼也不懂，什麼也不會，我的知識、能力不但比不上溥傑，恐怕也比不上一個孩子。我受到人們的嘲笑，受到像老憲這樣人的欺負，如果讓我獨自去生活，我真不知怎麼能活下去。我今天弄成這樣，不該西太后和那些王公大臣們負責嗎？

我從前每逢聽到別人笑我，或者由於被人指出自己無能，心裏總是充滿了怨恨，怨恨別人過於挑剔，甚至怨恨著把我關起來的人民政府，但我現在覺得這都不是應該怨恨的，事實證明我確實是可笑的、無能和無知的。從前我怨恨侄子們太不顧面子，把我的尊嚴竟全盤否定了，但我現在承認，實在沒有什麼可以給自己作臉的事。

譬如有一次吃包子，我覺得很香，王看守員問我：「你喜歡韭菜？」我說沒吃過，不知道。別人都笑起來說：「你吃的不是韭菜嗎？」既然我小到嘗不出韭菜，大到迎「天照大神」代替自己的祖宗，我還有什麼「聖明」？又如何能不讓別人笑罵呢？

蒙古人老正是民國初年發動蒙古叛亂的巴布扎布的兒子，有一天他對我說，當年他全家發過誓要爲擁戴我復辟而死，他母親簡直拿我當神仙那麼崇拜。他說：「真可惜，她已經死了，不然我一定要告訴她，宣統是個什麼樣的廢物！」既然我本來不是神仙，我本來無能無知，又如何怪別人說這類話呢？

我只有怪西太后和那一夥人，只有怪我爲什麼生在那個圈子裏。我對紫禁城發生了新的怨恨。我想到這裏，覺得連老憲都算不上什麼冤家了。

我差不多完全痊癒了，這天所長找我去談話，問了我的身體情況，追問到我和老憲爭吵的情形，問我是不是感到了什麼刺激。我把經過簡單地說了，最後說：

「我當時確實很受刺激，可是我現在倒不怎麼氣了，我只恨自己實在無能。我恨北京宮裏的那些人。」

「很好，你已經認識到了自己的弱點，這是一個進步。無能，這不用發愁，只要你肯學，無能就會變成有能。你找到了無能的原因，這更重要。你還可以想想，從前的王公大臣那些人爲什麼那樣教育你？」

「他們光爲了他們自己。」我說，「不顧我，自私而已。」

「恐怕不完全如此，」所長笑著說，「你能說陳寶琛跟你父親，是成心跟你過不去嗎？是成心害你嗎？」

我答不上來了。

「你可以慢慢想想這問題。如果明白了，那麼你這場病就生得大有價值。」

從所長那裏回來之後，我真的放不下這個問題了。到我參加病後的第一次生活檢討會時，我把過去的生活已經想了好幾遍。我沒有得到什麼答案，怨氣卻越聚越多。

在這次生活檢討會上，有人批評了老憲，說他完全不是與人爲善的態度，總是成心打擊我。接著，差不多一半以上的人都對他發表了類似的意見，甚至有人把我生病的責任也放在他身上，並據以證明他在大家的改造中起了壞作用。老憲慌張了起來，臉色發灰，結結巴巴地做了檢討。我在會上一言沒發，繼續想著我的怨恨。有人提出，我應該發表一下意見。老憲的臉更加發灰了。

「我沒什麼意見，」我低聲說，「我只恨我自己無能！」

大家一時都怔住了。老憲大大張開了嘴巴。我忽然放大了嗓音，像喊似地說：

「我恨！我恨我從小生長的地方！我恨那個鬼制度！什麼叫封建社會？從小把人毀壞，這就是封建社會！」

我的嗓子突然被一陣痙攣哽住，說不下去了，別人唧唧噥噥地說什麼，我也聽不見了。……

九、檢察人員來了

從一九五三年末起，我們連著學習了三個月的《帝國主義論》。一九五四年三月，學習結束後，管理所遷回撫順。過了不久，檢察機關的工作團來到管理所，開始了對戰犯的調查。

後來才知道，政府為了這次調查日本戰犯和偽滿戰犯的罪行，做了很周密的準備，組織了龐大的力量。一大批日本戰犯調到撫順來了。幾年前政府人員就準備了大量材料。大約二百名左右的檢察工作人員集中起來，事先受到了政策和業務的專門訓練。

日本戰犯住在「三所」、「四所」和「七所」裏，那邊的情形不清楚，我們一所偽滿戰犯這邊三月末開過了一個大會，開始了調查。調查工作——從犯人這方面說是檢舉與認罪——一直進行到年底，才基本結束。

在大會上，工作團的負責人員講了話。他說，你們經過了這幾年的學習和反省，現在已經到了認罪的時候了，政府有必要來查清你們的罪行，你們也應該對過去有個正確的認識，交代自己的罪行，並且檢舉日本帝國主義戰犯和其他漢奸的罪行；無論是坦白交代和檢舉他人，都要老老實實，不擴大、不縮小；政府對你們最後的處理，一方面要根據罪行，一方面要根據你們的態度；政府的政策是坦白從寬、抗拒從嚴。

所長同時宣佈了監規：不准交換案情，不准跟別的監房傳遞字條信件，等等。從這天起，每日休息時間各組輪流到院子裏去，想跟別組的人會面也辦不到了。

開過大會，各組回到各自的屋子開討論會，每個人都表示了要徹底坦白、檢舉，低頭認罪，爭取寬大。有人說：「我一直在盼這天，只要能審判，就有期限了。」也有的人，譬如老憲說了他相信寬大政策，卻又神色不安，顯然是言不由衷。

看到老憲面色發灰，我並沒什麼幸災樂禍的想法，反而被他傳染上了不安的情緒。自從在學習心得裏交代了歷史關鍵問題之後，當時我對寬大政策有了信任，現在又覺得政策還沒兌現，不知將來處理的時候，是不是仍如所長說過的，對我並不例外。如果像老憲這樣一個「軍醫院長」也值得擔心，我這「皇帝」又該如何呢？

但是，無論如何，最大的問題我都已經交代出來了。我的情形可能跟老憲不同，他也許在考慮是不是交代，而我的問題只能是如何讓檢察人員相信，我早已就是認了罪的。

爲了取得檢察人員的信任，我決定詳細而系統地把自己的歷史重寫一遍，同時把自己知道的日本戰犯的罪行盡量寫出來。我在小組會上做了這樣的保證。

完全實現這個保證，卻不是那麼容易。

我寫到僞滿末期，寫到蘇聯對日本宣戰那一段，想起了一件事。那時我擔心日本人在這緊張時機對我懷疑，把我踢開，總想著法兒取寵關東軍。在得到蘇軍宣戰消息後的一天夜裏，我沒經任何人的指點，把張景惠和總務廳長官武部六藏叫了來，給他們下了一道口頭「敕令」，命他們緊急動員，全力支持日本皇軍抵抗蘇軍的進攻。這件事情我該如何寫？

不寫，這件事難保別人不知，寫吧，這件並非日本人授意的舉動（那時吉岡正稱病不露面），是否會引起檢察人員的懷疑，不相信我是處處受著吉岡安直擺布的呢？如果檢察人員發生了誤會，我所交代的全部歷史就變成不可信的了。

我最後決定，不能寫的太多，壞事少寫一件不算什麼，把這件事也算到吉岡安直的賬上去吧。

寫完了，我又考慮寫得太少也不好。於是我把能寫的盡量寫詳細。寫完了坦白材料，我又盡量地寫檢舉材料。

材料都交上去了。我等待著檢察人員的傳訊。

在等待中，我不住地猜想著審問時候的場面。檢察人員跟所方人員一樣不一樣？凶不凶？是不是要動刑？

在我腦子裏，審問犯人是不可能不厲害的。我在紫禁城和宮內府裏對待犯過失的太監、僕役，就向來離不開刑具。

我怕死，更怕受刑。不用說皮肉受苦，即使有人像我從前對待別人那樣打我一頓耳光，也不如死了的好。我曾經認爲，住共產黨的監獄如果受不到野蠻的虐待是不可能的。進了管理所之後受到的待遇，是出乎意料的。這裏不打人、不罵人，人格受到尊重。三年多來，一貫如此，按說我不該再有什麼懷疑，可是一想到審問，總還是不放心，因爲我認爲審問就是審問，犯人不可能跟問官一致，問官不可能相信犯人，結果自然會僵住，自然是有權威的問官要打人，這本是無可非議的。

我在這些念頭的折磨下，過了十多天寢食不安的日子。終於等到了這一天，看守員來通知我去談話。

我被領進中央甬道裏的一間屋子。這間屋子大約有兩丈見方。當中有一張大書桌，桌前有個茶几，放著茶碗茶壺和煙灰碟。一位中年人和一位青年坐在桌後。他們示意，讓我在茶几旁的椅子上坐下。

「你叫什麼名字？」那中年人問。

「愛新覺羅・溥儀。」

他問了年齡、籍貫和性別。那個青年的筆尖，隨著我們的談話「嚓、嚓」地在紙上動著。

「你寫的坦白材料我們看了，」那中年人說，「想聽你當面談談。你可以抽煙。」

就這樣開始了。中年的檢察員從我幼時問起，問到我被捕。我都說完了，他對我點點頭，樣子好像還滿意。

「好吧，就談到這裏。以後趙訊問員可能有問題問你。」

總之，這種訊問的氣氛是頗出乎意料的。我心裏少了一個問題。

第二次訊問，當我發現屋裏只有趙訊問員一個人的時候，不禁有點失望。我坐在這位訊問員面前，注視著他的年輕的面龐，心中不住地想：他行嗎？他弄得清楚嗎？他能明白我說的話是真的？他正當血氣方剛之年，有沒有脾氣？如果別人瞎檢舉我，他信誰的？……

「有個問題要問你一下，」他打斷了我的思路，問起我在僞滿時頒布敕令和詔書的手續問題。我照著事實做了回答。在談到一項敕令時，他問我在頒布前幾天看到的，我想不起來了。

「大概是一兩天前，也許，三天，不，四天吧？」

「不用立刻回答，」他說，「你想想，幾時想起幾時說。現在談另一個問題……」

在這另一個問題上，我又記不起來，僵在那裏了。我心裏不免暗暗著急：「我又想不起來啦，好像我不肯說似的，他該火了吧？」但是他並沒發火，還是那句話：「這且放一邊，你想起來再說。」

後來，我終於對這個年輕人完全服了。

已不記得那是第幾次訊問了。他拿出一份我寫的檢舉材料，放在我面前，問我：

「你寫的這個檢舉材料上說，在日本戰犯、前僞滿總務廳次長古海忠之的策劃下，日本侵略者在一年中掠去東北糧食一千六百萬噸。這件事說的太不具體。是一年嗎？是哪一年？一千六百萬噸的數字怎麼知道的？你再詳細說說。」

我怎麼能知道呢？這不過是我從同屋的兩個僞大臣談天中無意中聽來的，我自然不敢把這件事說出來，只有學一下蘇東坡的「想當然耳」，說日寇對東北財富，無不盡力搜刮，糧食是產多少要多少。說到這裏，訊問員攔住了我：

「東北年產糧食多少，你知道嗎？」

我張口結舌，半晌說不出話來。

「你這條檢舉的根據是什麼？」

我看是混不下去了，只好說出了這條馬路情報的來源。

「那麼，你相信不相信這個材料？」

「我，……沒什麼把握。」

「哦，連你自己也不信！」訊問員睜大了眼，「那麼你爲什麼還要寫？」

我正在吶吶然，不知說什麼是好，他卻把自來水筆的筆帽套好，收拾著桌上的紙張和書本——有厚厚的僞滿的《年鑒》、《政府公報》，顯然是不再需要我的答案。這次訊問是他用這句話結束的：

「無論對人對己，都要實事求是。」

我望著這個比我年齡小十幾歲的人，沒有話說。我從心底承認了他的話。因爲我就害怕著別人給我編造和誇大呀。

我走出訊問室，心底驀地冒出一個問題：「是不是每個訊問員都是像這小夥子似的認真呢？倘若有一個不是這樣，而正巧收到了誣賴我的檢舉材料，那怎麼辦呢？」

這個問題很快就得到了答案。同屋的老元後來告訴我們一件同樣的經歷。他曾按估算寫了日本從東北掠奪鋼鐵的數字，訊問員不相信，給他一支鉛筆，叫他算一算生產這些鋼鐵需要多少礦石，東北各礦年產多少礦石……。「他帶著東北資源檔案哩！」老元最後這樣說。

因此我也明白了爲什麼趙訊問員的桌子上放著那些《年鑒》、《公報》之類的材料。不過工作團爲了查證每件材料，使用了幾百名調查人員，花了一年多的時間，跑遍了各地城鄉，翻遍了數以噸計的檔案，這還是到了我在檢察員的總結意見書上簽字時才知道的。

我在年輕的訊問員那裏碰了一個釘子，由於他的實事求是的精神感到高興，又因自己的愚蠢而擔心他把我看做不老實的人。因此我趕緊寫了一個自我檢討書給他送去。

「情形不像很嚴重。」交出了檢討書，我這樣的想。

十、東北人民的災難和仇恨

關於日本侵略者在東北造下的災難，我過去從來沒聽人具體地談過，也從來沒有在這方面用過心。我多少知道一些東北人民的怨恨，但是我只想到那是東北人與日本人之間的事，與我無關。歷史過去了十來年，到今天我才如夢初醒，才感覺到真正的嚴重性。

工作團的人員給我們專門講過一次，關於日本侵略者在東北罪行的部分調查結果。我當時聽了還有點疑惑。他列舉了一些不完全的統計數字，例如慘案數字，某些慘案中的集體屠殺的數字，種植鴉片面積、吸鴉片的煙民及從鴉片販賣中獲得利潤的數字，等等，都是駭人聽聞的。那些屠殺、慘案的情節更是令人髮指。我聽的時候一面感到毛骨悚然，一面卻在想：「果真是如此嗎？如果是真的，我不知道，怎麼我的弟弟、妹夫、侄子和隨侍他們也沒有人向我說過呢？」

一直到後來參加了日本戰犯的學習大會，我才不再懷疑這些血淋淋的事實。

我們這是第一次看見日本戰犯。後來從報上才知道，撫順的日本戰犯是在中國羈押的日本戰犯的一部分。根據這次大會和後來日本戰犯的釋放、宣判以及以後陸續得到的消息，我們發現這些罪犯在學習中發生了意想不到的變化。關於這點，我後面還要說到。現在說一說這個大會。

這個大會雖然有所方和工作團的人員在場，事實上是由他們自己的「學委會」組織起來的。「學委會」是在大多數日本戰犯思想有了覺悟後，自己選出來管理自己的生活和學習的組織。在這次大會上，有幾個日本戰犯講了自己的學習體會，坦白交代了許多罪行，有的人則對別人進行了檢舉。

他們用事實回答了一個學習的中心問題：日本帝國主義是不是在中國犯了罪。我們全體偽滿戰犯參加大會旁聽。在那些坦白與檢舉中，給我們印象最深、使我們感到震動最大的是前偽滿總務廳次長古海忠之和一個偽滿憲兵隊長的坦白。

古海忠之是日本軍部跟前的紅人，他和武部六藏（總務廳長官）秉承關東軍的意旨，以偽滿政權的實際統治者的地位，策劃和執行了對全東北的掠奪和統治。他具體地談出了強占東北農民土地的移民開拓政策，掠奪東北資源的「產業開發五年計劃」，毒害東北人民的鴉片政策，以及如何榨取東北的糧食和其他物資以準備太平洋戰爭等等的內幕。

他談出了許多秘密會議的內情，談出了許多令人咋舌的數字；他所談到的那些政策的後果，每個例子都是一個慘案。例如一九四四年從各縣徵用了一萬五千多名勞工，在興安嶺王爺廟修建軍事工程，由於勞動與生活條件惡劣，在嚴寒中缺吃少穿，死掉了六千多人。又例如爲了準備對蘇作戰，修改流入興凱湖的穆稜河河道，工人由於同樣原因致死的有一千七百多人。

我記得最清楚的是他談的鴉片政策。

一九三三年初，日軍在熱河發動軍事行動之前，爲了籌辦軍費，決定採用鴉片政策。當時尙未控制東北的鴉片生產情況，手中現貨不足，乃向國外販進二百多萬兩，同時用飛機在熱河廣散傳單，鼓勵種植鴉片。

後來，大約是一九三六年，在僞滿七省擴大種植面積，大力生產，以後又以法律形式確定了鴉片的專賣壟斷。爲了鼓勵吸毒，各地廣設「禁煙協會」、鴉片館，並設「女招待」，大事吸引青年。

一九四二年，日本「興亞院」召開了「支那鴉片需給會議」，做出了「由滿洲國和蒙疆供應大東亞共榮圈內的鴉片需要」的決議，據此又在僞滿擴大種植面積到三千公頃。據古海估計，至僞滿垮台止，僞滿共生產了鴉片約達三億兩之多。鴉片利潤在一九三八年占僞滿財政收入的六分之一，一九四四年利潤增至三億元，爲僞滿初期的一百倍，是日本侵略戰爭的軍費重要來源之一。吸毒的煙民，僅熱河一省就達三十萬人左右，全東北平均一百個居民裏就有五個中煙毒的人。

那個憲兵隊長所坦白的，都是非常具體的事例。他交代出的每件事，都是一幅血腥的圖畫。

他做過僞滿西南地區憲兵隊隊長。爲了鎭壓人民，憲兵隊採取了各種恐怖的手段。殺人，往往是集體屠殺，殺後還召集群眾去參觀屍體。有時把一些他們認爲可疑的人抓了來，站成一排，從中隨便挑出一個來，當眾用刀劈死。他自己用這種辦法就殺了三十多個。抓來的人，要受到各種刑罰的折磨：棍子打，鼻孔裏倒灌冷水、辣椒水、煤油，用香火燒，紅鐵烙，倒掛起來，等等。

在許多日本戰犯的檢舉中，驚心動魄的慘劇是數不勝數的。這些慘劇的主演者實在比野獸還要殘暴。有一段故事我記得是這樣：一個日本兵闖進一戶人家，一個年輕的母親，正坐在鍋台邊上抱著孩子餵奶，這個兵一把搶走孩子，順手扔進開水鍋裏，然後強姦了那母親，最後用棍子插進陰道，活活弄死。這類的故事當年普遍發生於東北各地和日軍的各個占領區內。原來這就是「聖戰」的內容，這些「皇軍勇士」正是我當年祝福、遙拜、擁護的對象，正是我當年的依靠。

後來，檢察人員不斷地送來調查材料、統計材料和東北人民的控訴檢舉材料。當年東北地區的地獄景象，在我面前越來越清晰。我終於明白了在我屈從、諂媚日本關東軍的同時，在我力求保存我的「尊號」的同時，有多少善良無辜的人死於非命；同時也明白了在我恬然事敵的時候，正有無數愛國志士拋頭顱、灑熱血，向敵人進行著抗爭。

東北人民所遭受的殘害，如果不算直接在日本統治者手裏受到的那些，只算經過偽政權和漢奸們那裏間接受到的，就可以不費事地舉出很多例子和數字來。例如在種種有關糧食的法令、政策，即所謂「糧穀出荷」的規定下，東北人民每年收獲的糧食被大批掠走，特別是在偽滿後期，東北人民只能靠配給的玉米穰、豆餅、橡子麵等等摻成的「混合麵」過日子。被掠去的糧食除了充做軍用，大部運往日本。輸日數量逐年增加，據偽滿官方資料，在一九四四年一年內，即輸往日本三百萬噸。在偽滿的最後六年間，糧食輸往日本共計一千一百一十多萬噸。

在統制糧穀、棉布、金屬等等物資的法令下，人民動不動就成了「經濟犯」。例如，大米是絕對不准老百姓吃的，即使從嘔吐中被發現是吃了大米，也要算「經濟犯」而被加以治罪。僅僅一九四四到一九四五年的一年間，被當做「經濟犯」治罪的就有三十一萬七千一百人。當然，被抓去挨了一頓痛打之後放出來的，並不在此數之內。

東北農民在糧食被強徵的同時，耕地也不斷地被侵佔著。根據「日滿拓殖條約」，日本計劃於二十年內從日本移民五百萬人到東北來。這個計劃沒有全部實現，日本就垮台了，但是在最後兩年內移入的三十九萬人，就經過偽滿政權從東北農民手中奪去了土地三千六百五十萬公頃。此外，藉口應付抗日聯軍而實行的「集家併屯」政策，又使東北人民喪失了大量土地，這尚未計算在內。

又例如，日本統治者爲了榨取東北的資源，爲了把東北建設成它的後方基地，通過僞滿政權，巧立了各種名目，殘酷地奴役著東北人民，實行了野蠻的奴隸勞動制度，造成了驚人的死亡。自一九三八年用我的名義頒行了「勞動統制法」後，每年強徵勞工二百五十萬人（不算從關內徵集的），強迫進行無償勞動。大都是在礦山和軍事工程中進行勞動，條件十分惡劣，造成了成批死亡。像一九四四年遼陽市的「防水作業」中，二千名青年勞工因勞動過度不到一年就被折磨死的，竟有一百七十人。吉林省蛟河縣靠山屯農民王盛才寫來一份控訴書，他說：

> 我哥哥王盛有在僞滿康德十年舊曆一月間，被拉法村公所抓去到東安省當勞工，他在那裏吃橡子麵，還不讓吃飽，夜晚睡在潮地上，還挨打受罵，共去七個月，折磨成病，回來後九個月死去。嫂子改嫁，我父親終日憂愁，不久死去了。我全家四口，只剩下我一個人，使我家破人亡。

這樣的家庭，在當時的東北是非常普遍的。不僅是農民，普通的職工、學生，以及因檢查體格不合乎當兵條件的，即所謂「國兵漏」的青年，都要定期從事這種奴隸勞動，即所謂「勤勞奉仕」。蛟河縣拉法屯的陳承財控訴說：

偽滿康德十年的舊曆五月初一，偽蛟河縣公署把我和我鄉「國兵」檢查不合格的其他青年共一九八名，編成「勤勞奉仕隊」，集中縣城。第三日由日本兵押著我們，到東安省勃河縣小王站屯做苦工。讓我們在野地裏挖了一米寬四十米長的溝渠，一棟挨一棟的搭起草席棚子。裏邊鋪些野草，非常潮濕，讓我們住在這裏。

吃的簡直不能說了，每天只有橡子麵飯團，也不給吃飽。在吃飯前還得排成隊，雙手舉飯「默禱」三分鐘。每天重勞動超過十二小時，不管天氣炎熱與寒冷，叫我們全脫光衣服進行勞動。

冬天把我們凍得起疙瘩，夏天曬成膿疱直流水。就在這樣勞累苦難的環境下，為偽滿洲國修所謂「國境道」。我鄉富太河屯劉繼生家，一家只父子二人，劉繼生就是於同年七月十七日死在工地上的。父親在家聽說兒子死了，也上吊自殺了。

挨打是經常的事。在同年五月初四逃跑了五名，不幸被鬼子抓回一名，當場把抓回的青年用繩子拴在馬脖子上，人騎著馬在地裏磨，一直把這個人的肚子磨破，腸子流出而死。

處境最慘的是「矯正輔導院」裏的人。在偽滿後期，日本的統治，已經殘酷到接近瘋狂的程度。為了解決勞動力不足和鎮壓人民越來越大的反抗，一九四三年頒布了「思想矯正法」和「保安矯正法」，在全東北各地普遍設立了集中營，名為「矯正輔導院」，以所謂

「思想不良」或「社會浮浪」爲名，綁架貧苦無業者或被認爲有不滿情緒的人，從事最苦的勞役。

有時候，連任何詢問都用不著，把行路人突然攔截起來，統統加上「浮浪者」的罪名，送進矯正輔導院。進去之後，就沒有出來的日子。那些熬到僞滿垮台的人，今天懷著刻骨的仇恨，向人民政府控訴了僞滿政權。鶴崗市翻身街的一個農民，僞滿時原在鶴崗「新開基滿洲土木」做工，一九四四年被以反滿抗日名義抓到僞警察署。同他一起的有十七個人。他們被毒打之後，被送到鶴崗矯正輔導院，強迫到東山煤礦挖煤，每天十二小時，每頓飯只有一個小高粱飯團，沒衣服穿，沒被子蓋，經常受毒打。他說：

我母親聽說我在輔導院押著，就到我做活的地方隔著刺網看我，被輔導警看見，當時把我母親揪著頭髮，腳踢拳打了一頓，打得我母親躺在地下爬不起來。後來又用洋鎬打我，打得我渾身是傷，昏迷不醒，七天人事不知。

有一次我們因為吃飯不給菜，同押的宋開通拿我的錢向過路人買些蔥，被輔導科的漢奸王科長看見，把我和宋開通叫去，在我身上搜出五元錢。他們就打我，把嘴和鼻子打得都流出血，又把我裝在麻袋裏，不蹲下就敲腦袋，裝在麻袋裏舉起來摔，摔了三下我就昏過去了。

每天都死人，每隔三四天就抬出七八個死人，我一同被抓的十七個人就死了九個。我得了肺病，到現在不能做活。那時我母親也得了瘋魔，我三個弟弟那時最大的十一歲，他們每天討飯過活。

當時在鶴崗矯正輔導院用度科當用度員的尹影，在檢舉書上寫道：

偽滿鶴崗矯正輔導院從一九四四年成立至一九四五年八月九號，囚禁人數達一千一百九十人。被囚禁之人員大部是由佳木斯、牡丹江、富錦等地區監獄裏押送來的。其中有一人叫陳永福，是我認識的。他在街上行走，無故被警察抓來的。

在矯正輔導院裏的犯人，每天做工十二小時，每人每天只給六兩粗糧，穿更生布衣。吃不飽穿不暖，做工時間又長，坑內通風不良，空氣非常惡劣。有了病不但不給營養的東西吃，反而將糧食減到四兩至三兩半，有的人怕減糧就帶病上班挖煤。就這樣造成大批死亡。在病室裏有的死了很長時間才被發現，死後當時並不給抬走，經一二日才抬出去放在停屍場中，用小木牌寫上號碼拴在手腕上，按井字樣堆成垛。

一九四五年三月二十號我親眼看見使用黃毯子捲屍體三十四具，叫患病的人兩人抬一個，送到鶴崗東山「萬人坑」埋掉，將毯子拿回，再發給別人使用。

為防止「浮浪者」（被押人）的逃跑，施行恐怖鎮壓手段，經常由監房提出被押人扒去衣服吊起毒打，打得人渾身發紫，還強迫勞動。我現在還記得有一次富錦縣監獄押送來的所謂「浮浪者」劉永才，被打在小便上，提回監房即死。……

偽滿的軍隊、警察、法院、監獄對東北人民的鎮壓，更是充滿了血腥氣，造成的慘案更是數不勝數。據檢察人員從殘餘的偽滿官方檔案裏找到的部分材料，就統計出了被偽滿軍殺害的抗日軍民有六萬餘人，屠殺的居民八千八百餘人，燒毀的民房有三千一百餘處所。偽滿警察、特務機關所殺害的善良人民，那數目是無法計算了。僅據三十六起有案可查的統計，在被逮捕的五千零九十八名愛國人士和無辜群眾中，只有三人經不起訴釋放，檔案中聲明判死刑者四百二十一人，未判刑即死於獄中者二百十三人，判徒刑者二千一百七十七人，其餘二千二百八十四名則無下落。

偽滿時期，東北是警察的世界，幾乎村村都有警察。一個縣的警察署，就等於是個閻王殿。這種地方製造的慘劇，在地獄裏也不過如此。

肇源縣八家子有位六十一歲的農民黃永洪，當年因為給抗日聯軍送過信，被偽警察署提了去，他經歷了一場集體屠殺。他說：

這年陰曆二月二十六，偽警察提出我們被押的三十多人，讓拿著洋鎬到肇源西門外挖坑，天黑又回到監獄。二十七日又提出我和王亞民、高壽三、劉成發四個人，另一批又提二十人，到了西門外，把那二十人槍斃了，又提來二十二個人，又把他們槍斃了。

槍斃以後，警察在他們身上倒汽油，點著了燒，在燒的時候，有一個人未死，被火一燒，就出來逃跑，又被警察用槍打死了。燒完之後，叫我們四個人將他們四十二人用土都埋了。現在肇源西門外還有那個大坑，我還能找到那個地方……

這座活地獄，在「執政」、「康德皇帝」、「王道樂土」等等幌子底下存在了十四年！所有的殘酷暴行，都是在我這個「執政」和「皇帝」的標籤下進行的。每個受難者都被迫向「御真影」叩拜，背誦「詔書」，感謝「親邦」和「皇帝」的恩賜。因此，今天每份控訴書後面都有這類的呼聲：

「要求人民政府給我們申冤報仇！我們要向日寇和漢奸討還血債！」

「給我們死去的親人報仇！懲辦日寇和漢奸！」

十一、「自作孽，不可活」

問題之嚴重，還不僅限於此。

日本戰犯的坦白、揭發和東北人民群眾的控訴、檢舉，使我們「一所」激動起來了。尤其是那些年紀輕的人，反應分外強烈。在這種情形下，我遭到了侄子、妹夫和大李的揭發。我陷入了來自四面八方的仇恨中，其中包括了家族的仇恨。我猶如置身鏡子的包圍中，從各種角度上都可以看到自己不可入目的形象。

這是從我們一所的一次全體大會開始的。那天我們參加過日本戰犯的學習大會，工作團的人員把我們召集起來，要大家談談感想和認識。許多人從日本戰犯大會上感染到的激情猶未消失，這時紛紛起立發言，自動坦白出自己的罪行，並且檢舉了別人。人們檢舉比較集中的是前僞滿司法大臣張煥相。

他在「九一八」事變前，做過東北講武堂教育長、哈爾濱特區行政長官和東北軍航空司令。「九一八」事變後，他從關內跑到撫順老家，千方百計地巴結日本人，給統治者獻計獻策，上了四十二件條陳，因此，得到了關東軍的賞識，並由軍政部囑托爬上司法大臣的位子。他有許多出名的舉動，其中一件是他在被起用之前，在家裏首先供奉日本神武天皇的神龕，每逢有日本人來找他，他必先跪在神龕前做好姿勢等著。

另一件是，他曾在撫順親督民工修造神武天皇廟，修成後和他老婆每天親自打掃。在人們的檢舉聲中，他嚇得面無人色。後來人們提到他入所以來的種種對抗舉動，例如故意糟蹋飯菜、破壞所內秩序、經常對看守員大喊大叫，等等，引起了全場人的憤怒。有人向他提出警告，如果今後再不老實，還要隨時揭發他，政府也不會饒他。

我很怕也被別人這樣當場檢舉，很怕別人也認爲我不老實。由於這次檢舉與認罪，不准彼此透露材料，我怕別人不知道我已做了坦白，覺得有必要在大會上談談，表明我的態度。因此，我也發了言。在我講完了坦白材料之後，剛要說幾句結束話，再表明一下認罪決心的時候，不想小固忽然從人叢中站起來，向我提出了質問：

「你說了這麼多，怎麼不提那個紙條呢？」

我一下怔住了。

「紙條！小瑞的紙條！」小秀也起來了，「那些首飾珍寶你剛才說是自動交出的，怎麼不說是小瑞動員的呢？」

「對，對，」我連忙說，「我正要說這件事。這是由於小瑞的啓發……」

我匆匆忙忙補充了這件事，而小固、小秀還是怒目相視，好像猶未甘心的樣子。幸虧這個大會到此就結束了。

我回到監房裏，趕緊提筆寫了一個檢討書給所方。我想到所長知道了一定很生氣的，心裏不由得埋怨小瑞，幹什麼把這件事告訴小固和小秀呢？小固和小秀未免太無情了，咱們到底是一家人，你們不跟老萬和老潤學，竟連大李也比不上！過了不久，我看到了他們寫的書面檢舉材料，才知道家裏人的變化比我估計到的還要可怕。

按照規定，每份檢舉材料都要本人看過。趙訊問員拿了那堆檢舉材料，照例地說：

「你看完，同意的簽字，不同意的可以提出申辯。」

我先看過了一些僞大臣寫的。這都是僞滿政權的公開材料，我都簽了字。接著便看我的家族寫的。我看了不多頁，手心就冒汗了。

老萬的檢舉材料裏，有一條是這樣寫著的：

一九四五年八月九日，晚上我入宮見溥儀。溥儀正在寫一紙條，此時張景惠及武部六藏正在外間屋候見。溥向我出示紙條，內容大意是：令全滿軍民與日本皇軍共同作戰，擊潰來侵之敵人（蘇軍）。溥謂將依此出示張景惠等，問我有何見解。我答云：只有此一途，別無他策。

我心想這可毀了！我原把這件事算在吉岡的賬上了。

大李的檢舉，更令我吃驚。他不但把我離開天津的詳情寫了，而且把我寫自傳前跟他訂「攻守同盟」的事情也寫上了。

事情不僅僅是如此。他們對我過去的日常行爲——我怎麼對待日本人，又怎樣對待家裏的人——揭露得非常具體。如果把這類事情個別地說出一件兩件，或者還不算什麼，現在經他們這樣一集中起來，情形就不同了。例如老萬寫的有這麼一段：

在偽宮看電影時，有天皇出現即起立立正，遇有日兵攻佔鏡頭即大鼓掌。原因是放電影的是日本人。

一九四四年實行節約煤炭時，溥儀曾令緝熙樓停止升火，為的做給吉岡看，但在自己臥室內，背著吉岡用電火取暖。

溥儀逃亡大栗子溝，把倭神與裕仁母親像放在車上客廳內，他從那裏經過必行九十度禮，並命我們也如此。

小瑞的檢舉裏有這樣一段：

他用的孤兒，有的才十一二歲，有的父母被日寇殺害後收容到博濟總會，前後要來使用的有二十名。工作十七八小時，吃的高粱米鹹菜，嘗盡非刑，打手板是經常的、最輕的。站木籠、跪鐵鏈、罰勞役……平時得互相監視。孤兒長到十八九歲仍和十一二歲一般高矮。溥儀手下人曾將一名孤兒打死，而他卻吃齋念佛，甚至不打蒼蠅蚊子。

在語氣上流露出仇恨的，是大李寫的：

溥儀這個人既殘暴又怕死，特別好疑心，而且很好用權術，十分偽善。他對傭人不當人待，非打即罵，打罵也不是因為犯了什麼錯，完全是以他個人情緒如何而定。如有點不舒服啦，累一點啦，用的人就倒楣了。拳打腳踢是輕的。可是他見了外人的時候，那種偽善樣，就像再好也沒有的。

打人刑具，在天津時有木板子、馬鞭子，到偽滿又加上許多新花樣。……

他把大家都教成他的幫凶，如要是打某人，別人沒有動手打，或動作稍慢一些，他都認為是結黨袒護，那未動手打的人，要被打得厲害多少倍。侄子與隨侍沒有沒打過人的。一個十二三歲的周博仁（孤兒）有一次被打得兩腿爛了一尺長的口子，叫黃子正大夫治了兩三個月才好。這孩子治療時，溥儀叫我送牛奶等物，還讓我對孩子說：皇上對你多好呵！你在孤兒院能吃到這麼好的東西嗎？

我把最後這批檢舉材料看完，過去那一套爲自己做辯護的道理，從根本上發生了動搖。

在從前，我把自己的行爲都看做是有理由的。我屈服於日本人的壓力，順從它的意志，是不得已而爲之的；我對家裏人的作福作威、予取予奪、動輒打罵以至用刑，也當做我的權力。總之，對強者的屈服，對弱者的發威，這都被我看做是自然的、合理的，我相信人人處於我的境地都會那樣做。現在，我明白了除了我這樣的人，別人並非如此；我的道理是拿不出去的。

說到弱者，沒有比被剝奪權利的囚犯更「弱」的了，然而掌握著政權的共產黨人對手下的這些囚犯，並沒有打，沒有罵，沒有不當人看。說到強者，具有第一流裝備的美國軍隊可算是「強」的了，然而裝備遠遜於它的共產黨軍隊硬是不怕它，竟敢於跟它打了三年之久，一直打得它在停戰協定上簽了字。

就在剛才，我還看到了新的例子。在人民群衆的控訴檢舉材料裏，我知道了原來有許多普普通通的人，在強暴壓力面前並不曾按著我的信條辦事。

巴顏縣有個叫李殿貴的農民，受盡了鬼子和漢奸的欺壓，他把希望放在抗日聯軍身上。一九四一年的春節，他給抗聯隊伍送去了一斗小米、四十七根麻花、一百二十個雞蛋和兩包煙卷。後來被僞警察知道了，把他抓去，成天上「大掛」、吊打、過電，並且把打得血淋淋的死難者放在他身邊恐嚇他，叫他供出抗聯的線索。這個頑強不屈的農民沒有吐露出任何關於抗聯的口供，在監獄裏受盡折磨，一直堅持到光復得救。

姜樹發，是天增屯的抗日救國會的副會長，給抗聯送過飯，帶過路，他被特務們抓去了，一連過了七堂，上「大掛」、打釘板。過電、灌涼水全經過了，沒有供出一點線索，特務拿他沒法，最後判了他兩年徒刑。

蕭振芳也是一個普通農民，幫助他叔叔蕭坤一同給抗聯送飯、帶路，做秘密的抗日工作。一九四三年四月二十一日的半夜裏，六個僞警察突然闖進他的家，沒尋找到他叔叔蕭坤，把他綁送到警察署追問。他說：「我不知道！」警察們把他打死過去，然後澆涼水，醒過來又打，這樣死而復活，活了又打死，折騰到第四次，涼水也澆不活了，就用「衛生車」拉到爛屍崗子，扔在那裏。這個頑強的人在爛屍崗又活了，被一個拉衛生車的工人救了去。他的叔父蕭坤到後來也被抓了去，至死不屈。他住的那個監獄，就是我在哈爾濱住過的那個地方。

一九四三年，金山屯的李英華還是個孩子，他曾給過路的抗聯軍隊送過雞蛋，被特務告發，捉到警察署裏。特務們先給他點煙、倒茶，請他吃餃子，說：「你是個孩子，不懂事，說了就放你。」李英華吸了煙，喝了茶，吃了餃子，然後說：「我是莊稼人，啥也不知道！」特務們便把他頭朝下掛起來打，又過電、火燒，脫光了身子撞釘板，可是從這個孩子身上什麼也沒得到。

總之，我知道世界上的人並非骨頭都是軟的。我過去的所作所爲，除了說明是欺軟怕硬和貪生怕死之外，沒有任何其他別的解釋。

我從前還有一條最根本的理由，爲欺軟怕硬、貪生怕死做解釋，就是我的命最貴重，我比任何人都更有存在的價值。幾年來，經過洗衣、糊紙盒，我已懂得了自己的價值，今天我更從東北老百姓和家族的檢舉中看出了自己的價值。

我在鏡子的圍屏中看出我是有罪的人，是沒有光彩的人，是個沒有理由可以爲自己做任何辯解的人。

我在最後一份材料上簽完字，走在甬道上，心中充滿了懊悔與悲傷——

「天作孽，猶可違，自作孽，不可活！」

註釋：

❶ 即大連化工廠女工趙桂蘭。趙因用身體掩蓋了一瓶將要爆炸的化學物品，被炸去了一隻手，保住了工廠。

第九章　接受改造

一、怎樣做人？

「新的一年開始了，你有什麼想法？」

一九五五年的元旦，所長這樣問我。

我說唯有束身待罪，等候處理。所長聽了，不住搖頭，大不以爲然地說：

「何必如此消極？應當積極改造，爭取重新做人！」

一九五四年年底，我在檢察人員拿來的最後的文件上簽字時，也聽到這樣的話：「努力改造吧，爭取做個新人。」

這些話使我感到了安心，卻沒有從根本上改變我的悲觀消極態度。我陷入了深深自卑的境地裏，相形之下，對於宣判的擔心倒在其次了。

有一天，在院子裏休息的時候，來了一位新聞記者，拿著照相機在球場上照相。「檢舉認罪」結束之後，管理所裏恢復了從前的辦法，不再是分組輪流而是全體同時休息，而且比從前多了半小時。院子裏很熱鬧，打排球的、打乒乓球的、談天說地的、唱歌的，幹什麼的都有，都被記者收進了鏡頭。他捧著相機東照西照，後來鏡頭對著我來了。跟我站在一起看球的一個前僞滿人員發現了記者的企圖，忽然轉身走開，並且說了一句：「我可不跟他照在一塊兒！」接著，別人也走開了。

三月間，一些解放軍高級將領到撫順來視察瀋陽軍區管轄下的戰犯管理所。所長把我和溥傑叫了去。我一看見滿屋是金晃晃的肩章，先以爲是要開軍事法庭了，後來才知道是將軍們要聽聽我的學習情況。將軍們的態度都非常和藹，聽得似乎很有興趣，並且問了我的童年時代和僞滿時期的生活。最後有一位帶鬍子的首長說：「好好學習、改造吧，你將來能親自看到社會主義建設實況的！」

在回去的路上，我想起說話的好像是位元帥，而溥傑告訴我說，其中怕還不止一位元帥。我心中無限感慨，曾經被我看做最不容我的共產黨人，事實上從看守員到元帥無一不是拿我當做人看的，可是同犯們連跟我站在一起都覺得不能容忍，好像我連人都不是了。

回到屋裏，我把元帥的談話告訴了同伴們。當過僞滿駐日大使的老元，是腦子最快的人，他說：「恭喜你啦，老溥！元帥說你看得見社會主義，可見你是保險了！」

別人一聽這話全活躍起來，因爲像我這樣的頭號漢奸能保險，他們自然更保險了。

檢舉認罪結束後，很多人心裏都結著個疙瘩，對前途感到不安。老憲從開始檢舉認罪以來就沒笑過，現在也咧開嘴，親熱地拍著我的肩膀說：「恭喜恭喜，老溥！」

檢舉認罪結束後，不但在院中休息時不禁止交談，而且白天監房不上鎖，偶爾也有人串房門，因此這個喜訊很快地傳到了別的組，一所裏全知道了。到了休息時間，院子裏還有人在議論。我這時想起了我的侄子們和大李，從檢舉認罪以來總不愛答理我，這個消息必定也會讓他們高興，可以用這個題目找他們敘敘。我聽到了小固唱歌的聲音——這個最活躍的小夥子，跟看守員和衛兵們已學了不少的歌曲，現在正唱著《二小放牛郎》這支歌。我順著聲音，在操場角上的一棵大樹旁找到了他和小秀。可是不等我走到跟前，他們已離開了那地方。

四月間，所方讓我們一所按照七所日本戰犯那樣選舉出了學委會。學委會是在所方指導下，由犯人們自己管理自己的學習、生活的組織。學習與生活中發生的問題，學習討論會和生活檢討會的情況，由它負責集中起來向所方反映，並且要提出它的看法和意見。學委會有委員五名，由選舉產生，經所方認定。除一名主委外，四名委員分工管學習、生活、體育和文娛。各組的學習組長和生活組長跟它的學習委員和生活委員每天聯繫一次，匯報情況。

這個組織的成立，讓犯人們感到很興奮，覺得這是所方對我們的改造具有信心的證明，有些人從這上面更意識到了思想改造是自己的事。後來事實證明，這個組織對我們的改造具有重要意義。不過在它剛成立的那段時間裏，我的心情卻跟別人不一樣。這五名委員中，有兩名是我的家族，他們是在檢舉時對我最不留情面、最使我感到無地自容的人：一個是老萬，擔任主委；一個是小瑞，擔任生活委員。

學委會成立不久，便通過了一項決議，要修一座運動場。我們原先用的運動場是日本戰犯修的，現在要自己平整出一塊地方，做我們一所的運動場。生活委員小瑞負責組織了這次勞動。第一次上工，我就挨了他一頓當眾申斥。在站隊點名時，我忘了是爲了什麼瑣碎事，照例拖拖拉拉，落在別人後頭。我邊繫著衣鈕，邊向隊伍這裏跑著，忽然聽見了一聲喊：「溥儀！」

「來了來了！」我答應著，跑到排尾站下。

「每次集合，你都是遲到，這麼多的人只等你一個，一點都不自覺！」他板著臉，大聲地向我申斥，「看你這一身上下，邋里邋遢！鈕子是怎麼扣的？」

我低頭看了一下，原來鈕子都扣錯了眼兒。這時全隊的人都扭過頭來看著我，我的手指哆嗦得連鈕子都摸不準了。

我甚至擔心過，生活檢討會的記錄到了他們手裏，會給我增添一些更不利的註解。這時我們組裏的生活檢討會，已經很少有從前那種不是吵嚷一氣，就是彼此恭維一番的情形了，比較能做到言之有物，至少是比以前採取了較爲認真的態度。

其原因，一則是有些人去掉了思想負擔，或者是對改造有了些認識，因而出現了積極性，另則是像過去那種隔靴搔癢的發言，到了學委會那裏首先過不了關。我這時對生活檢討會感到的變化，是別人對我發言完全沒有了顧忌，特別是由於新編進這組來的夥伴中，有一個是最熟悉我的大李，而且當了生活組長。人們批評起我的缺點來，經他一介紹、分析，就更能打中要害，說出病根。有了大李的分析、介紹，加上同組人提出的事實材料，再經學委會裏老萬和小瑞的註解，我還像個人嗎？

我從前在遇到外界的刺激，感到十分沮喪的時候，有時自怨自艾，把這看做是自作自受，有時則怨天尤人，怨命運，怨別人成心跟我過不去，最早的時候，則怨共產黨，怨人民政府，怨所方。現在我雖然也怨天尤人，但更多的是怨自作自受，對共產黨和政府，對所方，卻越來越怨不上了。

在檢舉認罪期間，我看完別人給我寫的檢舉材料，知道我一切不願人知道的全露出來了，政府方面原先不知道的全知道了，想不到我竟是這樣的人，照理說即使不報復我，也要放棄改造我的念頭。可是，檢察人員、所長以至元帥卻仍對我說，要學習、改造，重新做人，而且這種意思貫串在每個工作人員的思想中，表現在每件具體事實上。

操場完工後，學委會決定再美化一下我們的院子，要栽花修樹，清除雜草，墊平窪坑，迎接五一節。大家都很高興地幹起來了。我起先參加墊大坑的工作，江看守員說我眼睛不好，恐怕掉到坑裏去，便把我的工作改爲拔草。我被分配到一塊花畦邊上，幹了一會兒，蒙古人老正走到我身邊，忽然一把搶走我手裏剛拔下的東西，大叫大嚷起來：

「你拔的是什麼？啊？」

「不是叫我拔草嗎？」

「這是草嗎？你真會挑，拔的全是花秧子！」

我又成了周圍人們視線的焦點。我蹲在那裏，抬不起頭來。我真願意那些花草全部從世界上消失掉。

「你簡直是個廢物！」老正拿著我拔的花秧子指著我，繼續叫嚷。

這時江看守員走過來了。他從老正手裏接過花秧子，看了看，扔到地上。

「你罵他有什麼用？」他對老正說，「你應該幫助他，教給他怎麼拔，這樣他下次才不會弄錯。」

「想不到還有人認不出花和草來。」老正訕訕的。

「我原先也想不到，那用不著說。現在看到了，就要想辦法幫助。」

從前，我腦子裏這「想不到」三個字總是跟可怕的結論連著的：「想不到溥儀這樣蠢笨——不堪救藥！」「想不到溥儀這樣虛僞，這樣壞——不能改造！」「想不到溥儀有這樣多的人仇恨他——不可存留！」現在，我在「想不到」這三個字後面聽到的卻是：「現在看到了，就要想辦法幫助！」

而且是不止一次聽到，不只從一個人口中聽到，而且說的還不僅是要對我幫助。

有一天，我的眼鏡又壞了。我經過一番猶豫，最後還是不得不去求大李。

「請你幫幫忙吧，」我低聲下氣地對他說，「我自己弄了幾次，總也弄不好，別人也不行，求你給修修。」

「你還叫我伺候你！」他瞪眼說，「我還把你伺候的不夠嗎？你還沒叫人伺候夠嗎？」

說罷，他憤然躲開了我，從桌子的這面轉到另一面去了。

我呆呆地立著，恨不得一下子撞在牆上。

過了沒兩分鐘，只見大李從桌子那面又走回來，氣哼哼地拿起了我的眼鏡說：

「好，給你修。不過可要說明，這不是爲了別的，不過爲了幫助你改造。要不是爲了這個，我才沒功夫呢！」

後來，我在休息時間到新成立的小圖書室去想獨自散散心，在那裏碰見了溥傑。我跟他談起了心事，說到我曾因爲家裏人們的態度，難過得整夜睡不著覺。他說：「你爲什麼不跟所方談談呢？」我說：「談什麼呢？人們從前受夠了我的罪，自然應該恨我。」溥傑說：「我聽說所方也勸過他們，應該不念舊惡，好好幫助你。」我這才明白了大李爲什麼帶著氣又從桌子那邊轉回來。

我那時把幫助分做兩類：一類是行動上的，譬如像大李給我修眼鏡，譬如每次拆洗被褥後，別人幫助我縫起來，——否則我會弄一天，影響了集體活動；另一類是口頭上的，我把別人對我的批評，放在這類裏。

所方常常說，要通過批評與自我批評，交換意見，進行互相幫助。我很少這樣「幫助」人，而且這時也很不願意接受別人的「幫助」。總之，儘管大李說他修眼鏡的目的是幫助我改造，儘管所方說批評是改造思想的互助形式之一，我還是看不出任何一類的幫助與我改造思想、重新做人的關係。不但如此，我認爲修眼鏡、縫被子只能證明自己的無能，換得別人的鄙夷，在批評中也只能更顯出我的傷疤和隱痛。不幫助還好，越幫助越做不得人了。

政府人員每次談到「做人」，總是跟「改造思想」、「洗心革面」連著的，但我總想到「臉面」問題，總想到我的家族和社會上如何看待我，能否容忍我。我甚至想到，共產黨和人民政府即使要把我留在世上，到了社會上也許還是通不過；即使沒有人打我，也會有人罵我、啐我。

所方人員每次談到思想改造，總是指出：人的行爲都受一定思想的支配，必須找到犯罪行爲的思想根源，從思想上根本解決它，才不至於再去犯罪。但我總是想，我過去做的那些事是決不會再做了，如果新中國的人容我，我可以保證永不再犯，何須總是挖思想。

我把「做人」的關鍵問題擺在這上面：對方對我如何，而不是我自己要如何如何。但是所長卻是這樣說的：如果改造好，人民會給以寬大。改造不好，不肯改造，人民就不答應。事實上，問題在於自己。

這個事實引起我的注意，或者說，我開始知道一點怎樣做人的問題，卻是在我苦惱了多少日子之後，從一件小事上開始的。

二、問題在自己身上

星期日，我們照例洗衣服。我洗完衣服，正好是文體活動開始的時間，我沒有心情去玩，就到小圖書室，想獨自看看書。剛坐下來，就聽見外面有人說話：

「……你們都不打網球？」

「我不會打。你找溥儀，他會打。」

「他會打可是打不了，他的衣服還不知哪輩子洗完呢！」

「近來他洗得快多了。」

「我才不信呢！」

這可是太氣人了。我明明洗完了衣服，而且洗的不比他們少，卻還有人不信，好像我天生不能進步一點似的。

我找到了球拍，走進院子。我倒不是真想打球，而是要讓人看看我是不是洗完衣服了。我走到球場上，沒找到剛才說話的人，正好另外有人要打網球，我跟他玩了一場。場外聚了一些人觀看。我打得很高興，出了一身汗。

打完球，在自來水管旁洗手時，遇見了所長。星期日遇見所長不是稀有的事，他常常在星期日到所裏來。

「溥儀，你今天有了進步。」

「很久沒打了。」我有點得意。

「我說的是這個，」他指著曬衣繩上的衣服，「由於你有了進步，洗衣服花費的時間不比人多了，所以你能跟別人一樣的享受休息，享受文體活動的快樂。」

我連忙點頭，陪他在院子裏走著。

「從前，別人都休息，都參加文娛活動去了，你還忙個不了，你跟別人不能平等，心裏很委屈，現在你會洗衣服了，這才在這方面有了平等的地位，心裏痛快了。這樣看來，問題的關鍵還是在自己身上。用不著擔心別人對自己怎樣。」

他過了一會兒，又笑著說：

「第二次世界大戰，把你這個『皇帝』變成了一個囚犯。現在，你的思想上又遇到一場大戰。這場大戰是要把『皇帝』變成一個普通勞動者。你已經認識到一些皇帝的本質了，不過，這場戰爭還沒有結束，你心裏還沒有跟別人平等。應該明白自己啊！」

所長走後，我想了許久許久。我心裏承認前一半的話：看來問題確實是在我自己身上；我對後一半話卻難於承認，難道我還在端皇帝架子嗎？

可是只要承認了前一半，後一半也就慢慢明白了，因爲生活回答了這個問題。正如所長所說，這是一場未結束的「戰爭」。

這一天，我們這一組清除完垃圾（這類的勞動已經比較經常了），回到屋裏，生活委員向我們提出批評：

「你們洗完手，水門不關，一直在流。這樣太不負責任了，下次可要注意。」

大李聽了，立刻問我：

「溥儀，是你最後一個洗手的吧？」

我想了一想，果然不錯。

「我大概是忘了關水門了。」

「你多喒不忘？」

「也有不忘的時候。」

有人立刻咯咯地樂起來了。其中一個是老元，他問：

「那麼說，你還有忘的時候，還有幾回沒關水門。」

我沒理他。大李卻忿忿地對我說：

「你不害臊，還不知道這個習慣是哪兒來的。你這是從前的皇帝習慣，你從前從來也沒自己關過水門。連門軸兒你也沒摸過，都是別人給你開門，給你關門。你現在進出房門，只是開，從不隨手帶門。這是皇帝架子仍沒放下！」

「我想起來了，」老元說，「有時看見你開門推門板，有時用報紙墊著門柄，是什麼意思？」

「你這是怕髒，是不是？」大李搶著說。

「那地方人人摸，不髒嗎？」

誰知這一句話，引起了好幾位夥伴的不滿。這個說：「怎麼別人不嫌髒，單你嫌髒？」那個說：「應該你講衛生，別人活該？」這個說：「你是嫌門髒，還是嫌別人髒？」那個說：「你這是不是高人一等？心裏把別人都看低了？」……

我不得不竭力分辯說，決沒有嫌惡別人的意思，但心裏不由得挺納悶，我這是怎麼搞的呢？我到底是怎麼想的呢？爲什麼我就跟別人不同？後來又有人提起每次洗澡，我總是首先跳進池子，等別人下去，我就出來了。又有人提起在蘇聯過年，我總要先吃第一碗餃子。聽了這些從來沒注意過的瑣事，我心中不能不承認大李的分析：

「一句話，心裏還沒放下架子來。」

今天想起來，大李實在是我那時的一位嚴肅的教師。不管當時他是怎麼想的，他的話總讓我想起許多平常想不到的道理。我終於不得不承認，我遇到的苦惱大半要怪我自己。

有一天早晨漱洗的時候，大李關照大家注意，刷牙水別滴在地上，滴了就別忘了擦。因爲今天各組聯合查衛生，這是競賽，有一點不乾淨都扣分。

我低頭看看腳下，我的牙粉水滴了不少。我覺得並不顯眼，未必算什麼汙點。大李過來看見了，叫我擦掉。我用鞋底蹭了蹭，就算了。

到了聯合檢查衛生的時間，各組的生活組長和學委會的生活委員小瑞逐屋進行了檢查，按照會議規定的標準，給各組評定分數。檢查到我們這間屋，發現了我沒蹭乾淨的牙粉點，認爲是個汙點，照章扣了分數。最後比較各組總分，我們這個組成績還不壞，可是大李並不因此忘掉了那個汙點，他帶來了一把墩布，進了屋先問我：

「你怎麼不用墩布擦呢？」

「沒想到。」

「沒想到？」他粗聲說，「你想到了什麼呢？你除了自己，根本不想別的！你根本想不到集體！你腦袋裏只有權利，沒有義務！」

他怒氣沖沖地拿起墩布，正待要擦，又改了主意，放下墩布對我說：

「你應當自覺一點！你擦！」

我順從地執行了他的命令。

自從朝鮮和東北發現了美國的細菌彈，全國展開了愛國衛生運動以來，監獄裏每年定期地要搞幾次除四害、講衛生的大規模活動。這種活動給我留下了許多深刻的印象，其中之一，是我和大李在打蒼蠅上發生的一件事。

他從外面拿來幾個新蠅拍。蠅拍不夠分配，許多人都爭著要分一把。我沒有主動去要，但是大李先給了我一把。這是我頭一次拿這東西，似乎有點特殊的感覺，老實說，我還沒打死過一個蒼蠅哩！

那時，監獄裏的蒼蠅已經不多，如果用「新京」的標準來說，就算是已經絕跡了。我找了一陣，在窗戶框上發現了一個，那窗戶是打開了的，我用蠅拍一揮，把牠趕出去了。

「你這是幹什麼？」大李在我身後喊，「你是除四害還是放生？」

別人也許以爲他是說笑話，其實我是明白他的意思的。我不禁脹紅了臉，不自然地說：「誰還放生？」但是心裏卻也奇怪，我爲什麼把牠趕走了呢？

「你不殺生！你怕報應，是吧？」他瞪著眼問我。我自感心虛，嘴上卻強硬：

「什麼報應？蒼蠅自己跑啦！」

「你自己想想吧！」

這天晚上開檢討會的時候，起初沒人理會這件事，後來經過大李的介紹，人們知道了我在長春時不准打蒼蠅以及指揮眾人從貓嘴裏搶耗子的故事，全樂開了。樂完了，一齊批評我的迷信思想。我心裏不得不接受，嘴裏卻不由自主地說：

「我爲什麼還迷信？我去年不是打了？」

「我想起來了！」老元忍不住笑起來，「你不說去年，我還想不起來。我記得去年你就把蠅拍推讓給別人，自己拿張報紙扇呼，蒼蠅全給你放走啦！」

在哄笑中只有大李板著臉，用十分厭惡的聲調說：

「別人放生是什麼意思，我不敢說，你放生我可明白，這完全是自私，爲了取得代價，叫佛爺保佑你。別人都可以死光，唯獨要保護你一個人。因爲你把自己看得最貴重。」

「你說的太過分了。」我抗議說。

「溥儀有時倒是很自卑。」老元說。

「是呀！」我接口說，「我從哪一點看自己也不比別人高。」

「也許，有時自卑，」大李表示了同意，可是接著又說，「有時你又把自己看得比別人高，比別人重要。你這是怎麼搞的，我也不明白。」

我後來終於逐漸明白了。因爲我是高高在上地活了四十年，一下子掉在地平線上的，所以總是不服氣、生氣、委屈的慌；又因爲許多事實告訴我，我確實不如人，所以又洩氣、惱恨、自卑和悲哀。總之，架子被打掉了，標尺還留著。

我所以能明白這個道理，是因爲後來發現了不能用我的標尺去衡量的人。在明白這一點之前，在跟大李相處的這段時間中，我只懂得了所長的話，漸漸明白了自己在與別人的關係上，是不平等的，就因爲如此，我才引起別人的反感，得不到別人平等的看待或尊重，總之，問題是在自己身上。而當我親眼看到了那些不可衡量的人，並且得到了他們的恩惠，我就更明白自己是什麼樣的人了。

三、不可衡量的人

一九五六年春節後，有一天所長給我們講完了國內建設情況，向我們宣佈了一項決定：

「你們已經學完了關於第一個五年計劃、農業合作化、手工業和私營工商業的社會主義改造這一系列的文件，你們從報上又看到了幾個大城市私營企業實現了公私合營的新聞，你們得到的關於社會主義建設的知識還僅限於是書本上的。爲了讓理論學習與實際聯繫起來，你們需要看一看祖國社會上的實況，因此政府不久將要組織你們到外面去參觀，先看看撫順，然後再看看別的城市。」

這天管理所裏出現了從來沒有過的愉快氣氛，許多人都感到興奮，還有人把這件事看做是釋放的預兆。而我卻與他們不同，我想這對他們也許是可能的，對我則決無可能。我不但對於釋放不敢奢望，就是對於拋頭露面的參觀，也感到惴惴不安。

這天下午，在花畦邊上，我聽到有人在議論我所擔心的一個問題。

「你們說，老百姓看見咱們，會怎麼樣？」

「我看有政府人員帶著，不會出什麼岔子，不然政府不會讓咱們出去的。」

「我看難說，老百姓萬一激動起來呢？我可看見過，我是小職員出身的。」這是前僞滿興農部大臣老甫說的，他從前做過張作霖軍隊裏的小糧秣官。「老百姓萬一鬧起來，政府該聽誰的呢？」

「放心吧，政府有把握，否則是不會讓我們去的。」

這時我們組新任的學習組長，前僞汪政權的外交官老初走了過來，插嘴道：「我想政府不會宣佈我們的身分，對不對？」

「你以爲不宣佈，人家就不知道？」老元譏笑他，「你以爲東北人不認識你就不要緊了？只要東北老百姓認出一個來，就全明白啦！想認出一個來可不難啊！」

老元的話正說到我心坎上。東北人民從前被迫向「御真影」行禮行了十來年，難道認出我來還費事嗎？

東北人民那樣恨我，政府怎麼就敢相信他們見了我會不激動呢？如果激動起來，會不會向政府要求公審我？老甫問的也對，到那時候「政府聽誰的呢？」

那時，在我心目中，老百姓是最無知的、最粗野的人。我認爲儘管政府和共產黨決定了寬大和改造政策，老百姓卻是不管這一套的；他們懷著仇恨，發作起來，只會用最粗野的手段對付仇人。政府那時是不是有辦法應付，我很懷疑。我認爲最大的可能，是「犧牲」掉我，以「收民心」。

許多人都以歡欣鼓舞的心情迎接這次參觀，我卻終日惴惴不安，好像面臨著的是一場災難。我竟沒有料到，我在參觀中所看到的人，所受到的待遇，完全與我想像的相反。

我在參觀中看到了許多出乎意料的事，我將在下一節中再說，現在我要先說說那幾個最出乎意料的、不可衡量的人物。

第一個是一位普通的青年婦女。她是當年平頂山慘案的倖存者，現在是撫順露天礦托兒所的所長。我們首先參觀的是撫順露天礦。礦方人員介紹礦史時告訴了我們這個慘案。

撫順露天礦大坑的東部，距市中心約四公里，有一座住著一千多戶人家的村鎮，地名叫平頂山。這裏的居民大部分都是窮苦的礦工。日本強盜侵佔了東北，撫順地區和東北各地一樣也出現了抗日義勇軍，平頂山一帶不斷地有抗日軍出沒活動。一九三三年中秋節的夜裏，南滿抗日義勇軍出擊日寇。襲擊撫順礦的一路抗日義勇軍在平頂山和日寇遭遇，擊斃了日寇楊伯堡採炭所長渡邊寬一和十幾名日本守備隊的隊員，燒掉了日寇的倉庫。在天亮以前，抗日義勇軍轉移到新賓一帶去了。

抗日義勇軍走後，日本強盜竟然決定用「通匪」的罪名，向手無寸鐵的平頂山居民實行報復。第二天，日本守備隊六個小隊包圍了平頂山，一百九十多名兇手和一些漢奸，端著上了刺刀的步槍，挨門挨戶把人們趕出來，全村的男女老幼，一個不留全被趕到村外的山坡上。等全村三千多人全聚齊了，日寇汽車上蒙著黑布的六挺機槍全露了出來，向人群進行了掃射。三千多人，大人和孩子，男人和女人，生病的老人和懷孕的婦女，全倒在血泊裏了。強盜兇手還不甘心，又重新挨個用刺刀扎了一遍，有的用皮鞋把沒斷氣的人的腸子都踢出來，有的用刺刀劃開孕婦的肚子，挑出未出生的嬰兒舉著喊：「這是小小的大刀匪！」

野獸們屠殺之後，害怕人民的報復，企圖掩屍滅跡，用汽油將六七百棟房子全燒光，用大炮轟崩山土，壓蓋屍體，又用刺網封鎖了四周，不准外村人通過。以後還向周圍各村嚴厲宣佈，誰收留從平頂山逃出去的人，誰全家就要替死。那天白天煙塵籠罩了平頂山，夜裏火光映紅了半邊天。從此平頂山變成了一座屍骨堆積的荒山。以後，撫順周圍地區流傳著一首悲痛的歌謠：

當年平頂山人煙茂，

一場血洗遍地生野草，
揀起一塊磚頭，
拾起一根人骨，
日寇殺死我們的父母和同胞，
血海深化永難消！

但是日本強盜殺不絕英雄的平頂山人，也嚇不倒英雄的撫順工人。一個名叫方素榮的五歲小女孩，從血泊裏逃出來，被一個殘廢的老礦工秘密收留下。她活下來了，今天她是血的歷史見證人。

我們後來看完了礦場，輪到參觀礦上福利事業的時候，便到方素榮工作的托兒所去訪問。這天方所長有事到瀋陽去了，所裏的工作人員向我們談了昨天日本戰犯跟方素榮見面的情形。

日本戰犯來參觀托兒所，所裏的工作人員說：「對不起，我們沒讓所長接待你們，因爲她是平頂山人，我們不願意讓她受到刺激。」日本戰犯差不多都知道平頂山事件，他們聽了這話，一時面面相覷，不知如何是好。後來，他們商議了一下，認爲應當向這位受到日本帝國主義者災難的人表示謝罪，懇求她出來見一見他們。女工作人員很不願意，但經他們再三懇求，終於把方所長請來了。

日本戰犯們全體向她鞠躬表示謝罪之後，請求她把當時的經歷講一講。方素榮答應了。

「我到現在還記得清清楚楚，」她說，「前前後後都是街坊，爺爺領著我，媽媽抱著我兄弟——他還不會說話。鬼子兵跟漢奸吆喝著說去照相。我問爺爺，照相是什麼，爺爺給了我一個剛做好的風車，說別問了，別問了……」

五歲的方素榮就是這樣隨了全村的人，同做高粱稈風車的爺爺、守寡的媽媽和不會說話的兄弟，到刑場去的。機槍響了的時候，爺爺把她壓在身子底下，她還沒哭出聲便昏了過去。等她醒過來，四周都是血腥，塵煙迷漫在上空，遮掩了天空的星斗。……

八處槍彈和刺刀的創傷使她疼痛難忍，但是更難忍的是恐怖。爺爺已經不說話了，媽媽和兄弟也不見了。她從屍體堆裏爬出來，爬向自己的村子，那裏只有餘燼和煙塵。她連跑帶爬，爬出一道刺網，在高粱茬地邊用手蒙住臉趴在地上發抖。一個老爺爺把她抱起來，裏在破襖裏，她又昏睡過去。

老爺爺是一個老礦工，在撫順經歷了「來到千金寨，就把鋪蓋賣，新的換舊的，舊的換麻袋」的生活，在礦裏被鬼子壓榨了一生，弄成殘廢，又被一腳踢出去，晚年只得靠賣煙捲混飯吃。他把方素榮悄悄地帶到單身工人住的大房子，放在一個破麻袋裏。這個大房子裏二百多人睡在一起，老爺爺占著地頭一個角落，麻袋就放在這裏，白天紮著口，像所有的流浪漢的破爛包似的，沒人察覺，到晚上人們都睡下的時候，他偷偷打開麻袋口，餵小姑娘吃喝。但這終不是長久之計，老爺爺問出她舅舅的地址，裝出搬家的模樣，挑起麻袋和煙卷箱子，混過鬼子的封鎖口，把她送到不遠一個屯子上的舅舅家裏。舅舅不敢把她放在家裏，只好藏在野外的草堆裏，每天夜裏給她送吃喝，給她調理傷口。這樣熬到快要下雪的時候，才又把她送到更遠的一個屯子的親戚家裏，改名換姓地活下來。

從心靈到肌膚，無處不是創傷的方素榮，懷著異常的仇恨盼到了日本鬼子投降，但是撫順的日本守備隊換上了國民黨的保安團，日本豢養的漢奸換上了五子登科的劫收大員，大大小小的騎在人民頭上的貪官汙吏。流浪還是流浪，創傷還是創傷，仇恨還是仇恨。舊的血債未清，新的怨仇又寫在撫順人民的心上。爲了對付人民的反抗，蔣介石軍隊在這個地區承繼了日本強盜的「三光政策」，災難重臨了方素榮的家鄉。方素榮又煎熬了四個年頭，終於等到了這一天，她的家鄉解放了，她的生命開始見到了陽光。黨和人民政府找到了她，她得到了撫養，受到了教育，參加了工作，有了家庭，有了孩子。現在她是撫順市的一名勞動模範。

今天，這個在仇恨和淚水中長大的，背後有個強大政權的人，面對著一群對中國人犯下滔天罪行的日本戰犯，她是怎樣對待他們的呢？

「憑我的冤仇，我今天見了你們這些罪犯，一口咬死也不解恨。可是，」她是這樣說的，「我是一個共產黨員，現在對我更重要的是我們的社會主義事業，是改造世界的偉大事業，不是我個人的恩仇利害。爲了這個事業，我們黨制定了各項政策，我相信它，我執行它，爲了這個事業的利益，我可以永遠不提我個人的冤仇。」

她表示的是寬恕！

這是使幾百名日本戰犯頓時變成目瞪口呆的寬恕，這是使他們流下羞愧悔恨眼淚的寬恕。他們激動地哭泣著，在她面前跪倒，要求中國政府給他們懲罰，因爲這種寬恕不是一般的寬恕。

一個普通的青年婦女，能有如此巨大的氣度，這實在是難以想像的。然而，我親身遇到了還有更難以想像的事。假定說，方素榮由於是個共產黨員、工作幹部，她的職務讓她必須如此（這本來就是夠難於理解的），那麼台山堡農村的普通農民，又是由於什麼呢？

台山堡是撫順郊區一個農業社的所在地。第二天早晨，在去這個農業社的路上，我心中一直七上八下，想著檢舉材料上那些農民的控訴，想像著懷著深仇的農民將如何對待我。我肯定方素榮對戰犯所做到的事，「無知」而「粗野」的農民是決做不到的。

昨天在撫順礦區曾遇到一些工人和工人家屬，對我們沒有什麼「粗野」的舉動，甚至於當我們走進一幢大樓，參觀工人宿舍時，還有一位老太太像待客人似地想把我讓進地板擦得甑亮的屋子。我當時想，這是因爲你不知道我們的身分，如果知道了的話，這些文明禮貌就全不會有了。

昨天參觀工人養老院時，所方讓我們分頭訪問老人們。這都是當了一輩子礦工或者因工傷殘廢被日本人從礦裏踢了出來的人，他們無依無靠，流浪街頭，支持到撫順解放時，只剩了一口氣。人民政府一成立，就搶救了他們，用從前日本人的豪華旅店改做這個養老院，讓他們安度晚年。他們每天下棋、養花、看報，按自己的興趣進行各項文娛活動。

我和幾個夥伴訪問的這位老人，向我們談了他一生的遭遇，那等於一篇充滿血淚和仇恨的控訴書。聽他說的僞滿政權下礦工們的苦難，我一面感到羞恥，一面感到害怕。我生怕他把我認了出來，因此一直躲在角落裏，不敢出聲。

我當時曾注意到，老人的這間小屋的牆上，沒有工人宿舍裏的那些男女老少的照片，只有一張毛主席的像。顯然，老人在世上沒有一個親人，即使有，也不會比這張相片上的人對他更親。但是毛主席的改造罪犯的政策，在他心裏能通得過嗎？至少他不會同意寬大那些漢奸吧？

在第一天的參觀中，每逢遇到人多的地方，我總是盡量低著頭。我發現並非是我一人如此，整個的參觀行列中，沒有一名犯人是敢大聲出氣的。在撫順曾督工修造日本神廟的大下巴，更是面如死灰，始終擠到行列中心，盡量藏在別人身後。

我們到達台山堡的時候，簡直沒有一個人敢抬起臉來的。我們就是這樣不安地聽了農業社主任給我們講的農業社的歷史與現況，然後，又隨著他看了新式農具、養雞場、蔬菜暖房、牲口棚、倉庫等處。

我們一路上看到的人不多，許多社員都在田間勞動。在參觀的幾處地方遇到的人，態度都很和善，有的人還放下手中的活，站起來向我們打招呼。我慶幸著人們都沒把我認出來，心裏祝願能永遠如此。但是到最後，當我訪問一家社員時，我就再也無法隱藏我自己了。

我同幾個夥伴訪問的這家姓劉，一共五口人，老夫婦倆參加農業勞動，大兒子是暖窖的記賬員，二兒子讀中學，女兒在水電站工作。我們去的時候只有劉大娘一個人在家。她正在做飯，看見社幹部領著我們進來，忙著解下圍裙，把我們讓進了新洋灰頂的北房。她像對待真正的客人似的，按東北的風俗讓我們進了裏間，坐上炕頭。我坐在炕邊上，緊靠著西牆根一個躺櫃，櫃面上擺著帶有玻璃罩的馬蹄錶，擦得晶亮的茶具，對稱排列的瓷花瓶和茶葉缸。

陪我們來的一位社幹部沒有告訴劉大娘我們是什麼人，只是對她說：「這幾位是來參觀的，看看咱們社員的生活，你給說說吧！」

劉大娘不擅長詞令，但是從她斷續而零散的回憶中，我還是聽出了這個早先種著七畝地的七口之家，在僞滿過的原是像乞丐一樣的生活。

「種的是稻子，吃的卻是橡子麵，家裏查出一粒大米就是『經濟犯』，稻子全出了荷。聽說街上有個人，犯病吐出的東西裏有大米，叫警察抓去了。……一家人穿的邋里邋遢。可還有不如咱家的，大姑娘披麻袋。有一年過年，孩子肚子裏沒食，凍的別提，老頭子說，咱偷著吃一回大米飯吧，得，半夜警察進屯子啦，一家人嚇得像啥似的。原來是抓差，叫去砍樹、挖圍子，說是防鬍子，什麼鬍子，還不是怕咱們抗日聯軍！老頭子抓去了。這屯子出勞工就沒幾個能活著回來的。……」

正說著，她的兒子回來了。他的個子很小，仔細一看，才知道他的腿很短，原是個先天殘廢的人。他回答了我們不少問題，談到過去，這個青年在舊社會裏，先天的殘廢使他就像一隻狗似地活著，如今他卻做了暖窖的記賬員，像別人一樣尊嚴地工作著。我從這不到三十歲的人的眼睛裏，看到了對過去生活的仇恨和憤怒。但是，當話題一轉到今天的生活，他和母親一樣，眼神和聲調裏充滿了愉快和自信。

他和母親不同的地方，是談家裏的事比較少，而談起了社裏的暖房蔬菜的生產，則是如數家珍。這個社的蔬菜，主要是供應市區需要，不分四季，全年供應；蔬菜品種大部分是解放前沒有的。當他歷數著西紅柿、大青椒等等品種的產量時，他母親攔過了話頭，說他們這一家從前不用說沒見過西紅柿，就連普通的大白菜也難得吃到。

由蔬菜又談到從前吃糠咽菜的生活，劉大娘順手拉開屋角的一隻甕蓋，讓我們看看裏面的大米。這時兒子不禁笑起來，說：「大米有什麼可看的？」她立刻反駁道：「現在沒什麼可看的，可是你在康德那年頭看見過幾回？」

劉大娘的這句話，沉重地打在我的心上。

我剛走進這家人的房門時，還擔心著是不是會有人問起我的姓名，而現在，我覺得如果在跨出這個房門之前再不說出自己的姓名，那簡直是不可饒恕的欺騙。

我站立起來，向著劉大娘低頭說：

「您說的那個康德，就是僞滿的漢奸皇帝溥儀，就是我。我向您請罪。……」

我的話音未完，同來的幾個僞大臣和僞將官都立起來了。

「我是那個抓勞工的僞勤勞部大臣……」

「我是搞糧穀出荷的興農部大臣……」

「我是給鬼子抓國兵的僞軍管區司令……」

……

那老大娘呆住了。顯然這是出乎她意料的事。即使她知道來參觀的是漢奸犯，也未必料到我們的姓名和具體的身分，即使她知道我的姓名、身分，也未必料到會向她請罪，請她發落。

她怎樣發落？痛罵吧？痛哭吧？或者走出去，把鄰居們都叫來，把過去的死難者的家屬都找來，共同地發洩一番怒氣吧？

不。她歎息了一聲。這是把凝結起來的空氣和我的心臟融化開來的歎息：

「事情都過去了，不用再說了吧！」她擦擦眼淚，「只要你們肯學好，聽毛主席的話，做個正經人就行了！」

原來我們是默默地垂淚，聽了這句話，都放聲哭出來了。

「我知道你們是什麼人。」半晌沒說話的兒子說，「毛主席說，大多數罪犯都能改造過來。他老人家的話是不會錯的。你們好好改造認罪，老百姓可以原諒你們！」

這兩個普普通通的農民，被我想像成「粗野的、無知的、容易激動地發洩仇恨而又根本不管什麼改造和寬大」的農民，就是這樣地寬恕了我們！

這是如此偉大的、不可能用我的標尺加以衡量的人。

我用最卑鄙、最可恥的壞心去揣度他們，而他們卻用那麼偉大、那麼高貴的善心對待我們。

他們是今天當家做主的人，強大的政府和軍隊——共產黨所領導的巨大力量全部站在他們身後，他們面前是對他們犯了滔天罪行的罪犯，而他們卻給了寬恕！

他們爲什麼那樣相信黨和毛主席？他們怎麼能把黨的改造罪犯政策從心底上接受下來呢？而共產黨和人民政府爲什麼那樣相信人民，相信他們一定會接受它的政策？

這一次的參觀也給了我答案。

四、變化說明了一切

三天參觀結束歸來時的情緒，和第一天出發時正是一個強烈的對比。興奮的談論代替了抑鬱的沉默。一進監房就開始談論，吃飯時談，開小組會時談，開完會還是談，第二天也是談，談的全是參觀。從各號的議論裏可以不斷聽到的是這句話：

「變了！社會全變了，中國人全變了！」

這真是一句最有概括力的話。「變了！」這本是幾年來我們從報上，從所方的講話，以及從通信中常常接觸到的事實，但是有些飽經世故者越是間接知道得多，越是想直接地核對一下，我們組裏的老元就是這樣的人。這回，他也服了。

這天晚上，我們談到工人保健食堂的蛋糕，那是我們親自嘗過的，談到工人的伙食，那是我們親眼看到了的，說到工人宿舍的瓦斯灶，有人說可惜只看見燒水，沒看見做的是什麼飯，這時候老元接口道：「我倒看了一下。」

大家先很驚異，他是和別人一起走的，怎麼他會看見？經他一說才明白，原來別人注意工人宿舍裏的陳設，他卻走到屋子後面，看了人家的垃圾箱。他發現了那裏面有魚骨頭、雞蛋皮以及其他東西。

做過東北軍小糧秣官的「興農部大臣」老甫，平常話很少，今天他也顯得比平常活躍了，他說：「不但在偽滿，工人家裏找不出魚肉來，就是『九一八』以前也不多見。我可是小職員出身的……」

從小被日本人培養起來的老正，坦率地說出了心裏話：「我以前看報紙、學文件，有時信，有時就懷疑，我總想，什麼東北工業基地，還不是日本人給留下的？這回看見了工業學校附屬的工廠，把日本老皮帶式的車床擠到一邊，到處都是國產的嶄新設備，我才相信真是中國人翻了身。這真是變了！」

變了！——這句話引起我的共鳴，我另有自己的感受。

我受到了人民的寬恕，由於過分出乎意料，這三天參觀當中老是想著：這是真的嗎？

他們受了漢奸那麼多的罪，竟肯拉倒了嗎？他們相信毛主席的改造罪犯的政策，竟是到了這種程度嗎？這是什麼原因？

方素榮和台山堡的過去和今天，也是東北人民的過去和今天。標誌著這種由悲苦到歡樂的變化的，在撫順到處都可以遇到。

平頂山上的烈士碑和新生的叢林，露天礦四周殘留火區的塵煙和新建的電氣火車軌道，地下礦一百五十多公里巷道中的每根舊坑木和每段新砌的混凝土頂壁，露天礦舊址上「臭油房」的殘跡和人民政府新建的工人宿舍大樓，以及市區裏用日本高級旅館改造的工人養老院，用日本高級員司宿舍改造的托兒所，還有各礦場新建的保健食堂、太陽燈室，等等。

總之，每條街道、每座建築、每台機器、每串數目字以至每塊石頭，都向我訴說著過去的血淚和今天的幸福，都告訴我這裏經歷了怎樣的天翻地覆的變化。一切都讓我思索著，劉大娘爲什麼要說「過去的讓它過去」？那個殘廢青年爲什麼會說他相信我們能改造？……

變化說明了一切。

變了！——這句話裏包含著撫順礦工過去多少血淚！

撫順，這個過去聞名於關內的千金寨（現在露天礦礦址），在大半個世紀之前，關內就有一首歌謠形容它的富饒：「都說關外好，千里沒荒草，頭上另有天，金銀挖不了。」但是從一九〇一年開採以來，挖出來的「金銀」就不是礦工的，對礦工來說，是另一首歌謠裏的生活：「一到千金寨，就把舖蓋賣，新的換舊的，舊的換麻袋。」一九〇五年帝俄在遼東失敗，這地方就成了日本人的囊中物。在整整四十年的歲月中，撫順礦工被折磨死的據估計有二十五萬至三十萬人。

從山東、河北被騙來的和東北當地破產的農民，每年成批地來到撫順礦區，大多數是住在一二百人一間的「大房子」裏，無論春夏秋冬只有一身破爛，每天十二小時以上的勞動，得到的有限的工資還得由大櫃、把頭剝幾層。礦工說：「鬼子吃咱肉，把頭啃骨頭，腿子橫著走，工人難抬頭。」

有家室的工人住在「臭油房」裏，過著少吃無穿的生活。有的孩子生下來，光著身子長到幾歲；餓死了，還是光著身子埋掉。

更多的人是結不起婚，龍鳳礦在解放前百分之七十的人是單身漢。

礦井裏談不上安全設備。爆炸、冒頂、片幫是常事。工人說：「要想吃煤飯，就得拿命換。」一九一七年，有一次大山坑發生瓦斯爆炸，日本人爲了減少煤炭損失，把坑口封閉，九百一十七個礦工被活活燒死在裏面。一九二三年，老萬坑內發火，又因同樣的措施有六十九個工人死在裏面。一九二八年大山坑透水，淹死工人四百八十二名。

僞滿政權做過統計：一九一六至一九四四年，傷亡人數共計二十五萬一千九百九十九名。

每次事故發生，礦工家屬從四面八方湧向井邊，哭聲震野……

礦工被炸死的、燒死的、凍死的、餓死的、病死的，除了在井裏埋在煤堆和泥沙裏的，全被扔到一個叫南花園的地方的北面山溝裏。這個山溝早被死人塡滿了，因此有了一個「萬人坑」的名稱。

日本人給工人們除了皮鞭、臭油房之外，還弄了一個叫「歡樂園」的地方，那裏有上千名妓女，有賭場，有鴉片館和嗎啡館，還有老君廟。

撫順不僅有日本人的華麗的住宅、高聳入雲的捲揚塔，還有老君廟旁成堆的乞丐、楊柏河旁和臭水溝裏的死貓和死嬰。冬天，天天有新屍體出現在楊柏橋下，——這裏是被剝奪得無路可走的失業工人過宿的地方，它的外號叫「大官旅館」。今夜在這裏睡下的人，明早也許就是一具新的「路倒」。

僞滿時期，撫順增添了一個機構：矯正輔導院。這是「反滿抗日」的礦工的集中營，進去的人在毒打之後，就在刺刀、機槍、警犬包圍下從事奴隸勞動。他們像牲畜一樣住在一起，冬天常有人凍死在炕上。

「變了！」這句話又包含著多少翻天覆地的事件！多少令人激動的歡樂！

在露天礦，有日本人在三十一年間給工人建築的三千五百平方米的臭油房的遺跡，也有解放後七年間新建的十七萬平方米的宿舍大樓。

第三天參觀龍鳳礦，我看見了工人宿舍裏面的工人家庭的住室。這家也許就是從前那百分之七十裏的一個。牆上的雙影照片上，那個中年男人拘謹地微笑著，大概他就是解放後已婚的百分之八十中的一個吧？

在這個家庭的廚房裏，我看見了瓦斯灶的藍色的火苗……

這個給人以安定、溫暖感覺的火苗，它原先是多麼令人恐怖，它曾毀滅了多少家庭，叫多少妻子哭斷肝腸呵！它今天給了人們溫暖和幸福，但人們談起那次征服瓦斯的鬥爭，人們心中的溫暖和幸福，更是無比巨大的！

我們走在空氣新鮮的、略覺微風迎面的龍鳳礦的巷道裏，在一望無際的日光燈照明之下，礦辦公室王主任一邊走著一邊給我們講了下面這個動人心弦的故事。

瓦斯，這一直是各國採煤史中的最凶惡的敵人，已不知有多少礦工的生命被它奪去。龍鳳、勝利、老虎台三礦都是超級瓦斯礦。解放初期，三個礦井仍處在瓦斯的嚴重的威脅之中，尤其是龍鳳礦，被日本鬼子和國民黨先後破壞，井下巷道大部崩坍堵塞，窩滿了濃烈的瓦斯，以致採煤都不敢用爆破和電動設備。礦區當局爲迅速消除瓦斯威脅，保證生產安全，採取了各種措施，依靠有經驗的老工人對瓦斯進行了不懈的鬥爭，取得了初步的勝利，曾使採煤每噸的瓦斯噴出量由六十四·八立米降到三十六立米。後來，在礦區當局工人們不斷努力和鬥爭的情況下，又出現了新的奇蹟。

一九四九年秋天，東北工業部門掀起了一個熱火朝天的新紀錄運動，原龍鳳礦的一位工程師向黨委提出一項在舊時代根本沒有人理睬、而工人們多少年來夢想過的理想，這個具有科學根據的理想是：開闢井下瓦斯巷道，根據瓦斯比空氣輕、能透過煤層上升的原理，使煤層中的大量瓦斯自動聚在巷道裏，然後用鐵管引到地面上來，這樣既可以把瓦斯用於福利，也為解決瓦斯為害問題找出了一條道路。

這個建議立刻得到礦區黨委的重視，黨相信這個建議，並且給工程師以最大的鼓勵和支持。這個理想也引起了工人們，特別是老工人們和工人家屬的熱烈支持，有經驗的老工人紛紛表示要為實現這理想貢獻自己的全部力量。於是在黨委組織下，這位工程師和一批勇敢的工人們進行了偉大的試驗。

工人黨員們走在戰鬥的最前面，在濃厚的瓦斯巷道裏夜以繼日地奮戰著。起初，他們遇到了不少的困難，受到過多次濃烈瓦斯的包圍，也受到過膽怯和保守的議論冷風的吹襲，但一個個困難都被克服了，終於在一九五〇年七月一日前夕完成了試驗工程。

「七一」進行試驗那天，在瓦斯出口管周圍附近，自動集聚了越來越多的工人家屬和歇班工人，也來了無數的機關幹部和上學的孩子們，人們都要親眼看著自己的夢想如何變成現實。當一根火柴在管口燃起了猛烈的藍色火苗時，歡呼聲響遍了礦區，震動了礦山。人們向工程師和勇敢的工人祝賀。後來，他們的眼睛從藍色的火焰上移開，都不約而同地集中到捲揚塔上光芒四射的紅星上了[1]。此時老工人和老大娘們個個淚流滿面，年輕的工人高呼著：「我們又勝利了！」

這個故事立刻讓我想起，我在撫順工人養老院看見的那位殘廢的老人。這是一次瓦斯爆炸中的倖免者。他逃脫了死亡，但是逃不脫因殘廢被趕出礦山的厄運。他過著乞討生活，一直到解放；他幾次幾乎變成楊柏橋下的「路倒」。老人辛苦一生，沒有結過婚，世上沒有一個親人。在他的床頭上方，這個照例是放置親人照片的地方，老人也有一個用精緻的鏡框鑲起的照片，這也是他的房間裏唯一的一張照片：毛主席。

這個故事立刻讓我想起，上午在一個幼兒院裏，繫著雪白小圍巾的孩子揮動著小胖手唱的歌曲：「沒有共產黨，就沒有新中國……」

從這些聯想中，使我從老人和孩子那裏得到了一個統一的回答。我明白了爲什麼劉大娘要說過去的讓它過去，我明白了爲什麼她的兒子會相信我們可以改造……

我們隨著王主任在巷道裏繼續前進著。在一個拐角的地方出現了一個燈光耀眼的小賣部——裏面有水果點心，毛巾手絹，木梳香皂——王主任在這裏停下來，指著小賣部說：

「在僞滿時，從這裏起是一條長長的臭水溝。溝裏溝外到處有老鼠跑，可是誰也不敢碰它，因爲那時很多工人很迷信，說它是老君爺的馬。工人們都是混過今天不知能不能混過明天的人，因此，有的爲了求平安，就敬信了老君爺。那時我們是又受鬼子的氣，又受二把頭的氣，還要受老鼠的氣。現在當然誰家也沒老君爺了，把老君爺扔了，家家掛上毛主席像了。」

他指著混凝土的乾淨平整的地面繼續說：「那時到處是水，淺處也有一尺左右。工人一下井，就得光腳蹚水走。在『掌子』裏，工人渾身都不穿一點衣服，精光光的。坑下又悶又熱，再說只有一身破爛，爛掉了也沒人給你添。」

我們繼續向前走，走到電車道旁，載運著發光的煤塊的列車開過去了，穿著深藍色工作服的司機和王主任笑著打個招呼，駛過去了。王主任繼續說：

「那時候有電車走的道，沒人走的道。電車在這個地方就常撞死人。不過比起爆炸死人，那又不算什麼了。礦工過去有句話：說自己是『四塊石頭夾一塊肉』。在井下幹了十幾個鐘頭回到井上來，就算這一天又混過來了。在井口外面，天天下工時候有一群女人孩子等著，要是等不到自己的人，那就是完了。連屍首都不一定找到，不是壓在石頭底下，就是叫水沙埋了。在這裏，」他停下了，指著路邊說：「我親自看見在這裏壓死了四個人。我十四歲就下井，自己也說不清跟閻王老子打了多少次交道。」

我這才知道這位精通業務的年輕主任原是礦工出身。他是個爽朗、活潑的人，他最後那句話是笑著說的。我決沒料到站在我們面前的這個愛笑的人，過去的經歷是那樣悲慘，簡直難以想像他是怎麼熬過來的。爲了生活，當年，這個十四歲的少年每天要幹十幾個鐘頭的活，有了病，不敢躺下，因爲怕被看做有傳染病隔離起來。

工人們住的大房子，冬天沒有火，大多數人沒鋪沒蓋，有條痳袋算好的，吃的也不夠，每天每人只有八個蜂窩似的窩窩頭，因此，傳染病是極容易發生的。一九四二年，這裏發生的一場流行病，工人們到今天提起來還是餘悸未定。

可怕的不是疫病，而是日本人的毒手，日本人曾把發生疫情的工人住宅區用層層刺網封鎖起來，不准外出求醫，然後又逐家檢查，如果誰家有病不報告，日本鬼子就把大門釘起來，把人封鎖在裏頭。如果有病報告了，又不管什麼病一律塡個霍亂，送進隔離所。人一進了隔離所就不用想出來，外面有電網圍著，洋狗看守著，每人每頓一碗粥，有的半死不活，就送到煉人爐裏燒死，或者和死人一起扔到萬人坑裏。

「剛才你們看見的煤車上的那個工人，」王主任臉上的笑容消失了，「他叫邢福山，他的父親就是被活埋的一個。」

我們慢慢走著，巷道裏有輕風迎面拂來，這是清新的溫暖的氣流，但我的心被過去的事凍結住了。

經過一陣短暫的沉默，王主任繼續說：「從前這裏的空氣是混濁的，不幹活也可以把人悶出病來。有一回我剛從井裏上來，悶得要死，有了病了，二把頭非叫我再下去不行，我不去，他舉起皮鞭打我。我在大房子裏最小，大夥全疼我，有人過來要和二把頭拚命，那小子一看就嚇跑了。日本鬼子和二把頭最怕的是特殊工人——這是鬼子送給被俘的八路軍戰俘的名稱，鬼子把他們押到礦上做工，這些戰士對鬼子不買賬，誰凶他們在井底下就揍誰，揍死了就埋在裏面。

「他們暴動了好多次，鬼子只好讓步，給他們吃好一點，客氣一點。鬼子和二把頭怕普通工人受到特殊工人的影響，總設法隔離開，可是我們也知道了他們的鬥爭，也就摸透了鬼子和二把頭的底，所以二把頭只好扔下鞭子跑了，倒真像臭溝裏的老鼠一樣。從那天起，我就看透這些人日子長不了……」

這個當初生活在爆炸、冒頂和二把頭皮鞭下的少年，他怎麼熬過來的，我明白了，而且我的問題又一次得到了回答。在他身上有多麼強烈的自信！當初他在那樣艱難的朝不保夕的生活中，就已經看透了鬼子和二把頭的底細，而我在那時是什麼樣子呢？是已吃膩了葷腥，丟盡了尊嚴，天天打針吃藥，內心充滿了末日的情緒。這和當初的這個少年的心情是多麼強烈的對照！在那樣的日子裏，他就把我們這類人看成了老鼠，微不足道，在今天又是怎樣呢？

我想起了試驗瓦斯勝利的那個故事，想起故事裏的老年工人和家屬們的眼淚，想起故事裏的青年工人高呼的那句話：「我們又勝利了！」這句話裏充滿了多大的自豪和自信！在他們的眼裏，社會、人類、自然，一切奧秘都是可以揭穿的，一切都是可以改造的！一個皇帝又算得了什麼？未來是他們的！這是爲什麼方素榮、劉大娘和他的兒子所以能寬恕我的又一個原因。

一切都變了！變化是反映在任何事物上的。從平頂山上的新生的叢林到礦山上的每塊石頭，都有了變化。變化也反映在我們所看到的各種人身上：養老院裏正展開比健康、比長壽的老人是變化，工人宿舍的瓦斯灶和結婚照片是變化，年輕的王主任也是一個變化……一切變化中最根本的，是人的變化。

說明這一切變化發生的原因的，是老人床頭的照片，是幼兒院孩子們唱的歌，是龍鳳礦捲揚塔上的那顆星……

在那顆紅星下發生了這一切——偉大的胸懷，對領袖的無限信仰，看透了一切的自信。有了這一切，才有了那個聲出如雷鳴，耀眼如閃電的寬恕。

五、會見親屬

人民可以寬恕，問題在於自己能否「做個正經人」——我從這次參觀中明白了這個道理，並且還不只是這一個道理。從前，就是在開始參觀的那天，我還用舊的眼光看待今天的政府同群眾的關係，認爲任何政府同人民之間都沒有書上所說的那種一致、那樣互相信賴。我總以爲共產黨之所以有那樣強大的軍隊和有力的政府，是由於「手段」高明和善於「籠絡人心」的結果。我所以擔心在群眾激憤時會犧牲了我，就是由於這種看法。

現在我明白了，人民所以擁護黨，相信黨，實在是由於共產黨給人民做了無數好事，這些好事是歷史上任何朝代都不可能也不肯於去做的。爲礦工——從前被稱做「煤黑子」的——做出營養設計，爲礦工的安全拿出整個黨組織的精力向瓦斯宣戰，讓「大官旅館」的命運變成下棋、賞花的晚景，讓百分之八十的單身漢從「大房子」搬進新房，讓存在了若干世紀的妓院、賭館、鴉片館從社會上消失……在過去，哪個政府能夠和肯於去做這些事呢？

從前，我有時還這樣想：也許在新社會裏只有窮人得到好處，那些有錢的人，舊社會裏有點地位的人，跟我們這類人有瓜葛的人，以及漢族之外的少數民族，恐怕都說不上滿意。參觀後不久，我親眼看到了我的親屬，我才明白了這還是過時了的舊眼光。原來滿意這個新社會的，在新社會裏找到自己前途出路的，竟包括了那麼廣泛的階層，實在是歷史上空前的。

我們跟親屬之間的通信，從一九五五年夏天就開始了。人們從家信裏知道了親屬並未因自己是罪犯而受到歧視，知道了子女們有的在上學，有的在工作，有的成了專家，有的參加了共青團，甚至還有的加入了共產黨。許多人從家信上受到了很大鼓舞，進一步覺出了社會變化對自己的意義。

但是也還有某些多疑的人仍然疑信參半，甚至於還有人全憑偏見而加以穿鑿附會、妄加曲解。

前僞滿將官老張，接到兒子第一次來信。這封信頭一句是這樣寫的：「張先生：對不住，我只能這樣稱呼你，不能用別的……」

老張看完信大爲悲慟，幾乎得了精神病。許多人都爲他不平，有人暗地裏說：「這不是新社會教育出來的青年嗎？新社會裏父親坐牢，兒子就不要他了。」

我不由得想起陳寶琛說過的「共產黨無情無義」之類的話。跟溥傑同組的前僞滿將官老劉，向來對新社會什麼都不相信。他非常想念自己的女兒，很怕她受到社會上的歧視。

女兒來信告訴他，她的生活很好，入了團，得到組織的關懷，有許多好朋友，她現在夙願得償，國家已按她的升學第一志願分配她到藝術學院。他看了信，搖晃著滿頭白髮說：「說得千真萬確，不叫我親眼看一看我還是不相信。」這些問題，從一九五六年起，都得到了解決，而在我看來，解決的還不只是一家一戶的問題，而是整個民族，整個下一代的問題。

三月十日，即參觀後的第三天，看守員通知我和溥傑，還有三妹夫、五妹夫和三個侄子，一齊到所長那裏去。我們走進了所長的接待室，在這裏出乎意料地看見了別離了十多年的七叔載濤和三妹五妹。

看著健壯如昔的胞叔和穿著棉制服的妹妹們，我好像走進了夢境。

載濤是我的嫡親長輩中僅存的一個人。在一九五四年選舉中，他作爲二百多萬滿族的代表被選入全國人民代表大會。他同時是人民政協全國委員會的委員。他告訴我，在來看我的前幾天，在全國人民代表大會第二次會議上，他看見了毛主席。周恩來總理把他介紹給主席，說這是載濤先生，溥儀的叔叔。主席和他握過手，說：聽說溥儀學習的還不錯，你可以去看看他們……

七叔說到這裏，顫抖的語音淹沒在哽咽聲中，我的眼淚早已無法止住了。一家人都抹著淚，瑞侄竟至哭出了聲音……

從這次和家族會見中，我明白了不但是我自己得到了挽救，我們整個的滿族和滿族中的愛新覺羅氏族也得到了挽救。

七叔告訴我，解放前滿族人口登記是八萬人，而今天是這個數目的三十倍。我是明白這個數目變化的意義的。我知道辛亥革命之後，在北洋政府和國民黨統治下的旗人是什麼處境。那時滿族人如果不冒稱漢族，找職業都很困難。從那時起，愛新覺羅的子孫紛紛姓了金、趙、羅，我父親在天津的家，就姓了金。解放後，承認自己是少數民族的一年比一年多。憲法公佈之後，滿族全都登記了，於是才有了二百四十萬這個連滿族人自己也出乎意外的數目。

我還記得發生「東陵事件」時的悲憤心情，還記得向祖宗靈牌發過的報仇誓願。我這個自認的佛庫倫後裔和復興滿族的代表人，對自己的種族步步走向消亡的命運，我不但未曾加以扭轉，而且只能加速著這種命運的到來。只是在聲稱扶持滿族的日本人和我這個以恢復祖業爲天職的集團垮台之後，滿族和愛新覺羅氏的後人才有了可靠的前途。由八萬變成二百四十萬，這就是一個證據！

這個歷史性的變化，包含有愛新覺羅的後人，包含有過去的「濤貝勒」和過去的「三格格」、「五格格」。

七叔這年是六十九歲，身體健壯，精神旺盛，幾乎使我看不出他有什麼老態來。我甚至覺得他和我說話的習慣都沒有變。解放以後，他以將近古稀之年參加了解放軍的馬政工作，興致勃勃地在西北高原上工作了一段時間。在談到這些活動的時候，他的臉上露出了愉快之色。他又告訴我，他正打算到外地去視察少數民族的工作，以盡他的人大代表的責任。提到這些，他臉上更發出了光彩。

在那數目降到八萬的時候，哪個滿族的老人的臉上能發出光彩來呢？解放軍剛剛進入北京城的時候，有許多滿族的遺老是不安的，特別是愛新覺羅氏的後人，看了約法八章之後還是惴惴然，惶惶然。住在北京的這些老人，大多不曾在「滿洲國」和汪精衛政府當過「新貴」，但也有人並非能夠忘掉自己「天潢貴胄」的身分，放棄掉對我的迷信，所以在我當了囚犯之後，他們比舊時代更感到不安，加上每況愈下的滿族人口的凋落和自身景況的潦倒，他們的生活是黯淡無光的，對解放軍是不曾抱什麼「幻想」的。

最先出乎他們意料的，是聽到東北人民政府給滿族子弟專門辦了學校，後來又看見有滿族代表也走進了懷仁堂，和各界人士一同坐在全國人民政治協商會議的會場上，參加了共同綱領的討論。接著，他們中間不少人的家裏來了人民政府的幹部，向他們訪問，邀請他們做地方政協的代表，請他們為滿族也為他們自己表示意見，請他們為新社會的建設提供自己的才能。

在北京，我曾祖父（道光帝）的後人以及惇親王、恭親王和醇親王這三支的子弟，溥字輩的除了七叔家的幾個弟弟比較年輕之外，其餘都已是六十以上的老人。我的堂兄溥伒（字雪齋，惇親王奕誴之孫、多羅貝勒載瀛之子），擅長繪畫、書法和古琴，這時已六十多歲，他沒想到又能從牆上摘下原已面臨絕響厄運的古琴，他不但自己每星期有一天在北海之濱，能和新朋舊友們沉醉在心愛的古老藝術的享受中，而且也從年輕的弟子身上看見了民族古樂的青春。他當選爲古琴研究會的副會長、書法研究會的會長，被邀進了一個區的政協，又是中國畫院的畫師。

溥佺的胞兄弟溥僴也是一位老畫家，這時也被聘爲北京中國畫院的畫師，這位年近古稀的老人又揮筆向青年一代傳授著中國畫。他的親叔伯兄弟溥修（載濂的次子），是瑞侄的胞叔，他曾做過「乾清門行走」，我在長春時曾委託他在天津看管過房產，後來雙目失明，喪失了一切活動能力，生活潦倒無依。解放後，他的經歷以及他肚子裏的活史料被新社會所重視，聘他爲文史館員。這種文史館全國各地都普遍設立著，裏面有前清的舉人、秀才，也有從北洋政府到蔣介石朝代各個時期各個事件的見證人，有辛亥革命以及更早的同盟會舉事的參加者，也有最末一個封建宮廷內幕的目擊人。

經過他們取得了大量的近代珍貴史料，在他們的晚年，也爲新社會貢獻了自己的力量。雙目失明的修二哥對生活有了信心，心滿意足地回憶著清代史料，想好一段，口述一段，由別人代爲記錄下來。

這些已經被新社會視爲正常的現象，到了我的心目裏卻是非常新鮮、印象強烈的新聞。而印象更強烈的，更新鮮的，是我親眼看到的妹妹們身上的變化。

半年前，我和北京的弟弟妹妹們通了信，從來信中我就感覺到了我的家族正在發生變化，但是我從未對這種變化認真思索過。在僞滿時代，除了四弟和六妹七妹外，其餘的弟弟妹妹都住在長春，大崩潰時都隨我逃到通化。我做了俘虜之後，曾擔心過這些妹妹會因漢奸家屬的身分而受到歧視。二妹的丈夫是鄭孝胥的孫子，三妹五妹的丈夫一個是「皇后」的弟弟，一個是張勳的參謀長的兒子，全是僞滿中校。四妹夫的父親是清末因殺秋瑾而出名的紹興知府。這幾個妹夫不是僞滿的軍官，就是僞政權的官吏，只有六妹夫和七妹夫是兩個規規矩矩的讀書人，不過她們會不會被漢奸頭子的哥哥牽累上呢？我心裏也沒有底。這類的顧慮是同犯們共有的，我的顧慮比他們更大。

後來在通信裏，才知道這種顧慮完全是多餘。弟弟和妹妹同別人一樣有就業機會，孩子們和別人的孩子一樣可以入學、升學以及享受助學金的待遇，四弟和七妹還是照舊當著小學教師，六妹是個自由職業者——畫家，五妹做了縫紉工人，三妹還是個社會活動家，被街道鄰居們選做治安保衛委員。儘管她們自己做飯、照顧孩子，但是她們在信中流露出的情緒總是滿意的、愉快的。我放了心。現在，我看到了她們，聽著她們和自己的丈夫談起別後經過，使我聯想起了過去。

我還記得五妹夫老萬睜著他那雙大眼睛問五妹：「你真會騎車了？你還會縫紉？」這是在他接到她的來信後就感到十分驚訝的問題，他現在又拿出來問她了。他的驚訝是有根據的。誰料得到從小連跑也不敢跑，長大了有多少僕婦和使女伺候，沒進過廚房沒摸過剪刀的「五格格」，居然今天能騎上自行車去上班，能拿起剪刀裁製衣服，成了一名自食其力的女縫紉工人呢？

更令我們這位學委會主任驚異的，是他的妻子回答得那麼自然：「那有什麼稀奇？這不比什麼都不會好嗎？」

要知道，假如過去的「五格格」說這樣的話，不但親戚朋友會嘲笑她，就連她自己也認爲是羞恥的。那時候她只應該會打扮。會打麻將，會按著標準行禮如儀，而現在，她拿起了剪刀，像個男子一樣騎上自行車，過自食其力的生活了。

三妹的經歷比五妹更多一些。日本投降以後，她沒有立刻回到北京，因爲孩子生病，她和兩個保姆一起留在通化。財產是沒有了，她恐怕留下的細軟財物和自己的身分引人注意，就在通化擺香煙攤，賣舊衣。在這個期間，她幾乎被國民黨特務騙走，她上過商人的當，把劃不著的火柴批發給她。她經過這些不平常的生活，到一九四九年才回到北京。解放後，街道上開會，她不斷去參加，因爲在東北接觸過解放軍和人民政府，她知道些政府的政策，得到了鄰居們的信任，被推選出來做街道工作。她談起來最高興的一段工作，是宣傳新婚姻法……

這個經歷，在別人看來也許平淡無奇，在我可是不小的驚異。她過去的生活比五妹還要「嬌貴」，每天只知道玩，向我撒嬌，每逢聽說我送了別人東西，總要向我打聽，討「賞」，誰料得到，這個嬌慵懶散、只知道謝恩討賞的「三格格」竟會成了一名社會活動家？乍一聽來，真是不可思議。但這個變化是可以理解的。我理解她後來爲什麼那麼積極地宣傳新婚姻法，爲什麼她會在向鄰居們讀報時哭出來，因爲我相信她說的這句話：「我從前是什麼?是個擺設!」

從前,她雖然有著一定文化水準,名義上是個「貴」婦,而實際上生活是空虛的,貧乏的。她和三妹夫在日本住著的時候,我曾去信叫她把日常生活告訴我,她回信說:「我現在坐在屋裏,下女在旁用熨斗燙衣服,老僕在窗外澆花,小狗瞪著眼珠蹲著,看著一匣糖果……實在沒有詞兒了。」現在,生活給她打開了眼界,豐富了思想,當鄰居那樣殷切地等她讀報時,她才覺出自己有了存在的意義。

她後來談過這樣一段經歷:「在通化,有一天民兵找了我去,說老百姓在開會,要我去交代一下。我嚇壞了,我以為鬥爭會鬥漢奸是很可怕的。我說,你饒了我吧,叫我幹什麼都行。後來見了幹部,他們說不用怕,老百姓是最講理的。我沒法,到了群眾會上嚇得直哆嗦,我向人們講了自己的經歷。那次會上人多極了,也有人聽說看皇姑,都來了。聽我講完,人們喊喊喳喳議論開了,後來有人站起來說:『她自己沒幹過什麼壞事,我們沒意見了。』大夥聽了都贊成,就散會了。我這才知道,老百姓真是最講理的。」

她這最後一句話,是我剛剛才懂得的。而她在十年前就懂得了。

在會見的第二天,正巧接到了二妹來的信,信中說,她的大女兒,一個體育學院的二年級生,已經成了業餘的優秀汽車教練員,最近駕駛著摩托車完成了天津到漢口的長途訓練。她以幸福的語氣告訴我,不但這個十二年前小姐式的女兒成了運動健將,其他的幾個孩子也都成了優秀生。當我把這些告訴了三妹、五妹,她們又抹了眼淚,並且把自己的孩子的情況講了一遍。在這裏，我發現這才是愛新覺羅的命運的真正變化。

我曾根據一九三七年修訂的「玉牒」和妹妹弟弟們提供的材料，做過一個統計。愛新覺羅氏醇王這一支從載字輩算起，嬰兒夭折和不成年的死亡率，在清末時是百分之三十四，民國時代是百分之十，解放後十年則是個零。

如果把愛新覺羅全家的未成年的死亡率算一下，那就更令人觸目驚心。只算我曾祖父的後代，載字與溥字輩未成年的死亡率，男孩是百分之四十強，女孩是百分之五十弱，合計是百分之四十五。在夭亡人口中不足兩歲以下的又占百分之五十八強。這就是說道光皇帝的後人每出生十個就有四個半夭折，其中大半又是不到兩歲就死了的。

我同七叔和妹妹們會見的時候，還沒有做這個統計，但是一聽到妹妹們屈起手指講述每個孩子迥異往昔的現況時，我不由得想起了因被我祖母疼愛以至於活活餓死的伯父，十七歲時就死了的大胞妹，不到兩歲就死了的三胞弟，以及我在玉牒上看到的那一連串「未有名」字樣（來不及起名就死了）。

問題還不僅僅在於死亡與成長的數字上，即使每個孩子都長大，除了提鳥籠什麼都不會，或者除了失學、失業就看不見什麼別的前途，那比起短命來也沒什麼更多的意思。在民國時代，八旗子弟的命運大部分正是如此。長一輩的每天除了提著鳥籠溜後門，就是一清早坐著喝茶，喝到中午吃飯時，十個八個碟兒的蘿蔔條豆腐乾擺譜，吃完飯和家裏人發威風，此外再也不知道有什麼好幹；晚一輩的除了請安、服侍長輩、照長輩的樣子去仿效之外，也很少有知道再要學些什麼的。到後來坐吃山空，就業無能，或者有些才能的卻又就業無門，結果還是個走投無路。

這類事情我知道的不少，現在是全變了！我從這次會見中，深刻地感受到我們下一代的命運，與前一代是如何的不同，他們受到的待遇，實在是我從前所不敢企望的。

在北京的一個弟弟和六個妹妹，共有二十七個孩子，除了未達學齡的以外，都在學校裏念書，最大的已進了大學。我七叔那邊有十六個孫兒孫女和重孫兒重孫女：二十八歲的長孫是水電站技術員；一個孫女是軍醫大學學生；一個孫女參加過志願軍，立過三等功，已從朝鮮復員回來，轉入大學念書；一個孫女是解放軍的文藝工作者；其他的除了幼兒或在校。或就業，沒有一個遊手好閒的。過去的走馬放鷹、提籠逛街的上代人生活，在這一代人眼中成了笑話。

下一代人也有例外的命運，那是生活在另外一個社會裏的溥傑的女兒。他有兩個女兒，那時跟她們的母親住在日本，最大的十八歲。在我們這次跟親屬會見的九個月後，溥傑的妻子從日本寄來一個悲痛的消息，這個大女兒因爲戀愛問題跟一個男朋友一起自殺了。後來我聽到種種傳說，不管怎麼傳說，我相信那男孩子跟我的侄女一樣都是不幸的。在不同的時代和不同的社會裏，青年們的命運就是如此不同。

從這年起，管理所就不斷來人探親。值得一說的是，頑固的「懷疑派」老劉，看見了他的學藝術的女兒，並且看見了女兒帶來的女婿。

女兒對他說：「你還不相信，爸爸？我在藝術學院！這就是我的朋友！」他說：「我信了。」

女兒說：「你明白不明白，如果不是毛主席的領導，我能進藝術學院嗎？我能有今天的幸福嗎？」他說：「這也明白了！」

女兒說：「明白了，你就要好好地學習，好好地改造！」

老劉明白了的事情，老張也明白了。他因爲兒子叫他先生，幾乎發了瘋。這時他女兒來看他，帶來了兒子的一封信，他把這封信幾乎給每個人都看了：

「爸爸：我現在明白了，我有過『左』的情緒。團組織給我的教育，同志們給我的批評，完全是對的，我不應該對您那樣……您學習中有什麼困難？我想您學習中一定用得上金筆，我買了一支，托姐姐帶上……」

六、日本戰犯

六七月間，我和幾個同伴去瀋陽，出席軍事法庭，爲審判日本戰犯向法庭作證。

從報上知道，在中國共關押了一千多名日本戰犯，一部分在撫順，一部分在太原，都是日本帝國主義侵華戰爭時期中的犯罪分子。一九五六年的六月和七月，有四十五名分別在太原和瀋陽判了徒刑，其餘都受到了免訴處理，由中國紅十字會協助他們回了國。在瀋陽審判的是押在撫順的戰犯，兩批審判共三十六名。有的是我在僞滿時即已知名，有的是在撫順管理所的大會講壇上看見過。前僞滿洲國總務廳次長古海忠之就是其中之一。他和僞總務廳長官武部六藏是我和四名僞滿大臣作證的對方。古海是到庭的第一名被告人。他後來被法庭判處徒刑十八年❷。

我走進這個審判侵略者的法庭的時候，忽然想起了朝鮮戰爭的勝利，想起了日內瓦談判的勝利，想起了建國以來的外交關係。如今，在中國的土地上審判日本戰犯，這更是歷史上從來沒有過的事情。

在志願軍和朝鮮人民軍一起打勝仗的日子，我那時只想到，我除了向中國人民認罪求恕外，別無其他出路。到這次審判日本戰犯時，出現在我心頭的已不是出路問題，而是遠遠超過了個人問題的民族自豪感！

不，我得到的還不只限於民族自豪感。我從這件巨大的事件中，想到了更多更多的問題。

古海在宣判前的最後陳述中說了這樣的話：

「在東北全境，沒有一寸土地沒留下慘無人道的日本帝國主義者的暴行痕跡。帝國主義的罪行就是我的罪行。我深深認識到我是一個公然違反國際法和人道原則，對中國人民犯下了重大罪行的戰爭犯罪分子，我真心地向中國人民謝罪。對於我這樣一個令人難以容忍的犯罪分子，六年來，中國人民始終給我以人道主義待遇，同時給了我冷靜地認識自己的罪行的機會。由於這些，我才恢復了良心和理性。我知道了真正的人應該走的道路。我認爲這是中國人民給我的，我不知道怎樣來感激中國人民。」

我到如今還記得，我在法庭上作證發言後，庭上叫他陳述意見時，他深深鞠了一個躬，流著淚說道：

「證人所說的完全是事實。」

這情景不由我不想起東京國際法庭。在那裏，日本戰犯通過他們的律師叫囂著，攻擊著證人，爲著減輕罪罰，百般設法，掩蓋自己的罪行。而在這裏，不僅是古海，不僅是我的作證對方，而是所有受到審判的戰犯全部認罪服刑。

關於日本戰犯，我的弟弟和妹夫們，特別是記性好的老萬，講它幾天也講不完。他們從檢舉認罪開始，便參加翻譯日本戰犯大量的認罪材料，大批日本戰犯遣送回國後，他們又協助管理所翻譯大量的日本來信。妹夫們釋放之後，這工作由溥傑和老邦幾個人擔任。從一九五六年起，我就不斷地零碎地從他們嘴裏聽到不少日本戰犯的故事。

有個日本戰犯，是前陸軍將官，在一九五四年檢察機關開始調查時，也許是由於他怕，也許是由於敵視，是從他嘴裏查不出多少東西的。甚至在大會上，受到他的部下官兵的指控時，他還沒放下自己的將官架子。但是這次在法庭上，他承認了指揮他的部隊在冀東地區和河南濬縣等地，進行過六次集體屠殺和平居民的罪行。

例如，一九四二年十月，他屬下的一個聯隊，在潘家戴莊屠殺了一千二百八十多名居民、燒掉民房一千多間的罪行。他在法庭面前承認了所有這些事實。他被判處二十年徒刑之後，向記者說：「在進行判決時，我按照我過去的罪行來判斷，認爲中國對我這樣悖逆人道、違反國際公法的人，當然要從嚴處斷，處以死刑。」他又說，在調查犯罪事實的時候，是非常正確而公正的，完全是用了他們在舊社會未曾見聞過的方法進行調查的。他說，儘管自己的罪惡沒有什麼辯護餘地，可是法庭還是派了辯護人來，起訴書也是幾天前送交他的，他覺得這是對他的人格的尊重。說到犯罪，他說：「當我想到我曾經殺害過很多的中國人民，使他們的遺屬的生活遭到困難，而目前照顧我的正是被害者的親人，這時候我的心有如刀割一般。」

有個日本前大佐，受到了不起訴處分而被釋放。我的三妹夫曾翻過一封從日本的來信，是和這位大佐同船回國的一個戰犯寫的，信裏提到日本記者知道了這個大佐在監獄裏被他的部下（也是戰犯）追問過去的罪行時，很是惱怒，所以在船上訪問了他，希望他說點和別人不同的話，因爲戰犯們對新中國的稱讚和感激，已經使某些記者早不耐煩了。他們從大佐的嘴裏並沒有得到希望得到的任何東西，記者問他：「你爲什麼還是說那些話？你現在還怕中國嗎？」他答：「我現在是坐在日本船上，對中國有什麼怕的？我說的不過是事實罷了。」

三妹夫曾經擔任過病號室的組長，他遇見過一個住病號室的日本兵戰犯，他整天搗亂，不守監規，經常找護士和看守員的麻煩。到宣佈了釋放，開送別會的時候，他忽然哭了起來，當眾講出了自己的錯誤。還有個病號，雖然不像這個小兵那樣搗亂，也是根本不想認罪的。他得的是直腸癌，因病情惡化把他送到醫院裏去急救，動了兩次手術，做了人工肛門，而且醫生爲他輸了自己的血，把他救活了。出院之後，他在一次大會上，當眾敘述了他過去如何殘殺和拷打中國人的罪行，又對照了中國人民在他病危中如何搶救了他。他在台上一面哭一面講，台下的人也一面哭一面聽……

有一天，我們平整場地、修建花壇，從院子裏的土坑裏挖出了一具白骨，頭骨上有一個彈孔。學過西醫的老元和老憲都判斷死者生前是一個少女。

後來，老萬翻譯了一個日本戰犯的文章，這人是從前撫順監獄的典獄長，他描述了那時關押愛國志士時的地獄景象：那時這裏只有拷打聲、鐐銬聲、慘叫聲；那時這裏又臭又髒，冬天牆上一層冰，夏天到處是蚊蠅；那時每個囚犯每天只給一小碗高粱米，還要終日做苦役，許多人被打死、累死。

他說：「現在這裏只有唱歌聲、音樂聲、歡笑聲，如果有人走到圍牆外，決不會想到這裏是監獄；現在冬天有暖氣，夏天有紗窗，過去苦役工廠成了鍋爐房和麵包房，從前愛國志士受折磨的暗室現在成了醫務室的藥房，從前的倉庫現在修成了浴室，現在他們的人格受到尊重，他們每天可以學習，可以演奏樂器，可以繪畫，可以打球，誰會相信這裏是監獄？」他說：「現在中國正在建設給全人類帶來幸福的事業，讓我們走正當道路，不再犯罪，重新做人。」

在不少戰犯寫的文章中都說過，當他們被蘇聯送到中國來的時候，是恐懼的，是不服氣的，甚至是仇恨的。有的人和我的心理一樣，剛來的時候只會用自己的思想方法來推測，完全不理解爲什麼中國人民這樣對待他們。他們看到修建鍋爐房時，以爲是蓋殺人房，看到修建醫務所、安裝醫療設備時，以爲也像他們幹的那樣，要用俘虜做試驗。還有人把寬大和人道待遇看做是軟弱。

有個憲兵，在剛從蘇聯押到中國時是被日本戰犯看做「日本好男子」的，終日大聲叫罵。所方找他談話，他側身站在所方幹部面前說：「我是蘇聯軍隊俘虜的，你們有什麼資格來問我？」

所方的人員對他說：「我們中國人民並沒有請你到中國來殺人，但是有權利來向你追究你的血債！現在沒資格說話的是你。你自己想想去吧。人到世界上來應該給人類做些有益的事，你做的什麼呢？」

他還以爲要給他動刑，再給他一次逞硬的機會，可是就叫他這樣去了，再沒理他。不久，朝鮮戰場上中國人民志願軍勝利的消息接二連三地傳來了，他再也不鬧了，因爲他知道了講道理的人並不是軟弱，而野蠻卻正是虛弱的表現。他變成了不聲不響，終於自己主動地講出了他的罪行。

日本戰犯這些故事流傳出來之前，日本戰犯的變化是幾乎人人皆知的。但我那時只顧考慮自己的問題，就像從前看報和看家信一樣，無心認真去思索。其實從一九五四年前後起，日本戰犯們的變化就不斷地顯露出來。我不如從溥傑的殘缺的一九五五年日記裏抄些有關段落，藉以說明（方括弧中的話是我的註解）：

一月二十六日

晚間看日本戰犯演舞踊及音樂劇〔這是我們第一次看他們表演，以前是他們自演自看，他們這時已擁有一個相當規模的管弦樂隊。樂器是所方為他們籌辦的〕，都是取材我國人民解放軍如何愛護人民、反帝及國際主義精神，和反對原子戰爭的日本人民的奮鬥實例而成的。〔劇終後〕日本戰犯們不少聲淚俱下的表示反對美帝的原子能壟斷〔不少戰犯說到自己親人是死在原子彈之下的〕，並感謝我國人民政府之寬大政策。

五月二日

白天仍是遊戲了一天〔因為過「五一」節，連著兩天舉行娛樂慶祝活動〕，晚間看日本戰犯們的歌舞晚會，第六所的及第五所的前佐官級的戰犯，也都參加了表演，這是向來所無的事，使我深刻地感到「新社會把鬼變成人」——「白毛女」影片上的話。

五月五日

晚間看了〔日本〕戰犯們的演劇「原爆之子」，才演了一場，因為晚間院內太冷〔這天忽然起了風」，所方怕出演者及觀眾［演出者只有日本戰犯，觀眾是全體戰犯」受了涼，遂臨時中止，俟天氣好時再演［這個露天會場，是日本戰犯用了不過三四天，就建築起來的」。

五月六日

今晚看了「原爆之子」，……情節頗感動人……［這寫的是長崎受到戰爭慘禍的故事」。

五月十五日

……參加亞洲會議的日本代表二十餘人到這裏參觀，其代表團長聲淚俱下地感謝了我國政府之對於戰犯們的人道待遇。戰犯代表也致答詞，聲言其改邪歸正今後誓為保衛和平而鬥爭的決心，戰犯們有很多人都感動得落下淚。所方並允許該代表團員與所認識的戰犯們會見。

六月十一日

終日看［日本」戰犯所舉行的運動會［這個運動場也是日本戰犯自己修的」，其組織性並其創意工夫，是可以供我們作參考的［在運動會上，他們的啦啦隊很出色」。

七月四日

晚間看「日本」戰犯們的歌唱、音樂、舞蹈會。大約是片山哲來了罷，至深夜仍聽到他們在歡呼拍掌。

回想了一下，就覺出了他們的變化是很明顯的。爲什麼這些身爲囚犯的人變得那樣高興，那樣生氣勃勃？爲什麼在釋放之後，坐在興安丸上，還帶著管理所送他們的那套管弦樂器，流著淚向逝去的中國的海岸吹奏？爲什麼他們最愛唱「東京——北京」？爲什麼連每個被判刑的人都在反覆地說著：「我感激中國人民！」「我悔恨……」？

古海這樣說，罵過人的這樣說，耍過無賴的也這樣說。從日本來的信裏，常有這樣的話：「我從中國知道了應當怎樣活著」，「我認識了人生」，「在我踏出人生的第一步時，對於祝福我的身心健康與我握手的所長先生，你那手上的溫暖是永不會失去的」……

有幾個戰犯，從日本報紙、雜誌上知道美國軍隊占領了他們的土地之後，出現了一種叫「胖胖女郎」的婦女職業，這是和我國解放前「吉普女郎」類似的現象，他們惱怒起來，罵那些女人不要臉。有人寫信給他的妻子，問她是不是也幹了這個。這封信經過檢查，被所方管教人員留下來，拿著找到他，十分耐心地說：「你再考慮考慮，這樣給妻子寫，合適不合適？不用說你問得毫無根據，即使有根據，你也要想一想，這是誰的罪過？難道要叫一個女人負責嗎？」這個戰犯聽了一聲不響，突然他把那封信團起來扔在地上，然後抱頭大哭起來。

是的，那些感激中國人民的人，不只是感激中國人民的寬大，他們更感激中國人民給他們認識了真理，明白了許多事情的真相。就像我認識了皇帝是怎麼回事似的，他們也明白了軍國主義的真相和日本的現實。他們回國之後來信談到了少年犯罪數字的驚人，談到了胖胖女郎的命運。在管理所放映過的日本電影《基地的兒童》、《戰火中的婦女》都是現實。塞班島的婦女在刺刀逼迫下走進海水，絕望的母親用雙手把自己剛出生的嬰兒舉到水面上，這些現實剛過去，美軍的基地出現了，美國坦克軋著他們的土地，美軍的飛機染汙他們的天空，美國大兵姦污他們的婦女……

一個回到農村的人，來信沉痛地說：「村中一部分青年變了，有當強盜的，有為了婦女問題而殺人的，有的參加了自衛隊，沉溺在酒和婦女的墮落生活中。到了夜晚，如不把門窗關好就不敢安然地入睡。文化方面是腐敗的，電影也是誨淫誨盜的多，還有從前時代的戲以及劍道柔道和射擊的遊戲。兒童做著殺人的遊戲，對父母的吩咐也是不大聽從。物資應有盡有，可是窮人是沒錢買的……」

他們在中國認識到了真理，他們回去又看到了自己的祖國蒙受災難的真相，他們一明白了這些道理，就組織起來、行動起來了。他們到處講演，講新中國，講日本軍國主義的罪惡，反對復活軍國主義，要求獨立民主與和平。他們何以如此呢？他們受到許多的限制、監視，但是他們並不畏縮，他們有很多辦法對付那些限制。反動派不准他們演出中國的舞蹈，他們就把蒙古舞、扇舞、秧歌舞、紅綢舞教給職業歌舞伎座，於是中國的紅綢舞和秧歌舞傳遍了日本全國各地。他們何以有這些辦法呢？力量是哪裏來的呢？

從妹夫們零星的但是興奮的談話中，我知道了在日本發生的許多關於歸國戰犯們的故事，這些故事歸結出一個事實：他們到處受到日本人民的歡迎，他們把真理告訴了人民，人民支持了他們。

有許多人來信敘述他如何被他的家人、親友、同鄉，以及團體、學校邀請去講他的監獄生活，講中國的事情。他們講了中國人民對日本人民的友情，講了強大起來的中國對戰爭是什麼態度，中國人民的希望和理想是什麼。對他的話，有人懷疑，有人採取保留態度，有人相信。但越來越多的是相信，是肯定，是對於回去的人的信任。對於回去的人，親美的反動統治者越不喜歡，人民卻是越相信他……

他們一回國便出版了一本書：《三光政策》。那些親身參與了日本軍隊在中國暴行的人寫下了他們如何在中國土地上製造無人區，如何拿中國人民做細菌武器的試驗，如何把活人解剖，……這本書第一版五萬冊，在一個星期裏便賣光了！

有幾位前軍人、退伍的將軍們，聽了他們一位回國的舊同事談了幾年來的生活和感受後，默然良久，最後說：「憑了我們的良知和對你的了解，我們相信你所說的每一句話。不過，這些話只能是在屋裏說。」

有一個村莊，在聽了剛從中國回去的這位同鄉說完以後，凡是有什麼問題，人們總愛說：「找××去吧。他是我們村裏懂得最多的人。」

有一個村莊，他們的剛剛回來的同鄉不大愛說話，只是改變過去在家的習慣，鄉親們很詫異這個人爲什麼如今這樣和善，這樣愛幫助別人。當知道了這是在中國發生的變化以後，他成了村中更加有威信的人。

還有一個村莊，他們拿著「武運長久」的旗子，像歡迎凱旋的將軍似地歡迎回國的人。但是這個受歡迎的人，一下了火車，就向他的鄉親們發表了一篇沉痛的演講，結果人們明白了廣島的災難原因，都流下了眼淚，「武運長久」的旗子也跌落在地上了……

有一個母親，聽她被釋放回去的兒子講述了十多年來的生活之後，便問道：「北京在哪裏？」兒子告訴了她。她於是發現了褥墊放的不對頭，不應當讓雙腳朝著這個方向，便急忙把褥墊調動過來，叫頭朝著北京——那裏是真理與希望。這是一個母親的希望。

許許多多的戰犯家屬——他們許多都是樸實的勞動人民，或者具有良知的人。他們從前有不少人給中國政府寫過信，要求釋放他們的丈夫或兒子，說他們都是無罪的人。後來他們有人要求到中國來看他們的親人，他們來了，聽了親人們的講述，有的聽了中國人民在法庭上控訴的錄音，他們和監獄裏的親人一齊哭了，他們承認了監獄裏的人是有罪的，明白了他們是上了軍國主義的當。

日本戰犯的變化，猶如我的家族的變化一樣，給了我極大的震動。我從這些變化中看出了一個事實：共產黨人是以理服人的。

七、「世界上的光輝」

從一九五六年下半年起，經常有些外國記者和客人來訪問我，還有些外國人寫信給我，向我要照片。

一九五七年二月，我接到從法國斯梯林——溫德爾寄來的一封信，請求我在照片上簽字，信裏除了附來幾張我過去的照片外，還有一篇不知要做什麼用的文章，文章全文如下：

監牢裏的中國皇帝

世界上的光輝是無意義的，這句話是對一個關在紅色中國的撫順監牢裏，等待判決的政治犯人的一生寫照。在孩童時期，他穿的是珍貴的衣料，然而現在卻穿著破舊的棉布衣服，在監牢的園子裏獨自散步。這個人的名字是：亨利溥儀。五十年前，他的誕生伴隨著奢華的節日的煙火，但是現在牢房卻成了他的住處。亨利在兩歲時做了中國的皇帝，但以後中國的六年內戰把他從皇帝寶座上推了下來。一九三二年對於這位「天子」來說，又成為一個重要的時期：日本人把他扶起來做滿洲國的皇帝。第二次世界大戰以後，人們再也沒有聽到關於他的什麼事，一直到現在這張引人注意的照片報導他的悲慘的命運為止……

如果他早兩年寄來，或者還能換得我一些眼淚，但是他寄來的太晚了。我在回信中回答他說：「對不起，我不能同意你的見解。我不能在照片上簽字。」

不久前，在某些外國記者的訪問中，我遇過不少奇怪的問題，例如：「作爲清朝最末一位皇帝，你不覺得悲哀嗎？」「長期不審判你，你不覺得不公平嗎？這不令你感到驚奇嗎？」等等，這裏面似乎也包含著類似的同情聲調。我回答他們說，如果說到悲哀，我過去充當清朝皇帝和僞滿皇帝，那正是我的悲哀；如果說到驚奇，我受到這樣的寬大待遇，倒是很值得驚奇的。記者先生們對我的答案，似乎頗不理解。我想那位從法國寫信來的先生，看到了我的回答必然也有同感。

在我看來，世界上的光輝是什麼呢？這是方素榮的那顆偉大的心，是台山堡那家農民的樸素語言，是在我們愛新覺羅下一代身上反映出來的巨大變化，是撫順礦山的瓦斯灶上的火苗，是工業學校裏的那些代替了日本設備的國產機床，是養老院裏老工人的晚年，……難道這些對我都是沒有意義的嗎？

難道我被寄予做個正經人的希望和信任，這是對我沒有意義的嗎？難道這不是最寶貴的審判嗎？

我相信，這不僅是我個人的心情，而是許多犯人共同的心情，甚至於是其中一些人早有的心情。事實上，這種爭取重新做人的願望與信念，正逐漸在日益增多的心中生長著（這時我們已經開始把改造當做是自己的事了），否則的話，一九五七年的新年就不會過得那樣與前不同。

我們每次逢年過節，在文娛活動方面，除了日常的球、棋、牌和每週看兩次的電影之外，照例要組織一次晚會，由幾個具有這方面才幹的人表演一些小節目，如僞滿將官老龍的戲法，小固的快板，老佑的清唱，溥傑的《蕭何月下追韓信》，蒙古人老正和老郭的蒙古歌曲，等等。溥傑偶爾也說一次自編的相聲，大家有時也來個大合唱。觀眾就是我們一所的這幾十個人，會場就在我們一所的甬道裏或者小俱樂部裏。

甬道裏從新年的前幾天就開始張燈結彩，佈置得花花綠綠。有了這些，再加上年節豐盛的伙食和糖果零食，使大家過得很滿意。可是一九五七年這一次不行了，大家覺得別的全好，唯獨這個甬道晚會有點令人不能滿足；如果能像日本戰犯似的在禮堂裏組織一次大型晚會，那才過癮。

離著新年還很遠，許多人就流露出了這種願望。到了該著手籌備過年的時候，一些年輕的學委們憋不住了，向所方提出了這個意思。

所方表示，倘若有信心，辦個大型的也可以，並且說如果能辦起來，可以讓新調來的三、四兩所的蔣介石集團的戰犯做觀眾，把禮堂裝得滿滿的。學委們得到了這樣的答覆，告訴了各組，於是大家興高采烈地籌備起來了。

大家之所以高興，是因爲都想過個痛快的新年，而所方之所以支持，是因爲這是犯人們進行自我教育的成功的方法之一。

學委會是首先接受了這個思想的。他們早從日本戰犯的演出得到了啓發。日本戰犯每次晚會除了一般的歌舞之外，必有一場戲劇演出，劇本大都是根據日本報刊上的材料自己編的。記得一齣名叫《原爆之子》的戲，描寫的是蒙受原子彈災禍的日本人民的慘狀，這齣戲控訴了日本軍國主義給世界人民而且也給日本人民造下的罪行，演到末尾，台上台下是一片控訴聲和哭泣聲。

學委會看出了日本戰犯們通過演戲的辦法，編劇者、演劇者和觀劇者達到了互相教育、互相幫助的效果，決心也要在這次晚會上演出一齣這樣的戲。學委會的計劃得到了許多人的擁護，他們很快就把戲的大概內容和劇名都想出來了。一共是兩齣戲，一齣名叫《侵略者的失敗》，內容寫的是英軍侵略埃及、遭到埃及人民的反擊而失敗的故事，這是一齣時事活報劇；另一齣是寫一個偽滿漢奸，從當漢奸到改造的經歷，這是一齣故事劇，名叫《從黑暗走向光明》。劇作家也有了，這就是溥傑和一個前江偽政權的穆姓官員。事情一決定，他們便馬上寫起劇本來。

與劇本的創作同時進行的，是其他各項節目的準備工作。「幻術家」老龍的戲法向來最受歡迎，現在他對於以前玩的「帽子取蛋」、「呑乒乓球」之類的小戲法，覺得不過癮了，聲明要表演幾個驚人的大型戲法。蒙古人老正兄弟和老郭等人在準備蒙古歌舞。我們組的學習組長老初，一個前汪偽政權的外交官，是位音樂愛好者，他帶了一批人在練習合唱。還有一些人分頭準備相聲、快板、清唱等等傳統節目。

這幾天最忙的是學委會主任老萬，他忙於排節目，找演員，計劃節日會場的佈置。會場佈置由小瑞負責，他是製作紙花和燈籠的巧手，在他的指導下，一些人用各色花紙做了燈籠、紙花以及張燈結彩所必需的一切飾物。全場的照明設備由大李負責，他現在成了一名出色的電工。我的固侄也夠忙的，他除了做幻術家的助手之外，還要準備說相聲，參加練唱。在各方帶動之下，人人被捲入了籌備活動。

以前每次甬道裏的晚會，任何一項準備工作都沒有我的份。我不會說快板，也不會變戲法，別人也不找我去佈置會場。就是幫人家拿拿圖釘、遞個紙條，人家還嫌我礙事哩。在這次籌備工作中，我原先認爲不會有人找我去添麻煩，萬沒料到，我們的組長老初竟發現我唱歌發音還過得去，把我編進了歌詠隊。我懷著感激之情，十分用心地唱熟了「東方紅」、「歌唱祖國」、「全世界人民心一條」。歌曲剛練熟，又來了一件出乎意外的事，學委會主任找我來了。

「溥儀，第一齣戲裏有個角色，由你扮演吧！並不太難，台詞不多，而且，這是文明戲，可以即興編詞，不太受約束。這件工作很有意義，這是自我教育，這……」

「不用說服啦，」我攔住了他，「只要你看我行，我就幹！」

「行！」老萬高興得張開大嘴，「你行！你一定行，你的嗓音特別洪亮！你……」

「過獎過獎！你就說我演什麼戲吧？」

「《侵略者的失敗》——這是劇名。英國侵略埃及，天怒人怨，這是根據報上的一段新聞編的。主角老潤，演外交大臣勞埃德。你演一個左派工黨議員。」

我到溥傑那裏了解了劇情，看了劇本，抄下了我的台詞，然後便去挑選戲裝。既然是扮演洋人，當然要穿洋裝。這類東西在管理所的保管室裏是不缺少的，因爲許多人的洋裝都存在這裏。

我拿出了那套在東京法庭上穿過的藏青色西服，拿了襯衣、領帶等物，回到了監房。監房裏正空無一人，我獨自打扮了起來。剛換上了一件箭牌的白府綢襯衣，老元進來了，他嚇了一跳，怔了半晌才問我：

「你這是幹什麼？」

我一半是由於興奮，一半是由於襯衣的領子太緊，一時說不出話來。

「我要演戲，」我喘吁吁地說，「來，幫我把馬甲後面的帶子鬆一鬆。」

他給我鬆了，可是前面的扣子還是繫不上，我才知道自己比從前胖了。那雙英國惠羅公司的皮鞋也夾腳，我懊惱地問老元：

「我演一個英國工黨的議員，不換皮鞋行不行？」

「得啦吧！」老元說，「英國工黨議員還擦香水哩，難道還能穿棉靴頭嗎？不要緊，你穿一會兒也許就不緊了，這馬甲可以拾掇一下，你先去念台詞吧。你也上台演戲，真是奇聞！哈哈！……」

我走到甬道裏，還聽見他的笑聲。但我很高興。我記著老萬告訴我的話，這個演出是自我教育，也是一種互助。我這還是第一次被放在幫助別人的地位，過去我可總是被人幫助的。原來我也和別人一樣，有我的才能，在互助中能處於平等的地位呢。

我走到俱樂部，開始背誦抄來的台詞。從這一刻起，我無時不在背誦我的台詞。老萬說的不錯，台詞很短，大概這是台上說話的演員台詞中最少的一個了。

按照劇情，演到最後，勞埃德在議會講台上爲他的侵略失敗做辯解時，一些反對黨的議員們紛紛起立提出質問，後來群起而攻之，這時我在人群中起立，隨便駁他幾句，然後要說出這麼幾句話：「勞埃德先生，請你不用再詭辯了，事實這就是可恥，可恥，第三個還是可恥！」最後會議沸騰著怒罵聲，紛紛要求勞埃德下台，我喊道：「滾下去！滾下去！」

這個劇沒有什麼複雜情節，主要是會場辯論，從一個議員提出質問開始，到外交大臣被轟下台，用不了十五分鐘。但是我爲了那幾句台詞，費了大概幾十倍的時間。我唯恐遺忘掉或說錯，辜負了別人的期望。從前我曾爲憂愁和恐懼攪得失眠、夢囈，現在我第一次因興奮和緊張而睡不著覺了。

新年到了。當我走進了新年晚會會場時，我被那節日的氣氛和漂亮的舞台完全吸引住了，忘掉了內心的緊張。五彩繽紛的裝飾和巧奪天工的花朵，令人讚歎不止。燈光的裝置是純粹內行的章法，舞台的楣幅上紅地白字「慶祝新年同樂晚會」，是藝術宋體，老萬的手筆。

布幕上的「今晚演出節目表」是最吸引人的：一、合唱，二、獨唱，三、蒙古歌舞，四、相聲，五、快板，六、戲法，七、活報劇《侵略者的失敗》，八、話劇《從黑暗走向光明》。一切都不比日本戰犯的晚會遜色。看到坐在中間的蔣軍戰犯的竊竊私議和讚賞的神態，我們這夥人也不禁高興地互相遞眼色。

擴音器裏送來了老萬的開場白，然後是合唱開始。一個個節目演下去，會場上掌聲一陣接著一陣。輪到老龍的大型戲法，會場上的情緒進入了高潮。《大變活人》演到最後，活人小固從空箱子裏鑽了出來，笑聲和掌聲響成了一片。後來表演者從一個小紙盤裏拉出無限多的彩帶，最後拉出一幅彩旗，現出了「爭取改造，重新做人」這幾個大字時，歡呼聲、掌聲和口號聲響得令人擔心天花板會震下來。這時我走進了後台，開始化裝。

會場休息片刻後，活報劇開場了。舞台上開始了關於蘇彝士運河戰爭失敗的辯論。老潤扮的勞埃德像極了，他的鼻子本來就大，這個議會裏所有的英國公民，只有他一個人最像英國人。他的表情也很出色，惱恨、憂懼、無可奈何而又外示矜持，活活是個失敗的外交大臣。

我身旁坐著老元，他也是一位議員，對外交大臣做出很不耐煩的樣子。我們工黨左派議員共有十幾個人，在舞台上佔據著正面，舞台側面是保守黨議席，那裏的人較少，做出灰溜溜的樣子。

戲演了十多分鐘，老元悄悄地對我說（這姿勢是劇本裏要求的）：「你別那麼楞著，來點動作！」我欠欠身，抬頭張望了一下台下，這時發現那些觀眾們似乎對台上注意的不是勞埃德而是我這位左派議員，我心慌起來。在合唱時觀眾還沒有人注意我，現在我成了視線的集中目標了。我的鎮靜尚未恢復過來，老元碰了我一下子：「你說呀，該你說幾句駁他了！」

我慌忙站了起來，面對信口開河的老潤，一時想不起台詞來了。正在緊張中，忽然情急智生，我用英文連聲向他喊道：「NO! NO! NO!……」我這一喊，果然把他的話打斷了，同時我也想起了下面的台詞，連忙接下去說：「勞埃德先生，請你不用再詭辯了，」我一手叉腰，一手指著他：「事實這就是可恥，可恥，第三個還是可恥！」接著，我聽見了台下一片掌聲，台上一片「滾下去！滾下去！」的喊聲，外交大臣勞埃德倉皇失措地跑下台去了。

「你演得不錯！」老元下了台，第一個稱讚了我。「雖然慌了一點，還真不錯！」後來其他人也表示很滿意，對我的即興台詞笑個不住。還有人提起當年我拒絕會見曾與梅蘭芳先生合過影的瑞典王子的事，我也不禁哈哈大笑。

騷動著的會場逐漸平靜下來，話劇《從黑暗走向光明》開場了。

這齣戲的情節把人們引進了另外一個境界裏。第一場寫的是東北舊官僚吳奇節、卜世仁二人在東北淪陷時，搖身一變爲大漢奸，第二場寫他們在日寇投降時正想勾搭國民黨，被蘇軍逮捕了，第三場是被押回國後，在改造中還玩一套欺騙手法，但是終於無效，最後在政府的教育和寬大政策的感召下，認了罪，接受了改造。

劇本編得並不算高明，但是戰犯們對這個富有代表性的故事非常熟悉，每個人都可以從劇中人找到自己的影子，回憶起自己的過去，因此都被吸引住了，而且越看越覺得羞恥。戲裏有一段是漢奸強迫民工修神武天皇廟，大下巴看出這是他的故事，不禁喃喃地說：「演這丟人事幹什麼？」演到漢奸們坐在一間會議室裏，給日本人出主意掠奪東北人民的糧食，做出諂媚姿態的時候，我聽到旁邊有人唉聲歎氣，說：「太醜了！」

我感到最醜的還數不上這個劇中人物，而是在那個偽機關會議室裏的一個掛著布簾的木龕，那是偽滿當時每個機關裏不可少的東西，裏面供奉著所謂「御真影」——漢奸皇帝的相片。當劇中人入場後對它鞠躬時，我覺得世界上沒有比這更醜的東西了。

這齣戲演到最後一幕，政府人員出來向吳奇節、卜世仁講解了改造罪犯的政策時，會場上的情緒達到了整個晚會的最高峰，掌聲和口號聲超過了以往我聽到的任何一次。

這與其說是由於劇情，不如說是由於幾年來生活的感受，特別是由於最近從家屬來信、家屬會見、外出參觀、日本戰犯在中國法庭上認罪等等一系列事情上直接獲得的感受，今天一齊發生了作用。在震耳的口號聲和鼓掌聲中，還有被湮沒的哭泣聲。在我前面幾排處一個矮胖的人，低垂著白頭，兩肩抽搐著，這是和溥傑同組的老劉，那個不親眼看見女兒就不相信事實的人。在我後面哭得出了聲的是那個恢復了父親身分的老張，他的胸袋上的金筆正閃閃發光。

晚會上出現的激動情緒，充分地說明了這個世界對我們存在著「光輝」，而且是越來越明亮的光輝。新年過去不久，有一批人得到了免訴處理，被釋放了。這一批共十三人，其中有我的三個侄子和大李。在熱烈的送別之後，我們又度過了一個更歡騰的春節，我們又組織了更好的晚會（演出第二個自編的劇目《兩個時代的春節》，這個劇描寫的是一個東北村莊在偽滿與解放後不同的景況）。春節過後，第二批四名犯人又得到了釋放，其中有我的兩個妹夫。在這時候，那位法國人卻給我寫來了那封說什麼「世界上的光輝」的信！

八、再次參觀

一九五七年下半年，我們再次出去參觀，這次參觀，我們到過瀋陽、鞍山、長春和哈爾濱四個城市，看了一個水庫工地（瀋陽大伙房），十八個工廠，六個學術單位和學校，三個醫院，兩個展覽館，一個體育宮。在哈爾濱訪問了受過日本七三一細菌部隊災害的平房區，晉謁了東北烈士館。這次參觀我們獲得了比上次更加深刻的印象。我這裏只想說說其中的幾點觀感。

我們看到的企業，除了少數是日本人遺留下來的以外，大多數是新建的。日本人遺留下來的企業在接收時幾乎全是一堆破爛，像鞍鋼和瀋陽機床廠，就都經日本人和國民黨破壞過，到了人民政府手裏重新恢復、擴建，才成爲今天這樣巨大的規模。許多見過那些舊日企業規模的僞大臣，都感到非常驚奇。使我最感驚奇的，是從許多新設備上看到了用中國文字寫的牌號、規格。我雖然沒有別人那樣多的閱歷，但是從前一提到機器，在心裏永遠是跟洋文聯繫著：MADE IN USA，MADE IN GERMANY，……現在，我看到了中國自己製造的成套裝備，而且這些企業的產品，就有一部分是要出口的。在那些產品上，赫然寫著：「**中華人民共和國製造**」。

在鞍山鋼鐵公司裏，我站在龐大的鋼鐵建築面前，簡直無法想像它是怎樣從一堆破爛中恢復和擴建起來的。然而這是事實。日本人在離開的時候說：「把鞍山給中國人種高粱去吧！要想恢復，平心靜氣地說，要二十年！」中國人在這裏沒有種高粱，三年時間，把它恢復起來了，而且達到了一百三十五萬噸的年產量，遠遠超過了偽滿時期的最高紀錄，又過了一個五年，年產量達到了五百三十五萬噸，等於從一九一七年日本在鞍山創辦昭和製鋼所起，一直到一九四七年國民黨最後撤走止，這三十一年的累計產量。

在參觀中，我看到了無數這類的例子。每個例子都向我說明：中國人站起來了。中國人不但在戰場上可以打勝仗，而且在經濟建設上一樣能打勝仗。如果不是我親眼看到這個事實，如果十年前向我做出這樣預言，不僅勸中國人種高粱的日本人不信，連我也不信。

在過去的四十年間，我根本忘掉了自己的國籍，忘掉了自己是中國人。我曾隨著日本人一起稱頌大和民族是最優秀的民族，我曾跟鄭孝胥一起幻想由「客卿」、「外力」來開發中國的資源，我曾與溥傑多次慨歎中國人之愚蠢與白種人之聰明。我進了管理所，還不相信新中國能在世界上站得住。在朝鮮戰場上中朝人民軍隊打了勝仗，我不是覺得揚眉吐氣而是提心吊膽，擔心美國人會扔原子彈。我不明白，在聯合國講壇上，中國共產黨人何以敢於控訴美帝國主義，而不怕把事情鬧大。我不明白在板門店的談判桌上，朝中方面的代表何以敢於對美國人說：「從戰場上得不到的東西，休想從會議桌上得到。」總之，我患了嚴重的軟骨病。

美國在朝鮮停戰協定上簽了字，日內瓦會議上顯示出新中國在國際事務上的作用，這時我不由地想起了從鴉片戰爭以來的外交史，想起了西太后「量中華之物力，結與國之歡心」的政策，想起了蔣介石勒令人民對帝國主義兇犯忍辱吞聲以表示「泱泱大國民風」的「訓示」。中國近代一百零九年的對外史，就是從我曾祖父道光帝到國民黨蔣介石的軟骨症的病歷。從一八七一年清朝為了天津教案事件正式派遣外交使節崇厚到法國去賠禮道歉起，到李鴻章去日本馬關，我父親去德國，以至北洋政府外交官參加巴黎和會，孔祥熙參加英王加冕典禮，哪一個不是去伺候洋人顏色的呢？

在那一百零九年間，那些帶著從大炮、鴉片一直到十字架和口香糖的自以為文明、高尚的人，他們到中國來，任意地燒、殺、搶、騙，把軍隊駐紮在京城、口岸、通都大邑、要道、要塞上，無一不把中國人看做奴隸、野人和靶子。他們在中國的日曆上，留下了數不清的「國恥紀念日」。他們和道光帝、西太后、奕劻、李鴻章、袁世凱、段祺瑞、蔣介石訂了成堆的變中國人為奴隸的條約。以致在近百年的外交關係史上，出現了各種恥辱的字眼：利益均沾、機會均等、門戶開放、最惠國待遇、租借地、關稅抵押、領事裁判權、駐軍權、築路權、採礦權、內河航行權、空運權……除此而外，他們得到的還有傷驢一條賠美金百元，殺人一命償美金八十元，強姦中國婦女而不受中國法庭審判等等特權。

現在，那種屈辱的歷史是一去不復返了。中國人揚眉吐氣地站起來了，正滿懷信心地建設自己的祖國，讓一個個發出過恥笑聲的「洋人」閉上了嘴。

在長春第一汽車製造廠，我們聽到了一個小故事。汽車廠剛開始生產時，有個小學校的孩子們要來參觀。汽車廠打算派車去接，孩子們打電話來問是不是新造的車，廠方回答說，新造的是運貨卡車，坐著不舒服，準備派去的是進口的大轎車。孩子們表示了不同的看法，說：「進口轎車不如運貨卡車舒服，我們要坐祖國造的卡車！」

祖國，她在孩子們的心裏是如何崇高呵！而在我過去的心中，卻四十多年一直沒個影子。

作爲一個中國人，今天無論是站在世界上，還是生活在自己的社會裏，都是最尊嚴的。

關於別人日常怎麼樣地生活，我在過去（除了偽滿後期一段時間以外）對這問題總懷有好奇心。我有生第一次出去滿足這種好奇心，是到我父親的北府，第二次是藉探病爲名去看陳寶琛。我對他們的自由自在的生活很羨慕。

後來我在天津，從西餐館和外國娛樂場所觀察過那些「高等華人」，覺得他們可能比我「自由」，但是不如我「尊貴」，我不太羨慕他們，但好奇心仍在。在僞滿，只顧擔憂，不大好奇了。回國之後，起初根本沒想過這類問題，別人如何生活，與我無關，後來我感到前途明亮起來，這個問題又對我有了現實性，所以在這次參觀中，我特別留心了這個問題。結果是，勾起了我無數回憶，心中起了無限感慨。

獲得印象最深的是在哈爾濱。哈爾濱兒童公園裏的兒童鐵道，使我想起了跟螞蟻打交道的童年。我從兒童醫院的嬰兒出生統計和保健情況上，看出了這在當年清朝皇族家庭中，也是不可企望的。

我坐在哈爾濱太陽島的條椅上，遙望江中的遊艇，聽著草地上男女青年們的手風琴聲和唱歌聲，想起了我前半生的歲月。我不但沒高興地唱過，就連坐在草上曬曬太陽的興致都沒有，更不用說是隨意地走走了。那時我擔心廚子賺我的菜錢，擔心日本人要我的命……而這裏，一切都是無憂無慮的。

在我前面幾丈遠的水濱上，有個青年畫家在專心致志地寫生。我們坐在他身後，一直就沒看見他回過一次頭。他的提包和備用的畫布都堆在條椅腳下，根本沒有人替他看管，他似乎很有把握地知道，決沒有人會拿走他的東西。這樣的事，在舊社會裏簡直不可想像，而在這裏卻是個事實。

這也是一個事實：公園裏的電話亭裏，有一個小木箱，上面貼著一張寫著「每次四分，自投入箱」的紙條。

據一個同伴說，太陽島上從前有個俱樂部，上一次廁所都要給小費的。但是現在，家裏人來信說，你無論在哪個飯館、旅店。澡堂等等地方，如果給服務人員小費，那就會被服務員看做是對他們的侮辱。這也是事實。

在哈爾濱最後幾天的參觀，我從兩個地方看出了世界上兩類人的不同。一個地方是日本七三一細菌部隊造過孽的平房區，另一個地方是東北烈士館。

二次大戰後，日本出版了一本《七三一細菌部隊》，作者署名秋山浩，是七三一部隊的成員，寫的是他在部隊時，從一個角落上所看到的事情。據書上說，這是一座周圍四公裏的建築群，主樓比日本丸之內大廈大四倍，裏面有三千名工作人員，養著數以萬計的老鼠，擁有所謂石井式孵育器四千五百具，用鼠血繁殖著天文數字的跳蚤，每月生產鼠疫病菌三百公斤。

「工場」裏設有可容四五百人的供試驗用的活人監獄，囚禁的人都是戰俘和抗日愛國的志士們，有中國人，蘇聯人，也有蒙古人民共和國的公民。這些人不被稱爲人，只是被他們叫做「木頭」。

每年至少有六百人被折磨死在裏面，受到的試驗令人慘不忍聞：有的被剝得淨光，在輸進冷氣的櫃子裏受凍傷試驗，舉著凍掉了肌肉只剩下骨頭的手臂哆嗦著；有的像青蛙似地放在手術台上，被那些穿著潔白的工作服的人解剖著；有的被綁在柱子上，只穿一件小褲衩，忍受著細菌彈在面前爆炸；有的被餵得很肥壯，然後接受某種病菌的感染，如果不死，就再試驗，這樣一直到死掉爲止……

那個作者在七三一部隊時聽說，培養這些病菌，威力可超過任何武器，可以殺掉一億人口，這是日本軍人引以自豪的。

在蘇聯紅軍進逼哈爾濱的時候，這個部隊爲了消滅罪證，將遺下的幾百名囚犯一次全都毒死，打算燒成灰埋進一個大坑裏。由於這些劊子手過於心慌，大部分人沒有燒透，坑裏埋不下，於是又把半熟的屍體從坑裏扒出來，分出骨肉，把肉燒化，把人骨用粉碎機碾碎，然後又用炸藥把主建築炸毀。

不久以後，附近的村莊裏有人走過廢墟，看到一個破陶磁罐子裏盡是跳蚤。這人受到了跳蚤叮咬，萬沒想到，劊子手遺下的鼠疫菌已進到他的體內。於是這個村莊便發生了鼠疫。人民政府馬上派出了醫療大軍進行防治搶救，可是這個一百來戶的村子還是被奪去了一百四十二條性命。

這是我訪問的一個社員，勞動模範姜淑清親眼看到的血淋淋的事實。她給我們講了這個村子在僞滿時期受過的罪之後，說：「日本小鬼子投了降，繳了槍，人民政府帶著咱過上了好日子，有了地，給自個兒收下了莊稼，大夥高高興興地都說從這可好了，人民政府領導咱們就要過好日子了，誰知道小鬼子的壞心眼子還沒有使完，走了還留下這一手！狠毒哪！」

「人活在世上，總應該做些對人類有益的事，才活得有意義，有把握。」

這是有一次所長說的話。這句話現在從我心底發出了響聲。製造鼠疫菌的「瘟神」們和供奉「瘟神」的奴僕們，原是同一類的人，同是爲了私欲，使出了一切毒辣和卑鄙的手段，不惜讓成億人走進毀滅。然而，這是枉然的，沒有「把握」的。「瘟神」的最科學的武器並不萬能，最費心機的欺詐並不能蒙住別人的眼睛。被毀滅的不是人民，而是「瘟神」

自己。「瘟神」的武器和它的供奉者沒留下來，留下來的是今天正在建設幸福生活的人民，包括曾住在離「瘟神」不過幾百米地方的金星農業社這個村莊。這真是活得最有「把握」的人。由於他們是同樣地有「把握」，所以姜大娘說的是台山堡劉大娘同樣的話：

「聽毛主席的話，好好學習，好好改造吧！」

無論是在姜大娘的乾淨明亮的小屋裏，還是農業社的寬闊的辦公室裏，我都有這樣一個感覺：金星社的社員們談到過去，是簡短的、緩慢的，但是一提到現在和未來，那氣氛就完全不同了。談到今天的收成，特別是他們的蔬菜生產，那真是又仔細，又生動。爲了證明他們的話，社員們還領我們去看了他們的暖窖設備，看了新買來的生產資料——排灌機、載重汽車、各種各樣的化肥，看了新建的學校、衛生所和新架設的電線。當他們談到明年的計劃指標時，更是神采飛揚。社長說得很謹慎，他向我指著一排一排新建的瓦房說：「明年大秋之後，我想可能多蓋幾間。」他說到幾間時，我們誰也不相信那僅僅是三五間或十來間。

在我們離開這個村莊的時候，社員們搬來了整筐的黃瓜、小紅蘿蔔送給我們。「留下吧，這是咱社裏剛收的，東西不值錢，可是很新鮮。」社長不顧我們的辭謝，硬把筐子送進我們的車裏。

我在車窗口凝視著逐漸遠去的金星社新建的瓦房頂，回想著金星社長說到的那幾句：「我想著……。」不知爲什麼，這句非常平凡的話，聽在耳朵裏，曾給我一種不同凡響的感覺。現在我明白了。這些曾被我輕視過的認為最沒文化的人，他們用自己的雙手勤勤懇懇地勞動著，他們做的事情是平凡而又偉大的，因為他們讓大地給人類生長出糧食和蔬菜瓜果；他們的理想也是平凡而又偉大的，因為他們要讓茅屋變成瓦房，以便讓人們生活得更加美好。而那些曾被我敬畏過、看做優秀民族代表的日本軍國主義者，他們掌握著近代的科學技術，幹的卻是製造瘟疫、製造死亡的勾當，他們也有理想，這理想便是奴役和消滅掉被壓迫的民族。這兩種人，究竟是誰文明誰野蠻呢？

平房區「細菌工場」遺留下的瓦礫，告訴了人們什麼叫做醜惡，東北烈士館裏每一件烈士的遺物又告訴了人們什麼叫做善良。這裏的每件陳列品都在告訴人們：它的主人當初為了人類最美好的理想，如何流盡了最後一滴鮮血，讓生命發出了最燦爛的光輝。無論是細菌工場的殘磚爛鐵還是東北烈士館裏的血衣、遺墨，都是一面鏡子，從這面鏡子裏照出了我們這群參觀者過去的醜陋形象。

東北烈士館是一座莊嚴的羅馬式建築，當初被偽滿哈爾濱警察署佔用過十四年。在那血腥的年代裏，這裏不知有多少骨頭最硬的中國人被審問、拷打、送上刑場。陳列在這裏的烈士照片和遺物，僅僅是極小的一部分。烈士館中每件實物和每件事蹟，所指出的具體時間和地點，都可以引起一件使我羞愧的回憶。事變發生的第三天——一九三一年九月二十一日，中國共產黨滿洲省委召開緊急會議，號召東北的黨員和一切愛國士兵立即武裝起來，和敵人作鬥爭。那個決議書和哈爾濱小戎街三號省委故居的照片，把我引回到二十多年前靜園的日子。為了挽救民族於危亡，東北人民在黨的領導下，不顧蔣介石的阻攔，自己起來戰鬥了，而我在靜園裏卻加緊了賣國的罪惡活動。我想起了土肥原和板垣，鄭孝胥父子和羅振玉，湯崗子和旅順……

在講解人員介紹楊靖宇將軍的事蹟的時候，我又回憶起那幾次「巡幸」到東邊道——楊靖宇、李紅光等將軍的抗聯第一軍活動地區——的情形。我在那裏看見過長白山的頂峰，看見過朝霧和初升的太陽。祖國的山野美景沒動我的心，引起我注意的倒是鐵路兩側的日本憲兵、偽滿國兵和警察。日本人辦的報紙上總在報導東邊道的「土匪」已剿淨，但是那次「巡幸」到這一帶，還是如臨大敵，惶惶不安。一直到最後逃亡到通化、大栗子溝，我還聽說這裏「不太平」。抗日聯軍在這一帶一直戰鬥到日本投降。最後被消滅的不是抗聯，而是自稱勝利者的日本皇軍。

抗聯當時面對著強大的關東軍和裝備優越的偽滿國兵，處境的艱苦是難以想像的，但是從陳列的當時使用過的飯鍋、水壺、自製斧頭、磨得漆皮都沒有了的縫紉機等等生活用具上，我似乎看到了這些用具的主人的聲容笑貌——這是我從龍鳳礦那位青年主任的臉上看見過的，是只有充滿著堅強信心的人才可能有的聲容笑貌。在一雙用樺樹皮做的鞋子面前，我似乎聽到了那種自信、高亢的聲調，唱出了那首流傳過的歌謠：

樺皮鞋，是國貨，自己原料自己做。野蔴搓成上鞋繩，皮子就在樹上剝。樺皮鞋，不簡單，戰士穿上能爬山；時髦小姐買不到，有錢太太沒福穿。樺皮鞋，真正好，戰士穿上滿山跑，追得鬼子喪了膽，追得汽車嘟嘟叫！

日本人當初叫我「裁可」一批批的法令，然後據此施行了集家併屯、統制糧穀等等政策，封鎖了山區，用盡一切辦法去斷絕抗聯軍隊與外界的經濟聯繫。它也確實做到了這一點，甚至楊靖宇將軍和一部分部隊被包圍起來了，絕糧的情況是千真萬確的事實了，但是戰鬥還是在繼續著，繼續到日本人懷疑了自己所有的情報和所有的常識。爲什麼這些人沒有糧還在打？他們吃什麼？楊靖宇將軍不幸犧牲了，日本人爲了解開這個謎，破開了將軍的肚子，他們從這個堅強不屈的人的胃裏，找到的是草根、樹葉……

我記起了吉岡安直發出過的歎息：「共產軍，真是可怕！」在擁有飛機、坦克的日本皇軍眼裏，草根竟然是可怕的東西。

在楊靖宇將軍和他的戰友們歌唱著樺皮鞋，嚼著草根，對著那張舊地圖上展望著祖國大地未來的時候，我正在害著怕，怕日本人的拋棄，怕夜間的噩夢，我正吃煩了葷腥，終日打卦念經……

楊靖宇將軍遺下的地圖、圖章、血衣和他小時候寫的作文本，在我的眼前模糊起來。在我身後——我的同伴和日本戰犯們中間傳過來哭泣聲，聲音越來越響。參觀到趙一曼烈士遺像面前的時候，有人從行列中擠了出來，跪在烈士像前一面痛哭一面碰頭在地。

「我就是那個僞警署長……」

這是僞勤勞部大臣于鏡濤，他原先是這個哈爾濱的警察署長，趙一曼烈士當初就押在這個警察署，就是在這間陳列室裏受的審訊，而審訊者之中正有這個于鏡濤。

當年的審訊者，今天成了囚犯，受到了歷史的審判。不用說，應該哭的決不僅是于鏡濤一個人。

九、勞動與樂觀

經過這次參觀，我深信新社會的大門對我是敞開著的，問題就看我自己了。

我滿懷希望地邁進了一九五八年。這時我已經有了樂觀情緒。這種情緒最早的出現，是在一九五七年秋季抬煤的時候。

每年秋季，管理所就大量地運來煤炭，一部分準備冬季取暖，一部分製成煤磚供蔬菜溫室使用。我們冬季吃的青菜都是自己暖房生產的。

從前每次搬運煤炭和製作煤磚都用不著我們，我們從這年起才開始參加這項勞動。這時我的體質與往年大不相同了。在本組裏我和老王、蒙古族老正與一個僞將官年歲較小，凡是重活大都由我們四個人做，我因此得到了鍛煉，體質有了顯著的增強，從前的毛病已全部消失。在製作煤磚的勞動中，我擔任的是比較費力氣的抬煤工作。這天因爲所長和一些幹部都來參加製作煤磚，大夥幹得特別起勁。臨完工，我和老憲又多抬了三滿筐。交工具的時候，我聽見王看守員對一個同伴說：

「我看溥儀幹活是實在的。他不挑顯眼的幹。」

我和老憲放下煤筐，到樹杈上拿衣服穿，所長笑著問我：

「溥儀，你的肩膀行不行？」

我看看肩膀，回答說：「不痛不腫，只略有點紅。」

「你現在的飯量怎樣？」

「乾飯三大碗，大餃子可以吃三十多個。」

「不失眠了？」

「躺下就睡著，什麼病也沒有了。」

在場的人不論是所方人員還是夥伴們，全衝我樂起來。顯然，這是和從前完全不同的笑聲。我覺得受譏笑的日子已成爲過去了。

我這時在其他方面，也有了進步，例如學習《政治經濟學》和《歷史唯物主義》，並不像從前那樣吃力了，在自己的衣物整潔方面，跟別人的距離也大大縮小了。不過，我最有信心的還是勞動。只要不叫我做那些像紮紙花之類的細巧活，我的成績總是第一流的。即使是理論學習成績最好的人，都不免在這方面對我表示羨慕。

夥伴們的羨慕和我的信心的增長，與其說是由於勞動觀點的樹立，還不如說是由於社會上新出現的勞動風氣的啓示。從一九五七年末開始，我們就從報紙、家信以及所內人員的各種新動態上覺出了一種新風氣，好像人人都在爭著參加體力勞動，把體力勞動看做是最光榮的事。

數以萬計的幹部上山下鄉了，學校裏增加了勞動課，出現了各式各樣的短期義務勞動的隊伍。在所裏，我們不但看到了幹部們做煤磚，而且看到所長和科長們在廚房裏洗菜、燒火，以及在甬道裏挑送飯菜。每天清晨，我們還沒起床，院子裏就傳來了木製車輪聲和車上的鎬、鍬撞擊聲。

這種聲音告訴我們，所長和幹部們已經出門到後山開荒去了。這一切都在啓示我們說：在新社會裏，勞動是衡量人的一項標準，當然，在改造中更不能例外。

我忘記了是誰告訴過我，許多人都錯誤地把勞動看做是上帝對人類的懲罰，只有共產黨人才正確地把勞動看做是人類自己的權利。

我當時對任何神佛都已喪失了興趣，看不出勞動和上帝有什麼關係。我們每個人都能看出，勞動對於共產黨人來說，確實是一件很自然的事。記得有一次我們清除一堆垃圾，文質彬彬的李科員從這裏走過，順手拿起一把鐵鍬就幹起來，幹得比我們既輕快又麻利，而且一點不覺得多餘。

一九五八年，勞動之受到重視，勞動之成爲熱潮，給我們的感受就更深了。我從北京的來信中，知道了許多新鮮事。從來悶在家裏不問外事的二妹，參加了街道上的活動，與高采烈地籌備著街道托兒所，準備幫助參加勞動的母親們看管孩子。

在故宮裏工作的四妹參加了德勝門外修湖的義務勞動，被評爲「五好」積極分子。三妹夫和三妹都參加了區政協的學習。老潤和區政協的老頭們參加了十三陵水庫工程的勞動，這些人的年齡加起來有七百六十六歲，工地上就稱他們爲「七六六黃忠隊」，他因爲一件先進經驗的創造而得到了表揚。五妹夫老萬和五妹，以自豪的口吻報導大兒子的消息，這個學地質的大學生參加了關於利用冰雪問題的科學研究工作，作爲向自然進軍的尖兵，正在向祖國西北一座雪峰探險攀登。

幾個侄子和大李都有了工作，在市郊農場做了生產小隊長。到處是勞動，到處是歡騰，到處是向自然進軍的戰鼓聲。人人都爲了改變祖國的落後面貌的偉大歷史運動，貢獻出自己的一份力量。夥伴們收到的家信中反映的氣氛全是如此。後來，大家知道了毛主席和周總理以及部長們都參加了十三陵水庫的勞動，簡直就安靜不下來了，一致向所方和學委會提出，要求組織生產勞動。

所方滿足了大家的要求，先試辦了一個電動機工廠，製造小型電動機。後來因爲這種生產很有前途，而我們一所的人力既弱又少，又轉交給三所、四所的蔣介石集團戰犯去辦，另給我們安排其他的勞動。

這次的安排，是按照各人的體質和知識等條件，並且是從培養生產技能著眼的。我們共編成五個專業組，即畜牧組、食品加工組、園藝組、蔬菜與溫室組和醫務組。我和老元、老憲、老曲（偽滿四平省長）、老羅（偽滿駐外使節）五人被編入醫務組。我們的工作是每天掃除醫務室，承擔全部雜務和一部分醫務助理工作，邊做邊學，另外每天有兩小時的醫學課程，在醫務室溫大夫的輔導下，自己讀書和集體討論。我的四個同學都當過醫生，三人複習西醫，老羅和我學的是中醫。此外，針灸是五人的共同課。分組勞動了一段時間，我又有了新的信心。

我初到醫務組時，醫務助理業務遠不如那四位同學。我製作外科用的棉球時，做得活像從舊棉絮裏揀出來的；我量血壓時，注意了看錶就忘了聽聽診器，或者顧了聽又忘了看；我學習操縱血壓電療器械時，起先老是手忙腳亂，總弄不好。只有在幹雜活、用體力時，我比他們每人都強。後來，我下定決心非學好業務不可。大夫或護士教過了我，我再找同學們請教，同學們教過了，我獨自一人又不停地練習。

這樣學了一段時間，醫務助理業務慢慢地弄會了。那時每天有個日本戰犯來電療，每次完畢之後，他總是向我深深一躬到地，並且說：「謝謝大夫先生。」我不禁高興地想，固然我的白罩衣和眼鏡可能引起了誤會，但是這也說明我的操作技術得到了患者的信任。第一個學程終了，溫大夫對我們進行了測驗，結果我和別人一樣地得了個滿分。

在試製電動機的時候，我曾遇到過很堵心的事。電動機的生產分組名單，是學委會提出的。自老萬、小瑞等人釋放後，大家新選了前僞滿總務廳次長老韋、溥傑、老王和兩個僞將官爲委員，老韋爲主委。凡是帶技術性的工作，這個學委會都不給我做，帶危險性的也不給我做，纏線圈怕我纏壞，鑄鐵怕我出事故，結果只把一項最簡單的工作交給我，讓我跟幾個老頭搗焦炭——把大塊焦炭搗成小塊。我把這看做是對我的輕視，交涉幾次都沒結果。現在，我把醫務助理業務學得跟別人一樣了，連那個治高血壓的日本人都把我誤認成大夫，第一次測驗又得了個滿分，相信自己並不十分笨，這樣地學下去，自信必能學得一技之長，沒有四百六十八件珍寶，自信照樣能生活。

有一天，我要求見所長。這時老所長已經調了工作，這裏成了他兼管的單位，不常來上班，接見我的是一位姓金的副所長。這位年輕的副所長精通日文，原是專管日本戰犯的，日本戰犯大批遣送回國後，他照顧了全所的工作。我對他說：

「我交出的那批首飾，政府應該正式收下來了。存條我也早丟掉了。」

我以爲副所長對這件事的過程未必清楚，想從頭再說一遍，不料他立刻笑著說：

「這件事我知道。怎麼，你已經有了自食其力的信心了？」

這天，我用了一整天的時間講了四百六十八件珍寶（這些東西後來進了陳列室）的每件的來歷，由一位文書人員做了記錄。完成了這件工作，我走到院子裏，渾身輕鬆地想：

「副所長的那句話，無疑的是一句寶貴的鑒定。看來，我進步的不錯吧？快到了做個正經人的那天了吧？」

十、考驗

我的自我估計，又過高了。我遇到了考驗。

全國各個生產戰線上都出現了大躍進的形勢，所方在這時向我們提出，爲了讓思想跟上形勢，加緊進行學習改造，有必要進行一次思想檢查，清除思想前進途中的障礙。辦法是在學習會上每人談談幾年來思想認識上的變化，談談還有些什麼問題弄不通。別人可以幫助分析，也可以提出問題要本人講清楚。在輪到我的時候，發生了問題。

我談了過去的思想，談了對許多問題的看法的變化，在徵求意見時，有人問我：

「像我們這樣出身的人，跟日本帝國主義的關係是深遠的，在思想感情上還可能有些藕斷絲連。你跟日本人的關係不比我們淺，別人都談到了這個問題，你怎麼一點沒談？難道你就沒有嗎？」

「我對日本人只有痛恨，沒什麼感情可言，我跟你們不一樣。」

我的話引起了很多人的反感。有人說：「你爲什麼這樣不虛心？你是不是還以爲比人高一等？」有人說：「你現在是什麼感情？難道你比誰都進步？」有的人舉出許多過去的例子，如我去日本作的詩，我扶日本皇太后上台階等等，說明我當時比誰都感激日本人，現在卻全不承認，令人難以置信。我回答說，我過去與日本人是互相利用，根本不是有感情；我並非看不起在座的人，只是直話直說。這番解釋，並沒有人同意。後來，當我談到逃亡大栗子溝心中懼怕的情形，有人問我：

「日本人要送你去東京，先給你匯走了三億日圓準備著，你不感激日本帝國主義嗎？」

「三億日圓？」我詫異起來，「我不知道什麼三億日圓！」

其實，這不是一件多大的問題。日本關東軍從僞滿國庫裏提走了最後的準備金，對外宣稱是給「滿洲國皇帝」運到日本去的。這筆錢我連一分錢都沒看見過，別人都知道這件事，並不當做我的罪行，不過是想了解一下我當時的思想感情而已。我如果能夠冷靜地回憶一下，或者虛心地向別人打聽一下，就會想起來的，但是我並沒有這樣做，而是非常自信、非常堅決地宣稱：「我根本不知道這回事！」

「不知道？」許多知道這回事的人都叫起來了，「這是張景惠和武部六藏經手的事，張景惠這才死，你就不認賬啦？」又有人問我：「你在認罪時難道沒寫這事嗎？」我說沒有，他們就更驚異了：「這件事誰不知道呀！」「這可不是三百三千，這是三億呀！」

到了晚上，我這才認真地回憶了一下。這一想，我忽然想起來了。在大栗子溝時，熙洽和我說過，關東軍把僞滿銀行的黃金全弄走了，說是給我去日本準備日後生活用的。這一定就是那三億日元了。那時我正擔心生命的危險，竟沒把這回事放在心裏。第二天，我又向別人問過，確實是這回事，因此在小組會上向大家說了。

「你從前爲什麼隱瞞呢？」幾個人一齊問。

「誰隱瞞？我本來就是忘了！」

「現在還說忘了？」

「現在想起來了。」

「怎麼從前想不起來？」

「忘了就是忘了！不是也有忘事的時候嗎？」

這一句話，引起了難以應付的議論：

「時間越久越記得起，越近倒越忘，這真奇怪。」「原來明明是有顧慮，卻不敢承認。」「毫無認錯的勇氣，怎麼改造？」「沒有人相信你的話。政府保險再不上你的當。」「你太喜歡狡辯了，太愛撒謊了！」「這樣不老實的人，能改造嗎？」……

我越辯論，大家越不信，我想這可麻煩了，人人都認爲我在堅持錯誤，堅持說謊了，如果反映到所方去，眾口一詞，所方還能相信我說的嗎？腦子裏這樣一想，活像有了鬼似的，馬上昏了頭。我本來沒有他們所說的顧慮，現在卻真的有了顧慮。「以曾子之賢，曾母之信，而三人疑之，則慈母不能信也！」想起這個故事，我失掉了所有的勇氣，於是我的舊病發作了——只要能安全地逃過這個難關，什麼原則都不要了。不是檢討一下就可以混過去嗎？好，我承認：我從前是由於顧慮到政府懲辦，沒有敢交代，現在經大家一說，這才沒有顧慮了。

三億元的事固然是真的忘了，然而在這個問題上，卻正好把我靈魂深處的東西暴露了出來。

以後小組裏再沒有人對我的問題發生興趣了，可是我自己卻無法從腦子裏把這件事拋開。我越想越不安，覺得事情越糟。明明是忘了，卻給說成是隱瞞；我害怕政府說我不老實，偏偏又不老實，說了假話。這件事成了我的心病，我又自作自受地遇到了折磨。

在從前，我心中充滿了疑懼，把所方人員每件舉動都看成包含敵意的時候，我總被死刑的恐懼所折磨。現在，我明白了政府不但不想叫我死，而且扶植我做人，我心中充滿了希望，不想又遇到了另一種折磨。越是受到所方人員的鼓勵，這種折磨越是厲害。

有一天，看守員告訴我，所長找我去談話。我當時以爲一定是問我那三億日元的事。我估計所長可能很惱火，惱我受到如此待遇，卻仍舊隱瞞罪行不說。如果是這樣，我真不知怎樣辦才好。但同時也另有一種可能，就是所長會高興，認爲我承認了錯誤，做了檢討，說不定因此稱讚我幾句。如果是這樣，那就比罵我一頓還難受。我心裏這樣搗了一陣鬼，等進了所長的接待室，才知道所長談的完全是另外一件事。

然而由於這次見所長的結果，卻使我陷進了更深的苦悶中。

老所長已經許多日子不見了。這次他是陪著另一位首長來的。他們問過我的學習和勞動情況後，又問起我關於除四害的活動情形。

所長說，他聽說我在捕蠅方面有了進步，完成了任務，不知在這次開展的捕鼠運動中有什麼成績。我說還沒有訂計劃，不過我想我們組裏每人至少可以消滅一隻。

「你呢？」坐在所長旁邊的那位首長問。我這才認出來，原來這是在哈爾濱時，問我爲什麼對日本鬼子的屠殺不提抗議的那位首長，不禁有些心慌。沒等我回答，他又問：「你現在還沒開『殺戒』嗎？」說罷，他大笑起來。笑聲衝散了我的慌亂情緒，我回答說，我早沒那些想法了，這次打算在捕鼠運動中一定消滅一隻老鼠。

「你的計劃太保守了！」他搖頭說，「現在連小學生訂的計劃都不只每人一隻。」

「我可以爭取消滅兩隻。」我認真地說。

這時所長接口說，不給我訂指標，我可以盡量去做。談到這裏，就叫我回來了。

從所長那裏回來，我心頭有了一種沉重感。這倒不是因爲對平生未試過的捕鼠任務感到爲難，而是我由這次談話聯想起許多事情。我想起不久前的一次消滅蚊蠅運動中，所方特意檢查過我的計劃，我想起了由於學會了洗衣服而受到了所長的鼓勵，……所方在每件事情上對我一點一滴地下功夫，無非是爲了我「做人」。可是，我卻又騙了一次人，我想，即使捉到一百隻老鼠，也不能抵消我的錯誤。

剛下班的江看守員見我在俱樂部裏獨自發呆，問我是不是有了捕鼠辦法，並且說他可以幫助我做個捕鼠器。老實說，我不但沒辦法捉老鼠，就連老鼠藏在哪兒全不懂。我巴不得地接受了他的幫助。在跟他學做捕鼠器的時候，我剛放下的心事又被勾起來了。

我們一邊做捕鼠器，一邊聊起天來。江看守員從捉老鼠說起了他的幼年生活。我無意間知道了他的少年時代的悲慘境遇。我完全想不到這個平素非常安靜、待人非常和氣的青年，原來在僞滿時期受了那麼大的罪。他是「集家併屯」政策的典型犧牲者。由於連續三次集家併屯，寒天住在窩舖裏，他全家感染上傷寒，弟兄八個，死得只剩下了他一個。死掉的那七個弟弟，全是光著身子埋掉的。

我們把捕鼠器具做好，他的故事也斷了。他領著我去找鼠洞，我默默地跟著他，想著這個被偽滿政權奪去七個兄弟生命的青年，何以今天能這樣心平氣和地幫我捉老鼠？這裏所有的看守員都是這樣和氣，他們過去的境遇又是怎樣的？後來，我忍不住地問他：

「王看守員和劉看守員，都在偽滿受過罪嗎？」

「那時候誰不受罪？」他說，「王看守員給抓了三次勞工，劉看守員被逼得無路可走，投了抗日聯軍。」

我現在明白了，不用問，東北籍的所方人員在偽滿時期全是受過罪的。

我按著他的指導，果然完成了任務，而且是超額兩倍。王看守員和劉看守員聽說我捉住了老鼠，都像發現了奇蹟似地來看我的「俘虜」，都稱讚我有了進步。聽著他們的稱讚，我心裏很不受用。這些在偽滿時期受夠了罪的人，把我的「進步」看得這樣重要，而我卻仍在騙著他們！

我每天照常到醫務室工作，照常打掃屋子，給病人量血壓，施行電療，學習中醫，那個矮個子日本戰犯照常每天向我鞠躬。可是我聽不清他的話了，《中醫概論》變得難解起來了，給人量血壓時常常要反覆幾次。妹妹和妹夫們來信繼續告訴了他們的新成就，屢次向我表示祝願，盼望我早日改造好，與他們共用幸福生活。這些話現在聽來好像都成了責備。

秋天來了，我們像去年一樣突擊製作煤磚，副所長和幹部們又一齊動手給溫室準備過冬燃料。我盡量多抬煤，卻盡量不想讓所長看見，怕聽到他的誇獎。這時如果聽到了誇獎是比挨罵還要難受的。

有一天，到了施行電療的時間，我忙一些別的事，晚到了一步，已經有兩個人等在那裏了。其中一個是那個每次鞠躬的日本人。我知道他是每次先來的，就讓他先做。出乎我的意料，他卻向另外那個做了個手勢，同時說了一句中國話：

「您請，我不忙。」

「按次序，你先來的。」被他推讓的那個蔣介石集團的戰犯說。

「不客氣，我不忙。我可以多坐一會兒。」他又像解釋似地加了一句：「我就要釋放了。」

我這還是頭一次知道他會說這樣好的中國話。我給那個蔣介石集團的戰犯弄著器械，一邊瞟了那日本人幾眼。只見他面容嚴肅地望著對面的牆壁。過了一會兒，他的視線又移向天花板。

「這間屋子，僞滿時候是刑訊室的一間，」他用低低的聲音說，聽不出他是自言自語，還是跟人說話，「不知有多少愛國的中國人，在這裏受過刑啊！」

過了一會兒，他又指指屋頂說：

「那時候，這上面吊著鐵鏈。牆上都是血。」他環視著牆壁，目光最後停在玻璃櫃上。靜默了一會兒又說，「中國的先生們修理這間屋子的時候，我們還以爲是恢復刑訊室，報復我們，後來看見穿白衣服的大夫先生，又以爲是要拿我們做解剖試驗。誰知道，是給我們治病的醫務室……」

他的聲音哽咽起來。

蔣介石集團的戰犯病號療完走了，我讓這日本人電療。他恭恭敬敬地站立著說：

「我不用了。我是來看看這間屋子。我沒有見到溫大夫，請您轉告他，我沒有資格向他致謝，我是替我的母親謝謝他。謝謝您，大夫先生。」

「我不是大夫，我是溥儀。」

也不知他聽見了沒有，只見他鞠完躬，彎身退出了房門。

我覺著再也支持不下去了。無論所方如何難於理解，我也要把我的假話更正過來。

正在這時，老所長到管理所來了，要找我談話。

我推開了接待室的門。書桌後是那個熟悉的頭髮花白的人。他正看著一堆材料，叫我先坐下。過了一會兒，他合上材料，抬起頭來。

「你們小組的記錄我看了。怎樣？你最近思想上有什麼問題沒有？」

事到臨頭，我又猶豫起來了。我望望那些小組記錄材料，想起了眾口一詞的小組會，我不禁想：他聽了我一個人的話，總是不相信的，我說了真話，有什麼好處？不過，我又怎麼好再騙人呢？

「你說說吧，這次小組會開的怎樣？」

「很好。」我說，「這是系統的總結思想，結論都是正確的。」

「嗯？」所長揚起了眉毛，「詳細說說好不好？」

我覺得自己喘氣都不自然了。

「我說的是真話，」我說，「說我有過顧慮，這結論很對，只是個別例子……」

「爲什麼不說下去？你知道，我是很想多了解一下你的思想情況的。」

我覺得再不能不說了。我一口氣把事情的經過說完，心裏怦怦地跳個不停。老所長十分注意地聽著。聽完，他問道：

「這有什麼難說的？你是怎樣想的？」

「我怕眾口一詞……」

「只要你說的是實話，怕什麼呢？」所長神色十分嚴肅，「難道政府就不能進行調查研究，不能做出自己的分析判斷嗎？你還不夠明白，做人就是要有勇氣的。要有勇氣說老實話。」

我流下了眼淚。我沒料到在他的眼裏，一切都是這樣清楚。我還有什麼說的呢？

十一、特赦

中國共產黨中央委員會的建議

全國人民代表大會常務委員會：

中國共產黨中央委員會向全國人民代表大會常務委員會建議：在慶祝偉大的中華人民共和國成立十週年的時候，特赦一批確實已經改惡從善的戰爭罪犯、反革命罪犯和普通刑事罪犯。

我國的社會主義革命和社會主義建設已經取得了偉大勝利。我們的祖國欣欣向榮，生產建設蓬勃發展，人民生活日益改善。人民民主專政的政權空前鞏固和強大。全國人民的政治覺悟和組織程度空前提高。國家的政治經濟情況極為良好。黨和人民政府對反革命分子和其他罪犯實行的懲辦和寬大相結合、勞動改造和思想教育相結合的政策，已經獲得偉大的成績。

在押各種罪犯中的多數已經得到不同程度的改造，有不少人確實已經改惡從善。根據這種情況，中國共產黨中央委員會認為，在慶祝偉大的中華人民共和國成立十週年的時候，對於一批確實已經改惡從善的戰爭罪犯、反革命罪犯和普通刑事罪犯，宣佈實行特赦是適宜的。採取這個措施，將更有利於化消極因素為積極因素，對於這些罪犯和其他在押罪犯的繼續改造，都有重大的教育作用。這將使他們感到在我們偉大的社會主義制度下，只要改惡從善，都有自己的前途。

中國共產黨中央委員會提請全國人民代表大會常務委員會考慮上述建議，並且作出相應的決議。

中國共產黨中央委員會主席
毛澤東
一九五九年九月十四日

毛主席的建議和劉主席的特赦令所引起的歡騰景象，我至今是難忘的。廣播員的最後一句話說完，廣播器前先是一陣短暫的沉寂，然後是一陣歡呼、口號和鼓掌所造成的爆炸聲，好像是一萬掛鞭同時點燃，響成一片，持久不停。

從九月十八日清晨這一刻起，全所的人就安靜不下來了。戰犯們議論紛紛。有的說黨和政府永遠是說一是一，說二是二。有的說，這下子可有奔頭了。有的說，奔不了多久，出去的日子就到了。有的說，總要分批特赦，有先有後。有的說，也許是全體一齊出去。有的說，第一批裏一定有某某、某某……。然而更多的人都明白，特赦與否是看改惡從善的表現的，因此不少人對最近以來自己的鬆懈傾向，有些後悔。同時也有的人口頭上「謙虛」地說自己不夠標準，暗地裏卻悄悄整理衣物，燒掉廢筆記本，扔掉了破襪子。

休息的時候，院子裏人聲嘈雜。我聽見老元對老憲說：

「頭一批會有誰呢？」

「這次學習成績評比得獎的沒問題吧？你很可能。」

「我不行。我看你行。」

「我嗎？如果我出去，一定到北京給你們寄點北京土產來。我可真想吃北京蜜棗。」

在院子裏的另一頭傳來了大下巴的聲音：

「要放都放，要不放就都別放！」

「你是自己沒信心，」有人對他說，「怕把你剩下！」

「剩我？」大下巴又紅了眼睛，「除非剩下溥儀，要不剩他就不會剩我。」

他說的不錯，連我自己也是這樣看的。大概是第二天，副所長問我對特赦的想法，我說：

「我想我只能是最後一個，如果我還能改好的話。但是我一定努力。」

特赦釋放，對一般囚犯說來，意味著和父母子女的團聚，但這卻與我無太大的關係。我母親早已去世，父親歿於一九五一年，最後一個妻子也於一九五六年跟我辦了離婚手續。即使這些人仍在，他們又有誰能像這裏的人那樣了解我呢？把我從前所有認識的人都算上，有誰能像這裏似的，能把做人的道理告訴我呢？如果說，釋放就是獲得自由和「陽光」，那麼我要說，我正是在這裏獲得了真理的陽光，得到了認識世界的自由。

特赦對我說來，就是得到了做人的資格，開始了真正有意義的新生活。

在不久以前，我剛接到老萬一封信，那信中說他的學地質的兒子，一個大學的登山隊隊長，和同學們在征服了祁連山的雪峰之後到了西藏，正巧碰上了農奴主的叛亂，他和同學們立即同農奴們站在一起，進行了戰鬥。

叛亂平息後，他又和同學們向新的雪峰前進了。在老萬的充滿自豪和幸福的來信中，屢次談到他的孩子是生長在今天，幸而不是那個值得詛咒的舊時代。今天的時代，給他的孩子鋪開了無限光明的前程。

如果不是這樣的時代，他不會有這樣的兒子，他自己也不會有今天，他如今被安排到一個編譯工作部門做翻譯工作，成了一名工作人員，一名社會主義事業的建設者，和每個真正的中國人一樣了。他祝願我早日能和他一同享受這種從前所不知道的幸福。他相信，這正是我日夜所嚮往的。……

特赦令頒布的一個月後，我們一所和七所的人一同又外出參觀。我們又一次到了大伙房水庫。上次一九五七年我們來看大伙房水庫時，只看到一望無際的人群，活動在山間，那時，我們從桌子上的模型上知道它將蓄水二十一．一億公方，可以防護千年一遇的洪水（一萬零七百秒公方），同時還可灌溉八萬頃土地。

我們這次參觀時，已是完工了一年的偉大傑作——一座展開在我們面前的浩瀚的人造海，一條高出地面四十八米、頂寬八米、底寬三百三十米、長達一千三百六十七米的大壩。日本戰犯、偽滿總務廳次長古海忠之這次參觀回來，在俱樂部大廳裏向全體戰犯發表他的感想時，他說了這樣一段話：

「站在大伙房水庫的堤壩上四面眺望，我感覺到的是雄偉、美麗、和平，我還深深地感到這是與自然界作鬥爭的勝利，這是正在繼續戰勝自然的中國人民的自豪和喜悅。……看到這樣的水庫，使我腦海裏回憶起來，在僞滿時代當總務廳主計處長、經濟部次長、總務廳次長等職務時，站在水豐水庫堤壩上眺望的往事；那時也認爲是對大自然作鬥爭，認爲能做這樣世界上大工程的在亞洲只有日本人，而感到驕傲；蔑視中國人是絕對不可辦到的（那時，為了準備戰爭非做不可的工作很多，在勞力方面雖強迫徵用仍感不足，材料也沒有，這個大伙房水庫計劃就打消了）。中國工人衣服破爛不堪，我認爲自己和這些人比，完全是另一種人；我以『偉大的、聰明的、高尚的』人的姿態，傲慢地看著他們。」

「在大伙房水庫勞動著的人們，由於他們充滿了希望，有著衝天的幹勁，忘我的勞動，蓬勃的朝氣，眉宇間顯示出無比的自豪和喜悅。站在小高堤的一角眺望著的我，就是對中國人民犯下嚴重罪行的戰爭罪犯。哪一方面是對的呢？……」

一邊站的是「眉宇間顯示出無比的自豪和喜悅」的中國人民，一邊站的是犯下嚴重罪行的戰犯。我心裏嚮往的就是脫離了後一邊，丟掉這一邊的身分，站到前一邊，即「對的」那一邊來。這是我經過十年來的思索，找出的唯一道路。

十年來的經歷和學習，使我弄清了根本的是非。這十年間，抗美援朝的勝利，日本戰犯的認罪，中國在外交上的勝利和國際聲譽的空前提高，國家、社會、民族的變化，包括我的家族以及往最小處說，例如我自己體質上的變化，這一切奇蹟都是在共產黨——十年以前我對它只有成見、敵意和恐懼——的領導下發生的。這十年來的事實以及一百多年的歷史，對我說明：決定歷史命運的，正是我原先最看不起的人民；我在前半生走向毀滅是必然的，我從前恃靠的帝國主義和北洋反動勢力的崩潰也是必然的。我明白了從前陳寶琛、鄭孝胥、吉岡安直以及神仙菩薩所不能告訴我的所謂命運，究竟是什麼，這就是老老實實做一個自食其力、有益於人類的人。和人民的命運聯結在一起的命運，才是最好的命運。

「哪一方面是對的，便站到哪一方面去。」

這是需要勇氣的。特赦令給我鼓起了勇氣。而且對每個人都一樣。

我們學習、勞動更起勁了。許多人等待著下次的學習評比。食品加工組做出的豆腐又白又嫩，畜牧組的豬餵得更上膘了，我們醫務組消除了任何差誤，甚至連大下巴也老實起來，沒跟人吵過嘴。

又一個多月過去了。一天晚上，副所長找我談話，談起特赦問題，問我：「這兩個月你怎麼想的？」

我把我前面想的說了，並且認爲有幾個人改造得不壞，我舉出了畜牧組的、食品加工組的，以及上次學習評比得獎的幾個人。

「你現在比較容易想到別人的長處了。」副所長笑著說，「如果特赦有你，你如何想呢？」

「不可能的。」我笑笑說。

不可能的。我回到屋裏還是這樣想。「如果……有呢？」一想到這裏，我忽然緊張起來。後來想，將來會有的，還要一個相當長的時間。總之，希望是更大了。我不禁幻想起來，幻想著我和老萬、小瑞他們一樣，列身在一般人之間，做著一般人的事，我幻想著可能由勞動部門分配到一個醫療單位，當一名醫務助理員，就像報上所描寫的那樣，……但是，這是需要一個相當長的時間的，需要等到人民批准了我，承認我是他們中間的一分子。想著未來的幸福，我幾乎連覺都睡不著了。

第二天，得到了集合的通知，我們走進了俱樂部大廳，迎面看見了台上的巨幅大紅橫披，我的呼吸急促了。橫披上寫著的是：「撫順戰犯管理所特赦大會」。

台上坐著最高人民法院的代表、兩位所長和其他一些人。台下是靜悄悄的，似乎可以聽見心跳的聲音。

首長簡短地談了幾句話之後，最高人民法院的代表走到講台當中，拿出一張紙來，念道：

「愛新覺羅．溥儀！」

我心裏激烈地跳動起來。我走到台前，只聽上面念道：

中華人民共和國最高人民法院特赦通知書

遵照一九五九年九月十七日中華人民共和國主席特赦令，本院對在押的偽滿洲國戰爭罪犯愛新覺羅．溥儀進行了審查。

罪犯愛新覺羅．溥儀，男性，五十四歲，滿族，北京市人。該犯關押已經滿十年，在關押期間，經過勞動改造和思想教育，已經有確實改惡從善的表現，符合特赦令第一條的規定，予以釋放。

中華人民共和國最高人民法院

一九五九年十二月四日

不等聽完，我已痛哭失聲。祖國，我的祖國啊，你把我造就成了人！……

註釋：

❶ 龍鳳礦每逢有重大新成就，捲揚塔上紅星即放光，全礦可見。

❷ 古海忠之已於一九六三年二月提前釋放。

新的一章

列車奔馳著。外面，是白雪覆蓋著的平原，光明、遼闊，正如展現在我面前的生活前程。車內，我身前身後都是普通的勞動人民。這是我平生第一次和他們坐在一起，坐在同一列車上。我將同他們共同生活，共同建設，我將成為他們中間的一個，不，我現在就是他們中間的一個了。

在撫順上車不久，身旁的一件事情立刻說明我是邁進了一個什麼樣的社會，我是列身於什麼樣的人之間。列車員和一位女乘客攙扶著一個小姑娘，走進我們這個車廂找座位。在我身後有個空座，空座旁的一位乘客把自己的位子一齊讓了出來，給她們坐。那婦女讓孩子在座位上躺好，自己側身偎靠著她，神情十分焦灼。

鄰座有人向她探問，孩子是不是有病？有病為什麼還要出門？那婦女的回答是出乎人們意料的。原來她是車站附近的一個小學的教師，小姑娘是她的學生，剛才在課堂上小姑娘突然腹痛難忍，學校衛生人員懷疑是闌尾炎，主張立即送醫院。小姑娘的父母都在很遠的礦上工作，通知他們來帶孩子去看病怕來不及，直接把孩子送到能動手術的礦上醫院，也費時間，於是女教師毅然做出決定，立刻帶孩子搭這趟客車去瀋陽。

站台人員讓她先上車後補票，同時叫她放心，他們將打電話告訴瀋陽照應她們。這個簡單的插曲叫我想起了陶淵明說的「落地為兄弟，何必骨肉親」的胸懷，在今天已不是少數人的胸懷。我更想起孟子說的「老吾老以及人之老，幼吾幼以及人之幼」，這在今天也已成為現實。我現在所邁進的社會，我現在所參加的行列，原來比我所想像的更高更美呵！

十二月九日，我來到祖國的首都。這是我別離了三十五年的故鄉。在輝煌壯麗的北京站台上，我看見了三年多不見的五妹和二十多年不見的四弟。我和他們緊緊地握著手，聽到叫喊「大哥」的聲音。這是前半生中，妹妹弟弟們從來沒對我叫過的稱呼。我從這一聲稱呼中，感到了在自己家族中也開始了新的生命。

我告別了伴隨我們來的李科員，也告別了同行的老孟。老孟是我們同所的蔣介石集團的八名蒙受特赦的戰犯之一（連我和前偽滿將官郭文林，撫順管理所赦出共十人）。他和前來迎接的妻子走了。四弟給我提起那只黑皮箱，五妹和老萬走在我兩旁，我們一起走出站台。在站外，我對著站台大鐘，掏出我的懷錶。

離開撫順前，所長從我獻交給政府的那堆東西裏面揀出這只錶，叫我收下，我說這是我從前用剝削的錢買的，我不能要。所長說現在是人民給你的，你收下吧！這是我在一九二四年從父親家裏逃入東交民巷那天，為了擺脫張文治，在烏利文洋行想主意時買的那只法國金錶。從那一刻起，開始了我的可恥的歷史。如今，我讓它也開始一個新生命，用北京的時間，撥正了它的指針。

所長發給我這只錶的那天，對我們蒙赦的十個人說，你們回到了家，見了鄉親們和家裏的人，應該給他們道個歉，因爲過去對不起他們。他說：「我相信，家鄉的人會原諒你們，只要你們好好地做人，勤勤懇懇地爲人民服務。」

我到了五妹和老萬的家裏，所長的話完全證實了，同院的每個人對我都是和藹可親的。第二天早晨，我很想和這些鄰居們一起做點什麼，我看到有人拿著笤帚去掃胡同，就參加了打掃。我一直掃到胡同口，回來的時候，找不著家門了，結果走進一個陌生的人家。這家人明白了是怎麼回事，便十分熱情地把我送了回來，並且告訴我用不著道謝，說「咱們還是街坊，就不是街坊，新社會裏幫這點忙又算什麼呀！」

我還見到了七叔七嬸，堂兄堂弟和妹妹、妹夫們。我從七叔這裏知道了家族最新的興旺史，知道了他在人民代表大會上關於少數民族地區視察情況的發言。我聽到了伒大哥的古琴，看到了他給我寫的字。他的書法造詣確實又達到了新的水準。我還欣賞了僩五哥的花鳥新作。

我去看了二妹，這時她已辦起了街道托兒所，據現任郵電部門工程師的二妹夫說，二妹現在忙得連頭暈的老病也沒有了。三妹夫婦，四妹、六妹夫婦，七妹夫婦，我也都看到了，三妹夫婦在區政協正參加學習，四妹在故宮檔案部門工作，六妹夫婦是一對畫家，七妹夫婦是教育工作者。更激動人心的則是第二代。過春節的那天，數不清的紅領巾擁滿了七叔的屋裏屋外。

在已經成爲青年的第二代中，我見到了立過功勳的前志願軍戰士、北京女子摩托車冠軍、登山隊隊長、醫生。護士、教師、汽車司機。更多的是正在學著各種專業的和讀著中學的學生。這裏面有共產黨員，共青團員，而其餘的人無一例外都在爭取獲得這個光榮的稱號。這些成長起來的青年，又是那些帶紅領巾的弟弟妹妹們心目中的榜樣。

我還會見了許多舊時代的老朋友。商衍瀛在臥榻上和我見了面。他是文史館的館員，因爲老病，說話已不清楚。他見了我，面容似乎還有點拘謹的嚴肅，掙扎著要起來。

我拉著他的手說：「你是老人而且有病，應該躺著休息。我們是新社會的人，現在的關係才是最正常的關係。等你好了，一塊爲人民服務。」

他臉上拘謹的神色消失了，向我點頭微笑，說：「我跟著你走。」

我說：「我跟著共產黨走。」

他說：「我也跟著共產黨走。」

我更見到了當過太監的老朋友，知道了他們許多人的近況。他們正在民政局爲他們專辦的養老院中安度晚年。

我第一天見到的人差不多都說：「你回來了，要到各處去看看，你還沒逛過北京呢！」

我說：「我先去天安門！」

天安門廣場，我是早已從電影、報刊以及家信中熟悉了的。我從銀幕上看到過舉著各項建設成績標牌的遊行隊伍，在這裏接受毛主席的檢閱；我還看到過這裏節日的狂歡活動。我從報刊上還看到過交通民警在這裏領著幼兒院的孩子們過馬路，看到過停在這裏的「紅旗」牌和「東風」牌小轎車。我知道了人民大會堂的巨大工程，是在十個月之內完工的，知道了來自世界各國的外賓在這裏受到了什麼樣的感動。今天，我來到了這個朝思暮想的地方。

在我面前，巍峨的天安門是祖國從苦難到幸福的歷史見證，也是舊溥儀變成新溥儀的見證。在我左面，是莊嚴壯麗的人民大會堂，祖國大家庭的重大家務在那裏做出決定，其中也有使我獲得了新生的決定。在我右面是革命博物館，在我後面矗立著革命英雄紀念碑，它們告訴人們，一個多世紀以來有多少英雄烈士進行了什麼樣的艱巨鬥爭，才給我們爭得了今天的果實，而我也成了其中的一個分享者！

在天安門廣場上，我平生第一次滿懷自由、安全、幸福和自豪地散著步。

我和五妹、儉六弟緩步西行。走到白身藍頂的民族文化宮的時候，五妹關心地說：「大哥累不累？這是頭一回走這麼多路吧？」我說：「不累，正因爲是頭一回，特別不累。」

「頭一回」這三個字充滿了剛開始的新生活中。「頭一回」是很不方便的，但我只覺得興奮，並不因此有什麼不安。

我頭一回到理髮店去理髮——嚴格地說，這是第二次，因爲三十多年前我在天津中原公司理過一次，但是這一次在理髮店遇到的事還是頭一回。我一坐上座位，就發現了在哈爾濱百貨店裏看到過的叫不出名稱的東西。我問理髮員，旁位上嗚嗚響的是什麼，他說：「吹風。」我問：「先吹風還是先理髮？」他一聽，怔住了：「你沒理過髮嗎？」他還以爲我開玩笑哩！後來弄明白了，我們都不禁大笑起來。等到我頭上也響起了那嗚嗚之聲時，我心裏更樂了。

我頭一回坐公共汽車，給儉六弟造成了一場虛驚。我排隊上車，看到人們讓老人小孩先上，我也把身旁一位婦女讓了上去，卻不知這是位售票員。她看我不上，就跨上了車，車門隨著關上，車子也開走了。過了一會兒，儉六弟從下一站下了車跑來，我們倆離著還老遠就彼此相對大笑起來。

笑過之後，我信心十足地對他說：「不用擔心，決出不了事！」

在這樣多人的關懷下，我有什麼可擔心的呢？就在這天上午，我從三妹家附近一個商店裏，剛找回來昨天丟在那裏的一個皮夾子。難道我這個人還會丟了嗎？

北京市民政局爲了幫助我們了解北京，熟悉生活，組織了特赦後住北京的一些人，包括從前的國民黨將軍杜聿明、王耀武、宋希濂等人，進行了一系列的參觀。我們看了一些新建的工廠、擴建的各種公用事業以及城市的人民公社等單位，歷時約兩個月。最後，經同伴們的請求，遊了故宮，由我臨時充當了一次解說員。

令我驚異的是，我臨離開故宮時的那副陳舊、衰敗的景象不見了。到處都油繕得煥然一新，連門簾、窗簾以及床幔、褥墊、桌圍等等都是新的。打聽了之後才知道，這都是故宮的自設工廠仿照原樣重新織造的。故宮的玉器、瓷器、字畫等等古文物，歷經北洋政府和國民黨政府以及包括我在內的監守自盜，殘剩下來的是很少了，但是，我在這裏發現了不少解放後又經博物院買回來或是收藏家獻出來的東西。例如，張擇端的《清明上河圖》，是經我和溥傑盜運出去的，現在又買回來了。

在御花園裏，我看到那些在陽光下嬉戲的孩子，在茶座上品茗的老人。我嗅到了古柏噴放出來的青春的香氣，感到了這裏的陽光也比從前明亮了。我相信故宮也獲得了新生。

一九六〇年三月，我被分配到中國科學院植物研究所的北京植物園，開始了每天半日勞動、半日學習的生活。這是我走上爲人民服務崗位前的準備階段。在技術員的指導下，我在溫室裏學習下種、育苗、移植等等工作。其餘的半天有時學習，有時進行這本書的寫作。

我在前半生中，不知「家」爲何物。在撫順的最後幾年裏，我開始有了「家」的感覺。到了植物園不久，我覺得又有了第二個「家」。我處在自上而下互助友愛的氣氛中。

有一次我從外面遊逛之後回來，發現那只錶不見了，不免十分惋惜，覺得在這麼長的路線上，無法去尋找，只好作罷。同屋的總務員老劉知道了這件事，他本來正該休息，連休息也忘了，問清了我遊逛的路線，立刻就出去了。許多人都知道了這件事，休息著的人都去找錶，我被弄得很不好意思。後來老劉從四季青人民公社一個大隊的食堂前找到了它，非常高興地拿了回來。這時，我覺得我接過來的不是一隻錶，而是一顆火熱的心。

這年的夏季，植物園裏建立了民兵，每天進行操練。我報名參加，別人都說我年歲超過了標準。我說：「作爲祖國大家庭的一員，我也應當站在保衛祖國的崗位上。」後來人們被我說服了，我參加了操練，當上了一名超齡民兵。

我站在植物園的民兵排裏，心裏想著我們的隊伍有多大。這裏是幾十個人，但整個民兵隊伍卻是若干若干萬。我想，我什麼時候才可以列入那個像洪流的隊伍中，在天安門前經過呢？

這個願望很快得到了實現。我參加了支援日本人民反對「日美安全條約」鬥爭的百萬人遊行的隊伍。這不僅是一百萬，而是全世界參加共同鬥爭的千百萬人的一部分。我們高聲呼著口號，走過了天安門。在天安門上刻著我們的心聲：

「中華人民共和國萬歲！」

「全世界人民大團結萬歲！」

從此我開始了社會活動。從這些活動中，我感覺到自己同全國人民，全世界爭取和平、民主、民族獨立和社會主義的人民連在一起了。

一九六〇年十一月二十六日，我拿到了那張寫著「愛新覺羅・溥儀」的選民證，我覺得把我有生以來所知道的一切珍寶加起來，也沒有它貴重。我把選票投進了那個紅色票箱，從那一刹那間起，我覺得自己是世界上最富有的人。我和我國六億五千萬同胞一起，成了這塊九百六十萬平方公里土地上的主人。從這塊土地上伸向世界各地被壓迫人民和被壓迫民族的手，是一隻巨大的可靠的手。

一九六一年三月，我結束了準備階段，走上了爲人民服務的正式崗位，在全國政協文史資料研究委員會擔任專員職務。我做了一名文史工作者。

我參加的這部分工作是處理清末和北洋政府時代的文史資料。我在自己的工作中，經常遇到我所熟悉的名字，有時還遇到與我的往事牽連著的歷史事件。資料的作者大多是歷史事件的親歷或目擊者。

對這段時期的歷史來說，我和他們都是見證人。我從豐富的資料中，從我的工作中，更清楚地看出時代的變化。那些被歷史所拋棄的人物——葉赫那拉氏（慈禧）、袁世凱、段祺瑞、張作霖等等在當時似乎是不可一世的，被他們宰割壓榨的人民似乎是無能爲力的。像胡適之流的文人們曾爲他們捧場，遺老、遺少們曾把復辟幻想寄託在他們身上，而他們自己更自吹爲強大，認爲他們背後的列強是永遠可恃的依靠。但是，他們都是紙老虎，終於被歷史燒掉了。

歷史，這就是人民。

「看起來，反動派的樣子是可怕的，但是實際上並沒有什麼了不起的力量。從長遠的觀點看問題，真正強大的力量不屬於反動派，而是屬於人民。」我的經驗使我接受了這項真理，我的工作使我更加相信了這項真理。我還要通過我的工作和我的見證人的身分，向人民宣揚這項真理。

我在工作之餘，繼續寫我的前半生。

爲了寫作，我看了不少資料。我的工作單位給了我種種便利，供給我許多寶貴的文史資料，我在許多外界朋友的熱情幫助下看到了許多圖書、檔案部門的寶貴材料，得到了許多專門調查材料。

有的材料是不相識的朋友給我從珍貴的原件中一字一字抄下來的，有的材料是出版界的同志給我到遠地調查核實的，有的材料是幾位老先生根據自己的親歷目擊認真回憶記錄下來的。有不少難得的資料則是檔案、圖書部門提供的。特別要提到的是國家檔案館、歷史博物館、北京圖書館和首都圖書館的同志特意爲我設法尋找，以及專門匯集的。我受到這樣多的關懷和支援很感不安。其實，這在我們的國家裏，早已是平常的現象了。

在我們的國家裏，只要做的是有益於人民的事情，只要是宣揚真理，就會得到普遍的關心和支持，更不用說到黨和政府了。

我的寫作也引起了許多外國朋友的興趣。曾有許多外國記者和外國客人訪問過我，問我前半生的經歷，特別注意打聽我十年來的改造情形。

一位拉丁美洲的朋友對我說：「從這件事情上，我又一次感到了毛澤東思想的偉大。把你的事情快些寫成書吧！」

一位亞洲的朋友說：「希望你這本書的英文版出版後立刻送我一部，我要把它譯成我國文字，讓我國人民都看到這個奇蹟。」

一九六二年，我們對來自國內外的困難所進行的艱巨鬥爭，取得了輝煌的成就。這一年對我來說，還有更多的喜事臨門。四月間，我被邀列席人民政協全國委員會，並旁聽了全國人民代表大會關於祖國建設的報告。五月一日，我和我的妻子李淑賢建立了我們自己的小家庭。這是一個普通的而對我卻是不平凡的真正的家庭。

這就是我的新的一章。

我的新生就是這樣開始的。看看我的家，看看我的選民證，面對著無限廣闊的未來，我永遠不能忘記我的新生是怎樣得到的。

我在這裏要補充一段，關於給我新生命的偉大的改造罪犯政策的故事。用我瑞侄的話說：「這不寫到書裏是不行的。」

一九六〇年夏天，我和小瑞遊香山公園，談起了我們每個人最初的思想變化，哪一件事引起了思想的最初震動。

小瑞先談了小固和小秀。據他知道，小固在綏芬河車站上發現中國列車由中國司機駕駛，感到了第一次的震動，小秀則是從瀋陽車站上群眾對一個失掉一隻手的女工的迎接，感到過去自己生活的無味。

說到他自己，他說：「我難忘的事情很多。第一件事是我剛幹活不久，有一回指窗子打破了一塊玻璃。玻璃掉在地上，看守員聽聲就跑來了，我嚇得要死，誰知他過來問我：你傷著了沒有？我說人沒傷，可是玻璃破了。他說，玻璃破了不要緊，下次留神別傷著人。」

「這類事我也遇到過。」我說，「可是對我說來，最初我最關心的是生死問題，是寬大政策對我有無效驗的問題。讓我最初看到生機的，從此一步步看到希望的，是交出了那箱子夾底的東西後，受到了出乎意料的寬免。說起這個，還不能不感激你的幫助。」

「我的幫助？」小瑞睜大了眼睛，「你還不知道那是怎麼回事嗎？難道所長沒跟你說嗎？」

「說過這件事。檢舉認罪時，因爲小固質問，我在大會上交代之後，向所長做了檢討，過了年，我又向所長說，我交東西時候沒敢說收過你的紙條，是因爲怕你受處分。所長說，這件事他全知道，是他讓你寫那紙條來幫助，以便促使我主動交代。這是所長的苦心，但也有你的幫助啊！」

「這麼說你還不知道其中詳細情形。你根本不知道，寫那紙條本來是不合我心意的，我的意思是搜查你，沒收東西，好好懲罰你一下。可是……這件事我得告訴你，這不寫到你的書裏是不行的！」

這件事的詳細過程，我這時才明白。原來小瑞早就向所方談出了我的箱底的秘密，要求所方搜查沒收。所長卻不這麼幹，他說：「搜查是很容易的，但這並不見得利於他的改造。等等吧，搜查不如他自動交代，要他自覺才好。」

以後等了好久，小瑞又找所長談，要求搜查。所長說，每個人思想發展速度不同，不能急。共產黨人相信，在人民掌握的政權下，大多數罪犯是可以改造的，但每人有每人的過程。問題不在於珠寶和監規，而是要看怎樣更利於對一個人的改造。

所長說：「你要知道，由於他的特殊身分，他很難立即相信政府的坦白從寬的政策。如果我們去搜查了他，這就是讓他失去了一次體驗政策的機會。還是把主動讓給他吧！你著急搜查，不如用用腦子設法來促進他自覺。」

結果，就想出了由他寫紙條給我的辦法。

紙條遞出之後，多日不見動靜，小瑞又急了，對所長說：「溥儀這人至死不悟，既然毫不自覺，爲什麼不搜他？」

所長說：「原來不能著急，現在更不能著急。」

後來的情形就是那樣，結果是我著急了，交出了那批東西。我從那時開始看到了一條新的出路。

「從那時起，我就明白了，政府是堅定地相信多數人可以改造的。」小瑞激動地說，「你自己知道，那時你還一個勁兒地對抗、欺騙，可是所方早知道了你那些事。我們幾個人還在檢察人員到來之前，全都告訴了政府！可是從那時起，所方就相信你是可以改造的，就爲你的學習、改造操著心了。」

我站在香山的山腰上，遙望太陽照耀著的北京城，我心中十年來的往事又被一件件勾起。我想起老所長的花白頭髮，年輕的副所長的爽朗語音，我想起了每位看守員，每位大夫、護士，每位所方人員。在我欺騙他們的時候，在我用各種可恥的方法進行對抗的時候，在我完全暴露出自己的無知、無能、愚蠢的時候，在我對自己都已感到絕望到極點、不能活下去的時候，他們，這些共產黨人，始終堅定地相信我可以改造，耐心地引導我重新做人。

「人」，這是我在開蒙讀本《三字經》上認識的第一個字，可是在我前半生中一直沒有懂得它。有了共產黨人，有了改造罪犯的政策，我今天才明白了這個莊嚴字眼的含義，才做了真正的人。

附錄

附錄一 溥儀的後半生

沈醉

一、序言

一九五九年春天，毛澤東接受周恩來的建議，在一次擴大的國務會議上提出，對在押的國民黨、僞滿洲國以及僞蒙古自治政府的戰犯，凡押滿十年，確有「改惡從善」表現者，應當進行特赦。

同年十月，中共「國家主席」劉少奇正式頒佈了特赦上述三類戰犯的命令。「人民日報」也發表題爲「改惡從善，前途光明」的社論。

同年十二月八日，中共「最高人民法院」分別在北京和撫順戰犯管理所舉行了第一次特赦戰犯的大會。

在撫順特赦的戰犯中，第一名便是愛新覺羅．溥儀——中國的最後一位皇帝。當天下午，他就從撫順送往北京，和在北京特赦的國民黨「戰犯」杜聿明、宋希濂、王耀武……等十名會合，進行在北京的參觀和學習。

周恩來和「副總理」陳毅等中共領導人物接見了他們，指示他們要建立愛國、群衆、勞動、集體等四個觀點。先讓他們遊覽和參觀北京一些新的建設，然後勞動一年，再安排工作。杜聿明、宋希濂、王耀武……等十人中有六名安排到大興縣紅星人民公社舊宮大隊菓木隊去從事農業方面的勞動，溥儀則單獨被安排在北京植物園去勞動。他們從一九六〇年三月間開始勞動，要到一九六一年三月才滿一年。

我於一九六〇年十一月二十八日獲得了第二批特赦。那時，第一批被特赦的人的一年勞動還沒有滿期。第二批特赦的十一名還沒有進行參觀時，從撫順同時特赦出來的溥儀的弟弟溥傑和僞滿洲國的大臣王子衡，也從撫順送到了北京，和我們一起住在北京崇文門內的崇內旅館。「北京市民政局」和「中共北京市統戰部」特爲第一、二兩批在北京的特赦人員舉行了一次宴會，就在那次宴會上，我認識了溥儀。

後來，我們去勞動時，周恩來親自把留在北京的第一批特赦人員都安排在「全國政協文史資料研究委員會」擔任專員。原來在勞動時，他們每月只領取「人民幣」六十元的生活費；當了文史專員後，改爲每月工資一百元。

我記得在一九六一年三月間，中共中央統戰部舉行宴會，在會上由「部長」李維漢宣佈了這一新的安排。當時留在北京勞動的第二批五個人，也被邀參加那次宴會。溥儀當場向主持宴會的幾位領導人表示：這一安排和待遇實在出乎他意料之外。因爲那時正遇上三年大災難（按：一九五九年起，因「三面紅旗」失敗而造成的大饑荒），一般人的工資收入都不高，大都只有幾十元，還要負擔孩子們的生活，而一百元的工資比國家十七級幹部還多一點點，「副部長」徐冰聽了溥儀的話之後，便對他說：「你們這些人過去都是享受慣了的，今天當然不能讓你們過和從前一樣的生活，但也不能讓你們過一般人的生活，而是讓你們過中等以上水平的生活。如果有特殊需要，你們還可以提出來，也可以考慮臨時補貼。」

老實說，在當時一個人一月一百元，是可以過上比較好的日子的。因爲物價低，我們住在崇內旅館一天一元的伙食費，就可以吃上四菜一湯（兩葷兩素）。一九六二年，第二批在北京的特赦人員勞動期滿後，也都安排在「全國政協」當文史專員，也改成一月一百元工資。溥儀是在文史委員會北洋組工作，我是在政治組工作，都在一起辦公和學習。現在，我把和他在一起的日子裏，所能記憶的一些事分別寫出來。

二、過去的溥儀已經死了！

溥儀最不願意人家再稱呼他是過去的中國末代皇帝或從前的宣統皇帝。但是在接待外賓的場合中，許多人都用這一類名稱來介紹他，頭幾次他不知如何才好，既不能否認，又不願意承認；後來他便用這樣一句話來對付：「過去的溥儀已經死了。」

但是很多人認爲這樣回答還是不太合適，也使許多外國人不容易理解，翻譯人員也感到有些困難。有次周恩來在招待外賓時，溥儀也應邀參加，周便向外賓們介紹：「這位便是中國過去的宣統皇帝！」溥儀便大聲回答：「今日『中華人民共和國』的公民溥儀。」

周恩來聽了後，和許多人一起鼓掌，認為他這次回答得很好。從此以後，凡是向外賓介紹他的身分時，他就都用這一句話來大聲的回答了。

許多外國人，特別是一些國家的國王一類的人，都想見見這位中國末代皇帝，想聽聽他是怎樣被共產黨「改造」的。他在這方面慢慢琢磨出一套對話來，主要是談他為什麼願意接受「改造」，和改造中的體會。他總是不斷地修改他那一整套的講話內容，有時為了一個字也很斟酌，還常常要我們幫助他。

後來他終於能講出一套他自己認為滿意的話來。他說他在蘇聯被囚禁了五年，既不懂得學習，也不知道什麼叫思想改造；那時他只希望能留在蘇聯。他覺得如果把他移交給了國民黨政府，很可能把他殺掉。

因為國民黨政府不承認偽滿洲國，而且在他當滿洲國皇帝時，公開宣佈他是背叛中國，所以他最怕蘇聯把他交出去。

他說為了想要留在蘇聯，還被蘇聯政府敲了他一筆很大的竹槓，要他獻出不少的貴重珍寶，唯一的希望是不把他送還中國。到了一九五〇年秋天，蘇聯當局正式通知他，要把他和所有被蘇軍俘虜去的偽滿洲國的文武官員以及他的親屬一齊送去中國大陸。這可把他嚇壞了，因為他們都知道國民黨政府已在前一年遷到台灣，現在統治中國大陸的是中共，這次送去交給共產黨接收，肯定是一個不留地會被殺掉；但是蘇聯已經決定了，哀求也沒有用處，只好讓他們送回去，到那裏去受槍決了。

出乎他和所有僞滿官員意料之外的是，他們被送到撫順戰犯管理所之後，幾位元帥級的大人物都叫他安心學習，要相信共產黨改造罪犯的偉大政策，任何人只要肯接受改造，都能改造好。他認爲撫順戰犯管理所的所長和許多幹部都是十分認真執行這一政策的，不打罵犯人，而且十分耐心地教育。

他說如果不是用這種改造政策和「革命的人道主義」來對待他，整天打罵或侮辱他，那他寧願殺頭也不願那樣活下去，他認爲，宋朝的皇帝被敵人擄去後，爲了求生而「青衣行酒」，過那樣屈辱的生活，還不如死了好。由於管理所的人正確地執行政策，他才慢慢地願意接受改造，甚至後來還自己請求去參加一些輕微的勞動。特別是得到特赦來北京後，周恩來等首腦人物不但接見了他，而且十分關心他的生活和繼續改造，所以他認爲現在的生活和身分是光榮的。

三、老北京變成了老迷途

溥儀雖然是在北京長大的，但他過去從不上街，什麼地方也不熟。用「文史委員會」副主任申伯純的話來形容是比較恰當的。申說：「溥儀是圈在紫禁城裏長大起來，像溫室裏的花一樣，沒有見過風雨；而其他的專員們（指杜聿明和我們其餘十來個人）則是久闖江湖，飽經世面，所以大家要多幫助他。」他特赦後到北京，初住在一個親戚家中，他爲了表示自己早放下了皇帝架子，一早起床便去大門口掃地，掃著掃著轉了一個彎，他就找不到回去的路了。他正在著急，幸好親戚家裏的人見他好久沒回去，出來找他，才把他領了回去。

從一九六一年起，留在北京「全國政協」的十幾名特赦人員，都被邀去參加「十、一國慶」觀禮和晚上的焰火晚會。白天大家一同站在觀禮台上，隨時都注意不讓溥儀走散，晚上看晚會更得留心他，否則一走開，他就找不到回去的路了。

一九六二年過春節，我們都被邀去「人民大會堂」參加聯歡晚會，有的人看電影，有的看京戲和雜技，也不知他愛看什麼，擠去擠來擠散了。原來我們約定好散會後，都到附近的崇文門內崇內旅館集合，到了十二點多鐘聯歡會已經結束了，十多人都陸續到了旅館，而溥儀卻一直沒有回來，大家都著急了，身體好一點的便分成兩路去尋找他，我和兩個人圍著「人大會堂」轉圈圈，終於把他找到了；因爲他也在轉圈，想辨別一下回去的方向。

後來他經常到外面去走走，慢慢地也能分得出東西南北了。他常常以此自鳴得意：總算知道天安門的正面是南方，故宮的背面是北方了。

四、恨不該投生帝王家

十多個文史專員都是住在「政協」附近的宿舍，只有溥儀住在政協機關裏面，因爲怕他住在外面不方便，住在裏面吃飯等都可以去食堂買，連開水都不用自己燒。

文史專員室的十多個專員大都是單身漢，後來都慢慢一個個結婚了。溥儀沒有結婚時，我常陪他出去走走，除了去過故宮，聽他講一些故宮的歷史掌故外，我認爲最值得一書的，還是有次我和他去故宮北面的景山公園遊覽時的情況。

他開始認爲那裏沒有什麼好玩的，過去是皇宮傾倒煤渣的地方，一般叫它煤山。可是一走進去轉了一圈，走到明朝末代皇帝崇禎上吊的那棵歪脖子樹下面時，他便停下腳來，好久好久一語不發地看來看去。看了十來分鐘之後，他才在附近找了一個地方，和我一同坐下。他說：「過去只聽人說崇禎皇帝吊死在煤山，今天我才親自看到了他上吊的地方，心裏的感想真是有千千萬萬。」我問他究竟有些什麼樣的感想？可不可以談談？他把帽子摘下來，當扇子一樣搧了幾下之後，慢條斯理地暢談起來。

他說：「中國歷史上的末代皇帝，下場大都是很悲慘的，所以崇禎皇帝自殺前還用寶劍先砍殺自己的兒女，要他們不要再生在帝王家。看來很殘忍，其實他當時的心情是不容易爲人了解的。我年輕時被趕出故宮，後來在滿洲當了俘虜，又被送回來。幾次巨大變遷中，我也悔恨自己不該投生在帝王家，不如作一個普通老百姓好。」

我反駁說有些末代皇帝也有好下場。他搖搖頭，表示不同意。停了一會，他又把話說開來了。他說南唐李後主被俘後，只是因爲塡的詞中，有「小樓昨夜又東風，故國不堪回首月明中！」之句，便惹來了殺身之禍。

我說誰叫他還去懷念他的故國！不塡那樣的詞，包管不會被毒死。

他反駁我說，蜀後主劉阿斗，不但不懷念故國，說「此間樂，不思蜀！」不一樣被害死！接著他還談到漢、隋……等朝的末代皇帝沒有一個有好下場，然後站了起來，摸了摸自己的頭，把帽子戴好，才高興地對我說：「我這個末代皇帝卻得到一個這樣的好下場，是值得慶賀的。」

我們在一起學習的發言中，他也不止一次地談到他那次參觀景山公園的那一段感想。作爲一個末代皇帝，能夠去看看前一朝的末代皇帝上吊的地方，這是值得一記的。可惜那次我沒有帶照相機，要能在那棵歪脖子樹下面給溥儀拍一張照片，我想也是有意義的。

五、還有人向皇帝叩頭！

溥儀特赦出來後，不久便是一九六〇年二月間過春節，「北京市民政局」和「北京市統戰部」在崇內旅館爲留在北京的第一批特赦人員舉行了一次便宴。宴會完了之後，便坐在一起談談特赦出來後，過第一個春節的感想。

大家正在談話，旅館服務員悄悄地把溥儀叫了出去，說有客人要會他，同時把一個一尺多長的大紅紙信封交給他。他一看就氣呼呼地，大聲對服務員說：「叫他們滾！我不見他們！」杜聿明，宋希濂和王耀武幾個人跑出來，問他爲什麼發這麼大的氣。他把那個信封遞給他們一看，原來上面是「恭叩年安」四個大字和臣某某頓首等。

大家正在勸他時，只見兩個身穿長袍馬褂，頭髮蒼白的老頭兒，走進來朝著他雙手一揖，便同時跪了下去，向他叩起頭來。這更使得他生氣極了，一步搶過去，舉起腳來便準備去踢這兩個拜在地上向他叩頭的老頭，幸經旁邊站著看熱鬧的服務員把他攔住，才沒有踢下去。

但他還是大聲罵道：「我自己都認爲過去太可恥了，你們今天還要來這裏給我丟醜！還不快給我滾！」

這兩個老頭一看到溥儀氣成那個樣子，趕快從地上爬了起來，彼此看了一下，便彎著身子退了出去。溥儀還在餘怒未息，整個旅館裏的人卻大聲哄笑起來。

第二天，這件事便傳到周恩來那裏去了。他聽了後，也哈哈大笑起來。他說，滿清王室已被推翻幾十年，今天居然有人懷念皇帝，來向皇帝拜年！如果溥儀不特赦出來，誰會相信會有這種人，會發生這樣的事！

最後得出的結論是：人的思想是不容易改變的。皇帝都不想當皇帝了，過去的臣子卻還沒有忘記這個皇帝，還想當臣子！

六、粗枝大葉，丟三拉四

「皇帝只是一個廢物！」這句話是溥儀常常用來解嘲的。

說來也有幾分道理，他雖幾十歲了，卻完全不會、也不懂如何照料自己的生活，樣樣事都得從頭學起。他住在宿舍裏，沒有結婚前，領導專門指定一個做事務工作的趙老頭照顧他，他自己卻什麼事都想要自己來，以表示他早已放下了皇帝架子。一般人看來極其平常，連小學生都能做好的事，在他做起來卻是好不容易。

他過去一出門總有一大群人服侍他，在戰犯管理所的時候，雖沒有一群人給他做事，但也是飯菜送到手中，衣服有人代洗，用不著自己去買東西。

特赦後，情況就變了，自己不會做飯，總得上食堂去買吧，買東西得給錢，這是小孩都懂得的常識。機關食堂買飯菜，是先要把錢和糧票換成食堂用的內部錢票和糧票，買飯菜得拿這種內部錢、糧票去買，溥儀去買飯，卻經常忘記帶這種票。這種票是別人替他兌現好了的，只要帶去買就行了，他卻經常忘記帶，肚子餓了，便向食堂走去。炊事人員開始以爲他故意找麻煩，後來知道他的確記不到，也能原諒他，在他沒有帶這些票的時候，便給他記上，要他下次還來。

有時他帶了飯票錢票，又弄不清數目，該給多少，完全不知道，常常是把一大把錢票糧票從口袋裏抓出來，弄得亂七八糟地向食堂窗口一放，請炊事員自己去拿出來，餘下的又向口袋裏面一塞。好久他都分不清楚這些票的種類、數目，而經常發生這樣的事：炊事員把菜或飯遞給他之後，他先拿一種走了，回頭再來拿另一樣。食堂有幾十張方桌，他有時把菜先拿走，放在一個桌上，回頭去把飯拿來，卻記不得菜是放在那一個桌上。他端起一碗飯找了一下，找不到菜，又去向炊事員要菜，說炊事員沒有給他。誰都知道他一定是忘記了，不是想佔便宜多要，總是再給他一份。等到大家吃完飯走了，往往會發現有一份菜放在那裏，不知是誰放的。當然，除了他，不會有第二個人。

他特別愛丟東西，因爲他過去從來沒有自己拿過東西出門，所以提著手提包出去，只要一放下來，臨走一定記不得再去拿起來，便頭也不回地走了。等到要用時，又急急忙忙到處去找，經常是找不到，不知丟在什麼地方去了。

我記得在半年中，他丟掉過三個手提包，好在裏面沒有什麼值錢的東西，不過是一些學習用的書和筆記本等。後來我向他建議，在他的手提包裏面寫上「全國政協文史專員溥儀」和專員室的電話號碼，這樣一來，誰拾到便送回來或打電話通知他去領取，有幾次都是拾到的人親自送回來，目的是想看看這個皇帝是什麼樣子。他總是很客氣地向這些人道謝，親自送出大門。差不多過了兩年，他才慢慢地記得提了手提包出去要帶回來。

他一個人很少去買東西，買東西總有人陪他去。有時他沒有菸抽了，自己去買，要麼拿了菸就走，忘記給人家錢；要麼給了錢，不等找錢就走了。

他還有一個突出的地方，就是手上經常是這裏一塊、那裏一塊，貼著膠布。他去開門也好，用刀去削水果也好，甚至開抽斗時都會不留心把手碰破，他自己總想學做點日常生活上的事，但總是不小心。

有些人問住在政協宿舍的孩子：「誰是溥儀？」孩子們總是笑呵呵地回答：「那個兩隻手上貼滿了橡皮膏的人便是！」這也成了他的一個特徵了。

因為經常有些外國人想見他，中共當局便給他做了一件很好的狐皮大衣。他穿上之後，每次去政協禮堂休息室見客時，服務人員都要提醒他，走時不要忘記穿大衣回去，也不要把把別人的大衣穿錯了。要不注意提醒他，他往往會不記得穿，或者隨便穿一件就走。

七、無藥可治的隱病

因為溥儀自己不會照料生活，所以「政協」的領導便勸他結婚，好找個人照顧他。一九六二年四月間，他和北京朝陽區廂關醫院外科護士李淑賢結了婚，這是一個結過婚又離了婚的中年婦女。為了他的結婚問題，「政協」領導動員了好些人給他介紹對象，他都不滿意，最後卻看中了李淑賢。

他們結婚那天，我也去參加了他們的婚禮，那天他特別高興，記者去給他拍照，他把記者拉在身邊坐下，當記者說明他要站出去才能拍照時，他才若有所悟地點了點頭。

他結婚不久，有天他特別跑到我家中找我，遲疑了很久，才吞吞吐吐問我：「聽人說，你對舊社會中五花八門的事懂得很多，對男人不能人道的病，有沒有辦法能治好？」我便問他，是先天的，還是後天的？他說是後天的，我答應找點秘方給他試試看，他很高興。

我問起他是如何起病的，他看到只有我一人在家，便小聲告訴我，他十多歲住在故宮的時候，因爲服侍他的幾個太監怕他晚上跑出去，而且他們自己也想回家去休息，經常把宮女推到他床上，要她們晚上來伺候他，不讓他下床。他說那些宮女年齡都比他大得多，他那時還是一個孩子，什麼都不懂，完全由宮女來擺佈，有時還不止一個，而是兩三個睡在他床上，教他幹壞事，一直弄得他精疲力竭，那些宮女才讓他睡覺。

第二天起床常常頭暈眼花，看到太陽都是黃的。他把這些情況向太監一說之後，他們便拿些藥給他吃，吃了雖然又能應付那些宮女，但慢慢越來越感到對那些事沒有興趣了。等到他結婚後，便常常力不從心，到僞滿當皇帝時，有時日本人安排他去祭神祭天等典禮，多走幾步都腰痠腿痛。他往往走一段便故意東張西望，問這問那，好藉此休息一下。

和李淑賢結婚後，他開始還以爲在看守所那麼多年不接近女人，還有餘勇可賈，信心十足，結果是大失所望。李淑賢不但是一個再婚婦，而且正在盛年，因此，常常爲此而與他吵鬧，使他無法對付。

他很誠懇地請求我給他醫治，我雖然懂得許多門道，但對他這種少年時過度的斲傷，感到不太好治，不過願意試試看。當天我就配了一服藥給他送去，告訴他服用的方法。第三天他很高興地告訴我，居然能起作用了。我告訴他千萬要適可而止。

大約過了一星期，他又找我，說藥又不靈了。我又把第二個藥方配了藥送給他，除了吃的外，還有煎水洗的，內外兼治。開頭幾天他又很高興，一星期左右之後，他又哭喪著臉找我——又不行了。

我懂的另一種藥方，需要採的一些草藥，北方不生長，要南方的山上才能找到，我也感到無能爲力，建議他去醫院找西醫診治。他說這種病自己怎麼能說得出口？我便代他去找「政協」醫務所的醫生，結果還是一樣，初次有效，過幾天又舊病復發，他爲此十分苦惱。一九六四年我們去南方參觀遊覽時，我順便給他配好了我認爲最有特效的藥，結果還是只維持一段時期。

中西醫都宣告無效後，他很難過。他滿心希望結婚後能生一個小孩，因爲他非常喜愛孩子。結果是使他大失所望，他便想抱一個別人的孩子來撫養，他的妻子又不同意，因爲不但麻煩，而且養一個孩子要花很多錢。

他有次很悲哀地對我說：「我這一門斷後了！」因爲他弟弟溥傑也只有兩個女兒，而且大女兒又自殺了，只有一個小女兒住在日本外婆家中。我經常安慰他，說總會有辦法能治好他這種病的，他也希望能治好，免得晚上爲此而和妻子吵鬧，因爲他雖然不能滿足妻子的要求，但又愛動手動腳，結果總是挨一頓罵了事。

他有次很有趣的對我說，聽說過去當太監的人，首先要受到很大的肉體上的痛苦，摘去睪丸，才不能人道；他沒有受過這樣的痛苦，也變成太監了！

八、看皇帝，小吃店生意好

北京的人叫溥儀，都是叫他「小皇帝」，雖然他特赦出來時已經有五十多歲了。按他那樣的年齡，有些人已當了祖父了，爲什麼北京的人還稱他小皇帝？我曾問過幾個老北京，他們幾乎都是一樣地說，因爲他登基時才三歲，打從他當皇帝那天起，北京的人便叫他小皇帝。雖然他當僞滿的康德皇帝時，已經成人了，但一般人都不承認，還是按中國正統歷史來叫他是清朝的小皇帝。

他住在「政協」宿舍時，許多到「政協」聯繫工作的外單位的人，總是帶著好奇的眼光想看看他。有次他在宿舍門口生煤球爐子，一大群職工的小孩在圍著看他出洋相。他弄得滿手煤黑，頭上汗珠流不停，用手一擦汗，臉也變成花臉了，逗得孩子們都大笑起來。

這時恰好一位領導經過那裏，感到這樣很不好，便決定給他在外面找合適的住宅。他住在宿舍時，爲了他結婚，還特別給他一間會客室、一間寢室，臨時還給他裝配一間衛生間，只是沒有廚房。他到冬天取暖時，便得生爐子。後來便給他在離「政協」不太遠的白塔寺東街（原名趙登禹路）東冠英胡同（原名東觀音胡同）廿二號找了一座小的洋式平房，除了有寬敞的會客室、寢室、客房、衛生間、廚房以及傭人房，還有很寬敞的走廊，一個相當大的院子裏，種滿了松柏樹。

這種獨門獨院的房屋在北平也算不錯了。為了照顧他，還特地讓一個「政協」的職工住在大門口的幾間門房內。

溥儀每天早上，照例到他住所附近一家小吃店去吃早點，吃完後才去上班。開始那家小吃店發覺這位衣著普通的近視眼便是「小皇帝」，很感興趣，知道他每天必去，也給他留一個座位。

不到好久，他每天在這家小吃店吃早點的消息便傳開了，過去他住在「政協」裏面，想看他很不容易，現在有機會看到這位末代皇帝，人們便一窩蜂似的湧去該店，有些人從很遠的地方騎著自行車繞道幾十里，在上班前趕到那裏去看他一眼。附近許多老頭、老太太、小孩，從不去那家小吃店吃早點的，也湊熱鬧趕去看看。

北京的商店都是國營的（今年起才有集體與私人經營的），生意做多做少、甚至一天沒有一個客人上門，他們也是照樣月月領工資。開始對這突然增加好幾倍的顧客，商店還感興趣，後來一傳百、百傳千，到這裏來吃早點看「小皇帝」的越來越多，店員也越來越忙碌，他們慢慢厭煩起來；所以每當溥儀走去想找個座位時，都找不到。有幾次還是別的顧客為了想多看他幾眼，便站了起來，把座位讓給他坐下。

溥儀一般總是吃一碗豆汁，這種豆汁和豆漿的味道不同，帶點酸味，也不放糖，而是就鹹菜吃，北方人很多愛吃它，南方人則根本吃不慣，溥儀卻很喜歡吃。有時沒有豆汁，他就喝一碗加糖的豆漿，再加兩個油餅或豆沙包子一類的東西。別人讓座位給他，他總以爲別人吃完了，所以總是不客氣地坐下去；可是別人要代他付錢時，他總是嚴辭拒絕，從來不肯接受。

由於想看他的人越來越多，商店裏的職工就越來越不希望他去。有幾次走進去，服務員很不客氣地叫他到外面去排隊等候，他完全不知道這是在拒絕他去那裏吃東西。因爲他不再去的話，小吃店的生意又會恢復到以前一樣，那些靠「鐵飯碗」做工作的店員，又可以清閑一些了。當時溥儀完全不懂得這個道理，後來經人指點，他也就不再去那裏吃東西，而改在家裏吃早餐，或在上班前到「政協」食堂去吃。那些想看「小皇帝」的人只能等在他住的地方附近去看看他了。

九、每事必問

一九六三年十一月十日，周恩來和陳毅在「人民大會堂」接見一、二、三批留在北京的特赦人員及這些人的家屬，並請傅作義、張治中夫婦去作陪，參加接見和宴會的共四十多人，坐滿了五個大圓桌。吃完飯之後，周恩來宣佈等明年春天，要所有在京特赦人員帶著家眷先去東南，後去西北，參觀遊覽一次。

一九六四年三月初，「政協」秘書長張執一又把那次參加接見和宴會的人請到「政協」

禮堂會議室去，並宣佈三月十日即由北京出發，先去江南一帶參觀，有眷屬的可以帶去。

那次組成的參觀團，「政協」把它叫做文史專員參觀團，而一般人卻叫它是「帝王將相」參觀團，因爲有當過皇帝的溥儀、當過親王的溥傑、還有指揮過徐蚌會戰的杜聿明、指揮錦州戰役的范漢傑、國民政府的名將宋希濂、廖耀湘、王耀武，前天津市長兼北寧鐵路護路司令官杜建時、以及國軍的軍長羅厲戎、鄭庭笈、楊伯濤、李以劻，還有與戴笠齊名的康澤、僞滿洲國的大臣王子衡和我共十餘人，連眷屬廿餘人。眷屬中有幾個爲人所注目的，如日本電影「流浪王妃」主角，天皇的親戚，溥傑夫人嵯峨浩子，楊振寧的岳母大人，杜聿明的夫人曹秀清等。所以這個參觀團也成爲被人觀看的團體。

三月十日，我們從北京出發時，北海公園內的殘雪尙未全消，而一覺醒來，已是一片江南春色了。那次是包了兩節軟席臥鋪，有家眷的兩家一房，我和康澤、范漢傑、廖耀湘四個光棍住一間。

到達南京，住在新街口一家專接待外賓的旅館。第三天正趕上三月十二日孫中山先生的誕辰紀念日，我們都去中山陵謁陵。溥儀是第一次到江南，看到什麼都感到新奇，都要問個仔細，我們臨時便給他取了一個渾名叫「每事問」。

當他看到明朝開國皇帝朱洪武的陵墓那麼大，而明朝末代皇帝在北京陵中是最小最小的，便感慨萬分；在參觀梅花山時，有人告訴他汪精衛死後便埋在那裏，抗日戰爭取得勝利，國民政府還都前便把汪墓炸掉了，因爲汪當了漢奸，不配葬在那裏。他聽了便一個不停地追問：炸墳時是否把汪的屍體也炸成粉末了？

介紹的人告訴他只是把墳炸開，棺木還是好好的。他又問：打開看了沒有？別人告訴他打開看了，屍體已腐爛、穿的是長袍馬褂。

他還追問，發現了什麼東西？別人又告訴他只在馬褂口袋裏發現有他的妻子陳璧君寫的一張條子，上面寫著「魂兮歸來」。他還想問以後怎麼處理……等一連串的問題，弄得介紹人都答不上來。他對孫中山的陵墓保存得那麼完好，還有國民政府許多大官在陵墓上題的字也都沒有弄掉，也很感興趣。

從中山陵下來，大家去遊靈谷寺，看譚延闓的墓和寶塔。我不想去，準備利用那次機會，去看看戴笠墳墓是否被毀掉。溥儀也不想再去爬山，要同我一路走。我就告訴他，不去靈谷寺，可以看看志公殿，他問：是不是「志公說法，頑石點頭」的那個志公？我說正是，他馬上同意去那裏看看。

我指點他去志公殿後，很快就走到了戴笠的墳前，因它離志公殿很近。溥儀回頭看不到我，便跟著追了過來。戴笠的墳還是和過去一樣，只是墳後立著的那塊由吳稚輝寫的墓碑不見了。

我正在端詳，他跑過來，看見我站在墓前，便問我，這裏面埋的是什麼人？當我告訴他時，他馬上拉著我，叫趕快走！我問爲什麼這樣怕？

他說：「你來看戴笠的墳，被人發覺了，不是要挨上一頓批評嗎？」

十、溥儀下江南

我們在南京參觀遊覽後，便乘火車先去無錫、蘇州，然後才去上海。溥儀看到蘇州的園林佈置得那樣精緻美好，讚不絕口。他對太湖特別感興趣，他說難怪北宋一些皇帝要派人到江南採花石，這裏的石頭都特別可愛。

當介紹人向我們講太湖石的精品要具備四個條件時，他興趣倍增，要別人一個字一個字告訴他；他掏出筆記本，也一個字一個字記下來，還不停地背誦：「太湖石的精品，要俊、瘦、秀、透。」每遇到一石，便用這四個字來衡量是否夠標準。

蘇州的雙面繡也使他十分驚異。他說故宮裏那麼多的刺繡品中，從來也沒有看到過兩面繡成一樣的。有一幀雙面繡的貓，十分逗人喜愛，他便伸手去摸。介紹人說，這只能看，不能摸，一摸就會起毛不好看了，他趕緊把手縮回。當介紹人介紹一位曾出國去表演過的女刺繡工作人員給我們見面時，介紹人說，許多外國婦女都搶著看她的手。溥儀也情不自禁地把那位女工的手握著撫摸起來，弄得那位女工怪不好意思，而他卻一點也不覺得。

我們那次出去參觀的成員都是舊日的要人。一般青年們對我們不大感興趣，而一些年紀大一點的，態度卻不同。特別是許多地方的名廚師，知道這些人過去都吃慣了好東西，懂得分辨好壞，總是想在這些人面前露一手。他們認為這是一群識貨的行家，而不像那些是什麼都不懂的暴發戶，只要塡飽肚皮便滿足了，再賣氣力，也是等於給豬八戒吃人參果。所以我們每到一處，許多廚師都把最擅長的菜做出來，有些名廚師還自己把菜端到桌上，請我們提意見，當然我們總是誇獎一番。

許多人對溥儀的稱讚更特別感興趣，有些賓館的職工還特地準備紙筆，請我們簽名留作紀念。我們在上海，是住在黃埔江邊的上海大廈，那裏的廚師便做了一道烤鰣魚請我們試嚐。

溥儀吃飯還有些不習慣讓人先吃，自己愛吃的東西總是盡量吃個痛快，大家也知道他的脾氣，都願照顧他。那次烤鰣魚做得很好，他狼吞虎嚥之後，一根刺橫在喉中，隨同我們的醫生費了很大的勁才把它弄出來，他這時風趣地說：「『如鯁在喉，一吐爲快』這句話是吃魚鯁了之後體驗出來的，今天我才知道這話說得很好！」

從上海到杭州，他認爲中國人常說：「上有天堂，下有蘇杭」，自己不來看看，還以爲只是形容詞。

「現在看起來，至少比過去皇帝住的故宮要好上幾十百倍，難怪乾隆皇帝要三次下江南。我相信那時他來玩，肯定沒有我們玩得這樣痛快！」

領隊的認爲他這番話講得很好，曾當著大家在座談時表揚了他。

十一、把鞋油當牙膏

我們在杭州、新安江等地參觀後，便去安徽黃山遊覽了幾天。溥儀怕爬山，只走到半山，見到了黃山的迎客松，照了幾張相，便回到山下黃山賓館休息。我和幾個身體健康的都爬到黃山最高的地方，住在北海賓館，看了黃山千變萬化的雲霧。嚮導介紹說，中國人常說五岳歸來不看山，黃山歸來不看岳。溥儀聽到後悔沒有勉強爬上去，錯過了機會。他下決心說，以後再有機會來，無論怎樣也要爬上去看看。

從黃山回來便去江西，先在南昌參觀兩天，便決定去參觀井崗山。溥儀的妻子李淑賢感到有點不舒服，怕坐長途汽車，還有兩個專員的眷屬也怕暈車，領隊的便決定要她們住在八一大道江西賓館等，我們四、五天便可回南昌。我當時是專員中年齡最輕，身體最好的，領隊便要我照顧溥儀。我們從南昌乘大客車，第一天在吉安過夜，以免趕路太急，這些老頭受不了。

吉安招待所的職工、廚師聽說是這樣一批人去了，便特意做出一道吉安名菜——紅燒狗肉請我們品嚐。我一看它連皮帶骨端出來，就知道是狗肉，許多人以爲是小豬肉。溥儀食量一向大，坐了一天車，更加能吃，一大盤狗肉，他幾乎吃了一小半。最後大師傅出來問味道如何？都一致稱讚燒得好，吃不出是狗肉，溥儀更加稱讚，說他過去吃過不少好吃的東西，可以卻從來沒有吃過狗肉。

有人開玩笑地說，過去誰敢把狗肉拿給皇帝吃，不是自找苦頭？溥儀馬上糾正他，說：「馬牛羊、雞犬豕，此六畜，人所食。書上雖沒有記載什麼皇帝愛吃狗肉，過去總還是很普通的一種肉食。」不過我們從井崗山回來再過吉安，端出狗肉來，他卻連筷子都不伸一下，我問他這次爲什麼又不吃了。他說不知道是狗肉，吃起來還很香，知道是狗肉，一想到狗什麼都吃，就吃不下去了。

吉安招待所的衛生間特別大，和一間雙人房差不多。我和溥儀住一個雙人房，早上我起來洗完澡、刷過牙之後，便拿出黃色皮鞋油給皮鞋上油。溥儀原來和他妻子共用一管牙膏，李淑賢留在南昌，就只給他一把牙刷，牙膏和漱口杯都沒有給他。

我上好鞋油之後，把它放在桌上，我就去陽台上做早操。溥儀是深度近視眼，早上起來漱洗，照例不戴眼鏡，他拿著牙刷到處找我的牙膏使用，看到桌上那支管狀鞋油，以爲是牙膏，便擠上一些去刷牙，刷過之後，他隔著門向在陽台做操的我問了一聲：「你用的牙膏怎麼是這樣的怪味？」

我回頭一看，禁不住笑得前仰後合，原來他把鞋油刷得滿嘴都是，我趕忙要他用肥皂洗乾淨，幫他把牙刷也用肥皂洗過，才給他擠上一點牙膏。

他看我那樣愛笑，便告訴我，還有過這樣可笑的事。他過去自己從來不曾擠過牙膏，總是別人代他擠上，自己只拿起來刷牙就行了。後來輪到他自己去擠牙膏，他輕輕地擠了幾下，一點也沒有擠出來，他急了，用兩手緊緊把牙膏握住，用力一擠，結果一下冒出一尺多長，怎麼也裝不進去了。他說這次雖然弄錯了，把鞋油當牙膏，卻還只擠出一點點，沒有擠出一尺多長呢。

從吉安乘汽車去井崗山，汽車剛一進入山區，溥儀看到許多高大的賓館和招待所等建築。便如有所悟地大聲說：「百聞不如一見，過去不懂得爲什麼毛澤東要選擇井崗山做根據地，原來這裏有這麼多的房子供使用。」

陪我們去的人員馬上解釋，這些房屋是一九四九年後才修建起來的。過去只有幾座平房，明天就可以去參觀。這一回答使得他有點糊塗起來。他又自作聰明說，毛澤東和「黨中央」與紅軍都走了，還修建這麼多屋子做什麼？別人告訴他，這是修建給前來參觀的人住的，他似懂非懂地點了點頭，可能還沒有想通。

從江西到湖南，在湘潭參觀毛的故居時，他看到毛澤東出生的那張舊式木床，非要去親手摸一下不可。講解員告訴他，這些陳列的東西都不讓人撫摸，怕久了損壞。他一再要求去摸一下，後來管理人員總算答應了，並聲明只能讓他一個人摸摸，別的人看看就行了。他一聽又表示不去摸了，他最怕別人說他特殊，總希望別人看他和看其他專員一樣，不要因爲他過去當過皇帝，就和別人不同。

不過，他有時又做得太過份一點，很多人背地裏說他是裝模作樣。我和他相處幾年中，我看他確是很誠懇，不是有意去沽名釣譽；只是頭腦有點簡單，而且不懂人情世故。我們在長州招待所吃早飯時，不知是什麼人丟掉一角錢的鈔票在地上，范漢傑一向愛開玩笑，便拾起來放在溥儀的座位面前，說這是給服務人員作小賬的。

一位青年女服務員馬上厲聲斥責，說這是侮辱服務員！溥儀嚇得一個勁地陪不是，其實不是他說的。他看到那個服務員還在呶呶不休，便趕快找我去說情，說我是湖南人，好解釋一些，我看那個服務員的態度那麼急，便去找她們的經理，才止住她。中午去吃午飯時，他緊緊跟在我後面，生怕再碰到那個服務員。誰相信他是那麼膽小怕事呢？

十二、參觀碑林，皇帝失蹤

到了七月間，我們又繼續去西北參觀，還是原班人馬，只是領隊換了人。我們乘臥車先去西安，住在人民大廈，大廈的廚師特為我們準備了一頓地方風味的早點——羊肉泡饃。這是用一大碗肥羊肉湯來泡饃饃吃，先把像燒餅一樣的硬饃饃弄成一小塊一小塊，泡到油裏，等饃饃吸飽了油脂後，再吃泡好的饃饃和羊肉湯。我們都只吃不到一半就停下不吃了，溥儀卻一口氣吃完一大碗油湯和三張饃，又加了半碗湯。

吃完便去參觀西安著名的碑林石刻，這裏是歷代名書法家寫的字刻成碑，豎在那裏，地方相當大。參觀時許多家眷不願去，溥儀的妻子也沒去，可是等到分散參觀後，到集合時間，卻不見溥儀。大家便分頭去找，也沒找到，有人估計他可能回去照顧他妻子去了，便不再去找他而回到「人民大廈」，結果一問李淑賢，他並沒有回來。我們幾個人又開車去碑林找，一直找到吃午飯時，還沒有找到他，我們便回來吃飯。

飯後又去，這次總算在碑林內把他找到了。原來他在一個別人不注意的角落裏，在聚精會神地抄一塊碑文。因爲早上吃得太多，也不覺得餓，所以他也記不得還要回去吃飯。直到吃晚飯，他還是吃不下東西。一頓羊肉泡饃，把他撐飽了一天。

十三、被民眾包圍

延安地處陝西北部，交通很不方便。我們去參觀時，火車只通到耀縣，便得改乘汽車。汽車經過一條小河，連橋也沒有，還得涉水而過；遇上天雨小河水漲，來往汽車還得等水退了才能過去。

延安雖有一個飛機場，即只能起降小型飛機。儘管這麼交通不便，去延安參觀的人還是絡繹不絕，去的客人有時比本地的居民還多，所以延安人對外來的人絲毫不感興趣，不論是外國的什麼國王、總統一類貴賓，也不論是白皮膚、黑皮膚、紅皮膚……的人，他們都見到過。

可是，我們這個參觀團卻引起了延安人民的注意和興趣。主要是他們聽說末代皇帝溥儀，還有他們陝北米脂縣的杜聿明都來了（「毛選」第四集裏有「致杜聿明將軍的信」）。除了有這兩個人外，像原來在胡宗南手下工作過的將領如范漢傑，羅勵戎，也都是陝北人所熟知的，加上我這個在「紅岩」小說中的「反派」角色……等，都使得延安人破例來看這群怪物。

當我們去參觀當地最突出的標誌，延安寶塔山上的寶塔時，不少本地人和從外地來參觀的人便發現了我們。

「每事問」的溥儀聽到不知是誰提起延安還有一個名稱叫膚施。這一下又引起了他的興趣，便追問為什麼叫這樣一個怪名？

嚮導便說，從前有一個很有道行的苦修僧，把自己的皮膚全都施捨給饑餓了的鳥兒吃掉了，後人為了紀念這個好心善意的和尚，所以把它起名膚施。

溥儀聽了更是追問個不停，如：這個和尚叫什麼名字？他是坐在什麼地方把皮膚餵鳥的？鳥為什麼要吃他的皮？他的皮給鳥吃完後死了沒有？……弄得那位嚮導也答不上來。

正在這時，我發覺我們已被一大群大人小孩包圍了。溥儀在聽奇聞，人們卻在看怪物。一會兒，來瞧熱鬧的越來越多，並且不少人在比手畫腳，誰是溥儀，誰是老鄉杜聿明，誰又是……。

陪去的那位延安專區的負責人怕發生意外，費了好大的勁勸開看熱鬧的人，衝出一條路來，我們才回到山下。溥儀還餘興未盡，嚮導只好勸他回去再慢慢談，免得一停留下來，又被人包圍。

十四、住窰洞，談京戲

延安招待所那時正在擴建，房屋很不夠用。按照當時的接待辦法和規定，是「先外後內，先貴賓後一般」，就是好房間先給外國客人住，先讓級別高的幹部住。我們由於是經過「毛澤東思想」改造好的樣板人物，所以也列入貴賓範圍。招待所幾間有衛生設備的房間全部讓出來，也不夠住，所以有一些人就得住窰洞。

其實陝北的窰洞就是一般人住的房子，並不是用來燒磚瓦的那種窰。它是在筆立的土堆下面挖出一個洞，再裝上門窗，因爲陝北一帶土質很黏連，不容易倒塌，住在裏面冬暖夏涼，完全用不著裝設空氣調節設備。

招待所原來是把溥儀、杜聿明等安置在有衛生設備的平房裏，溥儀看到有些人住在窰洞裏，便進去看了一下，他感到很新奇，便堅決要求換住窰洞，領隊只好答應他的要求，給他換了一個裝置得很好的窰洞。我去看他時，問住在窰洞內感覺怎樣？他便把話匣子打開了。他說過去聽京戲，有不少提到過窰洞。如平貴回窰、仁貴別窰，特別是說王寶釧苦守寒窰十八載。他認爲編寫這些戲的，沒有實地調查研究過，而是想當然的以爲窰一定得寒冷，所以叫它寒窰，實際上窰洞到冬天不是寒而是暖。沒有見過和住過窰洞的人總以爲窮到沒房子住的才住窰洞，這實在是沒有常識。

我們當中對京戲素有研究的杜建時對他這一番議論加以反駁，說戲裏的寒窰是指王寶釧貧寒，而不是說她住的窰洞寒冷；溥儀卻不同意這一看法，他堅持窰不能與寒連在一起，說王寶釧貧窮就行了，把貧窮和窰洞扯在一塊，不適宜，因爲任何戲裏也沒把有錢人住的窰稱爲富窰……他們倆人爭著不停，直到服務員來請我們去吃飯。這場辯論才結束。

十五、華清水滑，皇帝摔跤

我們從延安回到西安，休息一天，便去臨潼華清池洗溫泉。大家都要到楊貴妃洗過澡的「貴妃池」去洗，好像那裏還可以聞到一點貴妃的餘香似的。其實當年楊貴妃洗澡的地方究竟在那裏，誰也弄不清楚。

看了唐明皇修建在臨潼驪山山麓宮殿的模擬圖，範圍相當大，經過這麼多年，現在稱作貴妃池的那個浴池，是不是就是楊貴妃洗澡的地方？真是只有天曉得！但不管楊貴妃是否在那裏洗過澡，這個名稱總還是夠使人發生種種美好的感覺。

貴妃池一次可以同時洗好幾個人，溥儀只要摘下近視眼便等於瞎子一樣，領隊的便要我照顧他一下。這位仁兄的動作實在有點笨頭笨腦，我等了他好久，才把衣服脫下來，而襪子卻還穿在腳上沒有脫掉。我問他爲什麼穿襪子洗澡，他才慌慌忙忙把它脫掉。

剛一下浴池，他就沒有站穩，差一點倒在水裏。洗了一陣，快要完的時候，他又摔了一跤，幾乎把頭撞在池邊的石頭上。我有點急了，不停地叫他留心些免得摔傷；他不怪自己笨，卻埋怨溫泉的水太滑了站不穩。我笑著說，溫泉的水的確很滑，白居易早就告訴我們了，只怪你自己忘記了他在一千多年前就向我們提出的警告。

他很認真地問我，白居易是怎樣警告我們的？

我說：他在長恨歌中，不是明明白白說過：「春寒賜浴華清池，溫泉水滑洗凝脂」嗎？他聽了也笑起來，便小心翼翼地爬上去穿衣服。

他剛把衣服一穿上，就很詫異地問我，怎麼洗過溫泉就會肥胖起來，難怪楊貴妃肥胖，趙飛燕瘦小，因爲楊貴妃天天在溫泉洗澡，趙飛燕沒有洗過溫泉。我走過去一看，哪裏是溫泉水洗過會胖，原來他穿錯了別人的衣服，所以穿不進去。

換回衣服，他撫摸著摔痛的地方，自言自語說：「楊貴妃的餘香沒有聞到，差點把骨頭都摔斷！」

洗過貴妃池後，一部份人便睡在浴室休息，一部份人卻去後面爬山，看半山上那個亭子，這個亭子本來是胡宗南修建的，爲了紀念西安事變時，蔣介石先生在這裏蒙難，取名「正氣亭」。

十六、遭戲弄，亂闖女浴室

我們當中最愛講俏皮話和最會戲弄人的要數范漢傑，而容易上當受騙的，又要數溥儀了。和溥儀，范漢傑一走出華清池，范漢傑就告訴溥儀，楊貴妃洗過溫泉之後，越長越漂亮，唐玄宗便越來越寵愛她。因爲這一關係，附近許多地方的小姑娘在準備出嫁之前，都要來這裏洗頭洗臉，好讓自己長得漂亮起來，而且洗的時候還要舉行一個簡單的儀式，特別是希望從遠方來此遊覽參觀的人給她頭髮上澆一瓢水，她們便會高興得跳了起來。溥儀聽了非常感興趣，便請求范漢傑帶他去看看，並且想告訴那些去洗頭的姑娘，我們是遠從北京來的，以博取那些姑娘的歡心。

我過去不止一次到過華清池洗澡，可沒聽說過有這種風俗，還以爲范老只是胡扯一頓，讓溥儀感到新奇，所以也沒有去戳穿他。溥儀卻信以爲真，硬要范帶他去。

當范說快要到了的時候，正巧對面走來了「陝西省政協」陪我們參觀的人。我一向愛和人打招呼聊上幾句，他們倆人只點了點頭就繼續向前走著。那個人問我愛不愛聽秦腔，他說準備我們回西安後，安排我們聽聽地方戲。

我告訴他，我們所到之處，都有人安排我們聽地方戲。我說現在的地方戲比過去有些不同，趣味性少了些，政治性多了些。

他問我何以見得？我便告訴他，一九四九年以前，我在河南聽過許多有趣的東西。他追問那一些我們認爲有興趣，要我舉一個例子；我便一面向他舉例，一面邀他跟上溥儀和范漢傑，我舉出我聽過一個這樣的很短的滑稽戲．一個人走到台上，自言自語道：「牽馬來到潼關，不知是何地方？待我下馬細看，原來有斗大的三個字潼關！」我說像這樣的獨白，聽起來很有趣，所以幾十年了，我還能記得起來。明明是說牽著馬到了潼關，還說不知是何地方，牽了馬又說下馬去看，才看到是「三個」斗大的字……

正談到這裏，只見前面吵了起來，一群人圍著喊「打！打！」我估計可能是出事了，便跑了過去。果不出所料，是溥儀被人包圍起來，范漢傑一個勁地替他在講情，請大家不要動手打他。

同來的幹部是本地人，許多人都認識他，他一看到這情況，馬上先止住不叫人動手，並跑上去把溥儀從人羣中保護了出來，我一問才知道是他聽了范漢傑的話，以爲真是什麼姑娘洗頭，而向一個女浴室闖去，當把門的女服務員告訴他是女浴室時，他還是向裏面走，說只看看姑娘們洗頭就出來，那個像彪形大漢一樣的女服務員便一把抓住他，往門外一扔，大聲喊叫：「打這個流氓！他要去看女人洗澡！」

這時有一羣人圍了過來，正喚著要打時，幸好被幹部救了出來，溥儀臉都嚇白了，一直埋怨范漢傑害他，差一點挨一頓打。范卻解釋說，以前的確是可以去參觀姑娘洗頭的，一九四九年後改變了他不知道，那個本地生長的幹部便笑著對溥儀說：「范老是逗你玩的，以前這裏也是女澡堂，你怎麼不看看門口明明掛著「臨潼女浴室」，你還要往裏面闖，所以人家以爲你在耍流氓、要打你！」

回來時，范漢傑和溥儀都提出回去不要講這件事，免得不好意思，我和那個幹部都同意不提了，好在溥儀沒有挨上打，只是被人罵了一頓。

十七、小說人物現身說法

一九六四年前後，正是羅廣斌、楊益言所寫的小說「紅岩」風行的時候。這是以中共上台前夕，軍統在重慶破壞中共地下組織，逮捕大批中共黨員爲背景的小說，其中的人物多有影射。當時北平和全國各地許多劇團都爭著以這本小說爲內容，編寫劇本，還根據小說拍了一部電影，是由名演員趙丹主演。

導演于藍多次找我要我提供材料，許多劇團也要我去作報告，介紹當時一些情況，我答應了，交換條件是不能讓影射我的「反面人物」出台，只能由其他「反面人物」如南軍政長官公署處長徐鵬飛（小說中的名字）等人口中提出我的名字來，所以電影、話劇、評劇……等中都沒有人裝扮我這一個「反面角色」。而我隨同文史專員參觀團到東南、西北去參觀時，各地的劇團又紛紛找我提材料。

溥儀讀過這部小說，也知道小說中有我，所以他一有空便愛問我有關小說中許多情節，那些是真，那些是虛構的，小說中還有什麼沒有寫上去的。

十八、孤家寡人的滋味

我和溥儀在相處的幾年中，也常常愛問他一些在他那本「我的前半生」一書中還沒有寫過或寫得不夠的許多事。

我有次問他，當皇帝一天到晚對人稱孤道寡，究竟有什麼味道？他說過去他總認爲自己最大，最了不起，什麼人都得向自己下跪才舒服。他告訴我，他在僞滿當皇帝時，雖是日本人的傀儡，但他對中國人，甚至對自己的親戚，也還是要擺出皇帝的架子。

他說他叔叔載濤去僞滿，想找個可以弄錢的好差使，弄點錢後再回來安享晚年。有天他在花園裏散步，載濤便趕忙躲在一邊，避免在花園的泥土上向他叩頭。他看見了，忙大聲問：「那是什麼人？不下跪。」他旁邊的一個侄兒便提醒他，那是他的叔叔。他爲了要維護皇帝的尊嚴，又大吼一聲：「家法何在！」載濤只好趕快跪了下去，等他走開後，便不願再去見他，而溜回關內，怎麼也不願去了。

他還說到他和弟弟溥傑的關係。在僞滿時期，他看到日本人把他弟弟弄到日本去進士官學校，接受日本人的教育，還把日本天皇的遠親嵯峨浩子嫁給溥傑當妻子，他便擔心有朝一日，日本人會一腳把他踢開，讓溥傑來當僞滿皇帝。所以溥傑在僞滿洲國雖然是個親王，但實際工作他只讓溥傑當一名宮內上校侍從武官，連將軍級的少將官銜都不願給，這是隨時防止他來奪取自己的皇帝寶座。他說，特赦以後，溥傑見到他，第一次叫他一聲「哥哥！」他激動得抱著溥傑哭了起來。

溥儀特赦後，靠工資收入維持生活。後來寫了書，有稿費收入，但不及他弟弟有錢，因爲溥傑的爸爸——滿清的攝政王的醇親王府，後來成爲中共衛生部的辦公地方。而他爸爸買給一個姨太太住的北京護國寺街五十二號一座小的四合院，以及一部份財產，溥傑都繼承下來，加上溥傑的妻弟專門做中日貨物交流生意，對他的生活有不少補貼。溥傑的妻子於一九六二年由日本回來，帶來了一整套家用電器化的用具，生活過得比溥儀舒服得多。可是溥儀這位夫人卻和弟媳處得很不好，溥傑請哥哥嫂嫂去吃飯，總是溥儀一個人去的時候多。

溥傑的夫人很好客，我們去他家，總是留吃飯，也經常把溥儀接去一道吃。溥儀愛吃一種紫蘇，溥傑院子裏便種了很多，每次有溥儀去吃飯，浩子總是叫廚師採幾片紫蘇葉，洗乾淨後，再用鷄蛋和麵粉裏上去油鍋裏炸成焦黃色，放在溥儀的面前，讓他慢慢去吃。

十九、最怕老婆

中國歷史上的皇帝，都有大羣女人供蹂躪，極個別皇帝，也有怕老婆的，但像中國末代皇帝溥儀那樣怕老婆，可以說是獨一無二的了。

他自從一九六二年春與李淑賢結婚後，主要方面來說，他是過上了家庭生活；而在許多小事上，他卻常常在我們面前搖頭嘆氣，不過一下就過去了。

他從來不愁眉苦臉，終日悶悶不樂，幾乎是時時喜笑顏開。我們大家都愛逗他，拿他一些可笑的事取笑他，他也從來不生氣。他特赦後到北京時，學著講禮貌，一次上公共汽車時，讓別人先上，自己最後上，當所有的乘客都上完之後，一位女售票員還站在下面，準備等客都上去後便關門。他弄不清這位女售票是幹什麼的，以為也是乘客，而又是女的，那就更應當讓她先上，所以當那位售票員等他上車時，他卻把手一伸，請她上去，女售票不知道這是一位從來沒有乘過公共汽車的客人，以為他是在車站上等人或接人的，便跳上車，隨手一按，車門馬上關上，汽車也跟著起動；等到溥儀想上去時，車已開走。

因為他鬧過這樣一次笑話，所以我們和他一道出去玩的時候，如遇上搭公共汽車或電車時，總愛和他開上這麼一句玩笑：「你怎麼不等售票員先上來，就自己上來了?!」他聽了這話，從不以為忤，總是笑著說：「現在弄清楚了，不會再請售票員上車了。」開玩笑的人也不好意思再拿這件事來尋開心了。

他結婚時，每月工資是一百元，「政協」還特別給了他一筆補貼，我們也都湊了一點錢作為賀儀，所以他結婚的場面不算小，不但沒有賠本，還多餘了一筆錢。夠他安排婚後一些生活上所需的開支。

一九六四年，他當上了「全國政協」委員，工資加了一倍。李淑賢儉省慣了，所以對溥儀拿了錢就花完的習慣，堅決想讓他改過來。在中國大陸三年困難期間，許多東西都是按人口定量配給，有錢的人也不能多吃多佔。而有些日常生活以外的消費品，卻又比較靈活一點，看情況來供應。

溥儀愛抽香菸，而且菸癮相當大，右手的中指和食指薰得黃黃的。當時所有抽菸的人都可以每月買到一、二十包平價香菸。而我們卻特別些，在「政協」禮堂的小賣部每人每月可以買十包高級香菸。李淑賢說抽菸沒有好處，抽壞抽好都是燒掉了。溥儀那十盒高級菸，經常不給錢讓他買，溥儀便讓給別人去買，而別人總是買來之後，分送一半或幾包給他。李淑賢看到他抽高級菸，雖然不是自己花錢買的，也不讓他抽，理由是抽慣了好菸，以後就不想抽壞菸了。他只好把別人送他的好菸放在辦公桌的抽斗內，上班時才抽。回去後，還是抽一般的配給菸。

我們這些人中，也有幾個是怕老婆的，如當過國民政府兵團司令的廖耀湘、當過軍長的鄭庭笈等，都和溥儀一樣，每月領到工資，都原封不動地雙手奉上給老婆，不敢先拆開裝工資的口袋；經家主婆清點無誤後，再從中拿出幾元作爲一個月的零花錢。

溥儀因爲最不注意收藏自己的東西，經常丟三拉四的，所以李淑賢更有理由可以少給他，甚至當著我們的面，也只給他幾元錢，還名正言順，理直氣壯地說：「給他多少就花多少，就是沒有花掉，也會丟掉，還是少給他好些。」清官難斷家務事，何況是自己願打願挨，所以我們雖看不過去，也沒有誰出來說一句公道話。

有次李淑賢正在廚房切菜，溥儀在拿飯碗筷子，幫同準備開飯，不知地下有什麼溥儀沒看見，一腳踏去，滑了一跤，手上拿的飯碗摔在地上打破了。李淑賢氣呼呼地從廚房衝出來，質問他又打壞什麼了？他一看到李淑賢手中拿著菜刀，怒容滿面，立刻嚇得渾身打抖。

正好我和兩個同事去看他，見到他嚇成那個樣子，馬上安慰他不要怕，打破兩個飯碗算什麼！李淑賢倒不是想拿菜刀去嚇他，而是沒有先把刀放下便奔出去，所以使得他以爲她要拿刀砍他。他看到我們去了，才驚魂甫定，趕忙拿出手帕把頭上冒出的汗珠擦去。

我們常常背著李淑賢勸他不要那麼害怕她。有什麼事自己不便向她說，我們可以代他去說，他卻一個勁地表示沒有什麼，不希望別人去替他說話。我們便告訴他們的媒人周振強和樓亞俊夫婦常常去勸勸李淑賢，不要爲一點小事使溥儀太難堪。周振強也是文史專員，他是黃埔一期畢業的；曾做過孫中山先生的衛士和蔣介石先生的侍衛大隊長，和李是浙江同鄉。

我們曾問過溥儀，爲什麼這樣怕老婆，他笑著說：「不是怕她。遇事讓讓她，不是就省事了嗎？」

我們了解他已怕到不敢講話的程度，曾鼓勵他，該說的還得說，用不著怕成那樣，他總是很坦率地說：「我們這些過去壓迫別人慣了的人，有百分之百的理由，也以忍讓爲佳，否則別人看來我們還在耍過去那一套，總是我們不對。所以我從來就不願和任何人爭吵。」

李淑賢往往當著我們的面批評溥儀是「特別笨」。許多一般人視爲極簡單，連三歲小孩都能做好的事，一伸手，十有八九要做壞。我們總是勸李淑賢，今天他肯動手做家務事，就是一個很大的進步，應多加鼓勵，少去批評；一次生，兩次熟，總能慢慢學會的。

我還很清楚地記得，「文化大革命」這十年浩劫開始之前，「中央統戰部」和「全國政協」許多上級領導，就自動要求每週參加一次輕微的體力勞動，以表示不忘勞動觀點，和工農兵打成一片。我們這些專員們不敢後人，也同樣請求參加。

每星期三的上午，我們都去北京西安門低壓電器廠去做三個多小時的裝配電器零件的工作，有些擰擰螺絲，有的把螺絲和螺母一付一付配成一套。當時溥儀和班禪額爾德尼兩人經常面對面坐在一個工作台上安裝螺絲。

一個是過去的皇帝，一個是從前的西藏活佛，這兩人都是一出娘胎就有大批人伺候慣了的人，今天能做體力勞動，可是從前想不到的。當時該廠的工人幹部都非常客氣地對待他們，有時還手把手地教他們做。我們曾把這件事告訴李淑賢，叫她也耐心教導溥儀，後來溥儀也能做好一點家務事，由「特別笨」變成「還可以」了。

二十、放下了皇帝架子

我從一九六〇年十一月二十八日特赦第二天後，便開始和溥儀打交道，直到一九六七年十月十七日他逝世。我記得第二批特赦人員由戰犯管理所搬到北京市崇內旅館的第二天，北京市「統戰部」和「民政局」設宴招待我們，特別把第一批的特赦人員也邀來作陪，我和溥儀第一次同桌吃飯，他給我的印象是「目中無人」。

他愛吃的菜，也不等主人請吃，便不停地吃起來，一會兒就吃飽了，也不向主人和其他人打個招呼，就把筷子一放，離開飯桌坐到旁邊沙發上去抽菸。主人告訴他後面還有菜，他滿不在乎地回答一句：「我已吃飽了！」可是等到後來上一道甜點心、主人問他要不要再吃一點，他又坐上桌來，不等請，也不讓別人吃，便先給自己盛上一碗，吃了起來。

我當時的確很反感，我過去見過的大官也不少，那有像這樣沒有一點禮貌，完全不管別人的！宴會之後，我便問第一批特赦的人，他們告訴我，溥儀就是這樣慣了的。以後逢年過節，我們常在一起吃飯時，我發覺他逐漸在改變這種習慣了，不再是菜一上桌就不顧旁人大吃起來，也懂得嚷一聲：「大家吃！」自己才動手。

我是有名的飛毛腿，因留在北京「全國政協」和「北京市政協」的特赦人員中，我年齡最輕，身體最健壯。我特赦以後，買了一輛自行車，不僅騎著它上下斑，而且一有空就騎著它到處跑。北京的夏天，早上四點就天亮，要晚上八點才黑下來。在休息的日子裏，我常常騎車去頤和園、香山、八達嶺看長城，十三陵看地下宮殿，來回一百來華里也滿不在乎，北京買什麼東西在什麼地方？我更熟悉異常，所以同事們給我取上這個「飛毛腿」的外號。

溥儀對此也羨慕異常，他也想買一輛車來騎，我勸他不要弄這玩意兒，因爲他是深度近視，北京有幾十萬輛（現在是兩百多萬輛了）自行車，像穿梭一樣，隨時都有被人撞倒或把別人撞倒的危險，特別是從來沒有騎過自行車的人更不要去冒那個險！前面幾句話他都沒有意見，而後面那句，說他是從來沒騎過自行車的人，他卻不服氣了！他笑著說：「我騎自行車的時候，你可能還剛剛學會走路呢！」

我反問他一句，「此話怎講？」他便告訴我，他十多歲時，在故宮住的時候，就學過自行車。爲了能騎著在故宮內轉來轉去，他叫人把故宮裏面那些一尺來高的門檻都拆掉，好讓他騎車通過，他便認爲他學騎車時，我還在學走路。我當然不服氣，我說你才比我大六、七歲，你學騎車時，我也不會剛學走路；他也倚老賣老地頂上我一句：「那時你頂多是在上幼兒園罷了！」

在十多位文史專員中，年齡最大的是范漢傑。後來「政協」的工作人員都稱范漢傑爲范老，不久連杜聿明、杜建時、溥儀、溥傑……等人也被稱爲杜老、溥老，我們彼此間的稱呼也不再用戰犯管理所用的稱呼「×同學」了。可就從來沒有人稱我什麼老，我只好自封爲「老」，不管是接電話也好、有什麼事找人也好，我都以「老」來代替自己的名字。

首先反對我的是杜聿明和康澤，因爲他們兩人都比我大十歲，我是一九一四年農曆甲寅年出生，屬虎。他們是一九〇四年農曆甲辰年生的，屬龍，都不承認我也能稱老。不過他們有事找我幫忙時，也會爲了讓我高興而開玩笑地叫我一聲。

有天下午溥儀急匆匆地，滿面愁容跑進專員辦公室，一把將我拉了起來，上氣不接下氣地叫我一聲「沈老」。我估計一定又有什麼急事找我，便要他先坐下來慢慢談。

原來是他對我說他不能騎自行車不服氣，便把一個去他家看他的親戚的一輛自行車借過來，在大門外去騎，還想玩玩花樣。畢竟幾十年沒有騎了，總是力不從心，當他正在騎得高興時，前面來了一個老太太，他想躲過去，不料反而朝著那位老太太闖了過去。他連忙去控煞車，控了兩下也沒有馬上停住，車輪還是向前滾動。說時遲，那時快，一下把老太太撞倒了。

他趕忙把她扶了起來，嚇得一個勁地問：「撞傷了沒有？」並不停地賠禮道歉，說自己多年不騎車，想練習練習，不幸撞人，他願送老太太去醫院檢查，負擔一切醫藥費用。那位老太太起來一看，原來是「小皇帝」撞她一下，又看到他那麼著急的樣子，便拍拍身上的灰塵，連聲說：「沒有事！沒有事！」

那些附近的居民都認識他，只是沒有機會和他接觸，所以不想找他的麻煩。後來他請那位老太太去家裏坐坐，休息一下，那位老太太當然求之不得，馬上和他一道進去坐了一會，問了他的生活、身體等情況，才高高興興地走了。

溥儀怕她家裏的兒女還來找他的麻煩，便來找我，要我想個辦法，避免有人藉這件事來找他糾纏。我立刻向「政協」領導反映，他們便叫我去找那條街的街道辦事處主任，說明情況，不要讓人去找溥儀的麻煩。

我去了一看，那位街道主任也是位老太太，她早就知道這件事了。被撞的那位老太太也是街道治安保護組織的成員，不但不會去我麻煩，還很高興能結識溥儀夫婦，這件事正在作爲街道新聞在流傳。

我把這一經過情況告訴溥儀，要他放心，他還是過意不去，又買了些點心送到那位老太太家裏，把那位老太太高興得不得了，後來我聽到人告訴我，那位老太太是滿清末年出生的人，溥儀登基時她還給設在家中的皇帝萬歲的牌位磕過頭，還沒有忘記這位三歲登基的「真命天子」。在她老年能被「皇上」撞一下，並由「皇上」親自扶到家中休息，和她聊天，又送她點心，她十分高興，也十分珍惜，特地請了幾位親戚去品嚐「皇上」親自送上門的食品。

據說幾位老人都慎重其事地每人吃了一塊，感到很光榮，因爲那些老人都曾做過宣統的臣民。只有他們的孫子們吃了以後才說：「這有什麼稀奇，還不是和爺爺奶奶買回的一個樣的味道。」

溥儀漸漸懂得照顧人，我現在只舉出兩個例子。

一件事是：他婚後搬在外邊，不像住宿舍那樣方便，他妻子又要上班，便找了一個女傭人幫他們洗衣，和做點打掃清潔等雜務工作，講好不在他家吃飯，可是遇上溥儀在家吃飯時，常常留她吃一頓，並且讓她同坐在一張桌上吃。

後來那位老太太病了，因爲是機關出的錢，溥儀還是領了給她送去，常常還去看她，有時還帶些點心、糧票等送給她。雖然她妻子和他爲這事而多次嘟噥過，但溥儀還是堅持這樣做，他妻子便對我們說：「現在我們倒成了褓姆（北京稱呼女僕為褓姆）的褓姆了！」但是我們卻都讚揚溥儀做得好！做得對！

另一件事是政協安排住在溥儀大門口的那個工人，他一家人住的平房比較簡陋，不像溥儀住的房子那麼堅固。

有年下大雨，一連十多天不停，溥儀晚上回來，聽那個工人的小孩在喊房子頂棚漏水快塌下來了，溥儀爲此事一直感到不安，便和他妻子商量，想讓那家人暫時搬到他家會客室住一下，她不同意，要他們搬到大門裏面門洞裏去。溥儀認爲大門門洞是敞的，沒有雨打還有風吹，不妥當。到了半夜，雨越下越大，他不再管妻子的攔阻，從床上披著衣服，冒雨去把那工人一家人請到會客室去住了幾天，等修好那幾間漏雨的房子，才讓他們搬同去。

廿一、愛笑也愛哭

我和溥儀相處的幾年中，感到這個人很容易動感情。他自己常常說，過去遇事「麻木不仁」，什麼事也不願多想。他說當皇帝，成天得裝模作樣，擺出一付神聖不可侵犯，唯我獨尊的姿態，當了俘虜後，報在蘇聯伯力時，俄國人還多少讓他保留一些皇帝架子，叫他在僞滿時期的一些僕從去侍候他。自從被蘇聯送回去，進了撫順戰犯管理所，慢慢地有些轉變了。後來他也和常人一樣，遇到可笑的，特別是因他而弄出的笑話，不但自己笑不可抑，還很坦率地告訴別人，從來不隱瞞他丟人的事。

所以我們在辦公室裏，一見到他來上班，總要問他：「大溥，昨天回去鬧了什麼笑話沒有？」如果有，他一定如實地講出來讓我們笑一陣。如果沒有，他總是那樣回答一句：「那裏會天天鬧笑話！」

我記得，每次我和溥儀去理髮，理髮員在給他吹風時，總要和他開一句那樣的玩笑：「溥專員（一九六四年，他當了「政協」委員後，便叫他溥委員），別害怕！我要在你頭上變戲法了！」他也總是笑呵呵地回答：「你變吧！現在我不會害怕了！」

這個笑話的來源是這樣的。一九五九年第一次舉行特赦前的一兩年當中，中共政府怕這些人與外間隔絕了太久，所以讓幾個地區的戰犯管理所的戰犯們出去參觀參觀。

溥儀所在的撫順戰犯管理所主要是在東北參觀。他在參觀哈爾濱百貨公司時，第一次看到理髮用的吹風機，不知是什麼玩意，商店的負責人便表演給他看了一下，他感到很新奇有趣。特赦後，他到北京理髮店去理髮，因爲衣服穿得太多，滿頭大汗，他看見理髮員的工具枱邊掛了那個玩意，便自作聰明地請理髮員先給他把頭上的汗吹吹乾。

理髮員知道他是沒有吹過風的土包子，便開玩笑地說：「這玩意要理好髮、洗乾淨了才能吹，不洗淨先吹，會把頭髮全吹掉！」他一聽嚇了一跳，趕緊說：「那先理髮，洗淨再吹，不要把頭髮吹掉了。」

回來他一五一十地告訴別人，當別人笑他時，他才知道就是先吹也不會吹掉理髮。他特赦出來後，所鬧的笑話也傳到「政協」的許多職工的耳中，所以理髮員也愛在他去理髮時，來和他開開玩笑。他自己也總是要笑上一陣。

有天溥儀一上班就問我們：「怎樣把薄脆好好拿回去？」北京的早點舖除了賣油餅、豆漿……等外，有時還賣一種用油炸的很薄很薄的，有一尺左右見圓那麼大的薄脆，因其又薄又脆，北京人很愛吃它。

那天他家裏一大早來了個女客，他妻子便叫他去附近早點店買幾張薄脆來招待客人。他拿著錢高高興興地去買了幾張，用手托著，舉得高高的向回家的路上走，不料突然一陣大風吹來，那幾張薄脆一齊騰空飛舞，他兩手趕忙亂抓，一張也沒有抓住，都被風吹跑了，落在地上，也都粉碎了。

過路的人，特別是一羣去上學的小學生看到他那追著抓薄脆的狼狽相，都笑得前仰後合，他自己也覺得好笑，便一路笑回去，想再拿錢去買，結果被他妻子罵了幾句「笨貨」，不再叫他去買了。所以他一上班就想問問。怎樣才能不讓風把它吹掉。

後來別人告訴他，要一手托著，一手輕輕地按住，決不能一手高高舉起，那非被風吹跑不可。他便笑著說：真是吃一塹，長一智，下次可不會再當笨貨了。

還有一年冬天下大雪，我們便和學校一樣放寒假。我住得很近，感到家裡還不及辦公室溫暖舒適，總是早點去辦公室。溥儀住得也不太遠，他也是在家待不住，放假也愛來。有天早上雪後馬路冰凍了，溥儀出門時，看到許多騎自行車上班的年輕人滑倒，他感到很好笑，便一路笑著走著。

忽然馬路當中一輛自行車滑倒橫在路上，後面的自行車因路滑停不住，一輛接著一輛地滑倒下來。溥儀看到一連串的車子倒下去，笑得腰都彎了。正當他笑得最起勁時，一個不小心，他也一屁股坐到地上，他趕快想站起來，因爲他穿的是硬底鞋，剛一站起，又一溜坐了下去。他一邊笑，一邊站，幾次都站不起來，他那又急又滑稽的動作，也惹得過路的人和他一起笑起來。後來有兩個過路的軍人把他扶了起來，護送他到「政協」門口才走。溥儀便從門口一路笑著走進來，我忙問他，什麼事這樣好笑？他便把經過全說了。

我看到他大衣後面都是冰屑和泥巴，怕他摔壞了，要他去醫務室檢查一下，他邊脫大衣邊不停地笑著說：「沒事，沒事！根本沒有摔傷，只是看到馬路上的事可笑，自己爬不起來也可笑！」

溥儀可笑和愛笑的事實在大多，真是寫不勝寫；不過我認爲値得一寫的還是他的哭，那才是真正的感情的表現。他的哭，至今還深深地留在我的記憶中。

「文化大革命」這一少見的大浩劫剛一開始，北京便大批大鬥所謂「三家村」的「黑幫」頭子鄧拓（中共「北京市委」）、吳晗（北京市「副市長」）、廖沫沙（中共「北京市統戰部」部長）三個人。我們特赦以後，在沒有安排到「全國政協」工作之前，都是由廖沫沙和「北京市民政局」局長李忽親自領導我們，這兩人和我們接觸得最多。

批鬥「三家村」的時候，溥儀已開始生病，政協領導已通知他不要再上班。有天上午我們剛剛到辦公室，他便哭喪著臉走進來，我從來沒有看過他那種無精打彩，垂頭喪氣的神態，趕忙問他發生了什麼事？他的眼眶一紅，一串串眼淚不停地往外湧出來，我們問他，他沒有答覆，並且伏在沙發的扶手上失聲哭了起來。我們還以爲是他家裏出了什麼不幸的事，正想安慰他，他卻把頭一抬，哽咽著說了一句：「我看見他們在批鬥廖部長！」說完又哭起來。

我們說，這幾天我們正在學習揭露和批判「三家村」的文件，廖沫沙肯定是會挨批鬥的，用不著大驚小怪！他便連哭帶訴地說他親自看到了他們把廖沫沙抓到台上，胸前掛上木牌，幾個人按著他的頭，連打帶罵地在鬥他，看到這情形，怎麼會不難過啊！說完之後，他看見我們幾個人都沒有哭，便用生氣的口吻質問我們：「看他被人鬥成那樣，你們連一點同情心都沒有嗎？」

我們早就知道廖沫沙在挨鬥，而且在學習批鬥他們的文件時，也得批上幾句。我們都是有政治鬥爭經驗的，知道在那種場合下去同情被鬥的人，甚至因他被鬥而失聲痛哭，會得到一個什麼後果，那是十分清楚的。我們何嘗不同情廖沫沙，可是在那時，誰敢說半句不滿的話？

老實說，當時連共產黨內許多人都不知道那是怎麼一回事。我們只從發下的文件中看到指出他們一些言論，是「反黨」、「反社會主義」的，我們還信以爲真，只在暗地裏爲他犯錯誤而惋惜。後來我們把發下的文件給他看，要他應當相信文件，不要再感情用事，免得犯錯誤，他才沒有再哭了。但從那次以後，他便沒有去專員室上班和學習，而病了起來。

去年整理他的日記時，我抄下了他記的一段日記：

一九六七年一月廿二日，早上十時許沈醉夫婦來看我，談到我這次得病，沈老（指政協文史專員的一個領導人沈德純，做過湖北的「統戰部長」和「副主席」董必武的機要秘書等要職）向周總理報告，總理立即告平杰三部長（中共「中央統戰部」第一副部長，兼「全國政協」秘書長）召集有名醫生，搶救我。談到這裏，我的眼淚奪眶而出……

那天，我又看到他哭了。他生病時，我經常帶着我一九六五年在北京結婚的妻子去看他，我的妻子是醫務工作人員，可以給他看看病和買點藥。

那時住醫院很困難。十年浩劫之前，周恩萊特別下手令規定過：「全國政協文史專員（即特赦留在全國政協的十多個「帝王將相」）的醫療，一律按高級幹部待遇。」所以我們看病不排隊，只要打一個電話到醫院的保健室，告訴他們自己醫療證的號，要看內科或外科……等，他們就會在電話中回答你什麼時候去保健室。

他們根據高幹醫療證上的號碼，先把病歷調出來，等在那裏，到時去就可以由一些醫術較精的老醫生診治。看完病去取藥，也是在藥房專設的一個小窗口去取，都是用較名貴的藥品。如果要住院，只要經過保健室的醫生決定後，便可住進高幹病房。

十年浩劫一開始，紅衛兵便把這一規定取消，保健室關門了，高幹病房也沒有了，連中共中央各部部長看病也一律排隊，我們更是被稱爲牛鬼神蛇的「黑五類」份子（地主、富農、舊軍政人員，既反革命份子、壞份子、右派），想去看病，連掛號都掛不上；即使等了好久掛上了號，輪到去看病時，醫生一看是「黑五類」，有時隨便開一點藥，有時藥也不開，還罵上一句，「死一個，少一個，不給藥！回去等死罷！」所以我經常帶我妻子去看看溥儀，盡可能不讓他去醫院排隊受氣。

我在一九六七年一月廿日去看他的時候，感到他的病越來越沉重，不及早進行搶救不行，所以我在廿一日下午才找到沈德純，因爲他去文史會不久，其他幾個老的負責人都在挨批鬥。我向他談到溥儀的病情，希望他向上級報告一下。

我上面摘抄溥儀的那段日記，可能他沒有聽清楚而記錯了。實在情況是我向沈德純談過之後，沈便和我一道去找了「政協」秘書長平杰三，平打電話給周恩來，打了半個多鐘頭才打通，因那時周特別忙，電話老佔線。打通之後，周恩來指示平杰三，要立刻召集北平有名的幾個醫生，一定要設法搶救溥儀，不是他日記中所記的「沈老向周報告」。

那次，溥儀還聽我談到：「政協」文史會副主任，一向負責領導我們的申伯純、「中央統戰部」部長和幾位副部長，都被紅衛兵押著在批鬥，站在大卡車上，口中咬住幾根稻草或一口破鞋子，在全市遊行，以及種種侮辱毆打老幹部的慘無人道的情況。一聽之下，溥儀便是大哭起來，不停地說，他們今天怎麼遭到這種待遇！他很不理解，爲什麼要這樣由下而上的奪權運動，更不認爲「造反有理」。

他抓著我的手，一邊哭一邊問：「究竟爲了什麼要這樣幹？好端端的一個國家弄成這個樣子，這是誰的主意？」

我當時既不理解，也很怕惹事，只是勸他不要講這些，好好養病；他卻一直不停地大發牢騷，認爲這一運動是不應該的。

他那天講的許多話，使我感到十分驚異。過去他在學習中，幾年來一直是跟著報紙和文件來發言，從來沒有提出過自己對某一問題的看法或意見，報上說什麼他也說什麼。大家都認爲他不肯聯繫思想，對他表示過不滿；而其他那些專員們，在學習時對許多問題都敢提出自己的看法和意見，對個別共產黨不認真執行政策，我們也敢在學習會上批評。

我們那些專員過去自己都有一套，有時甚至在學習會上和領導頂嘴，而溥儀幾年中卻從不提任何不同意見。當我們要準備批評他的時候，「政協」許多領導人還爲此而進行過研究、分析，他們得出的結論，認爲溥儀過去雖當過皇帝，但從來沒有親自處理過什麼問題，什麼也不懂，所以自己提不出對問題的看法，也不會產生不滿和許多思想上的問題，不是不敢暴露思想；希望我們要對他的過去進行分析，並根據他平日的表現來研究他是否當面一套，背後又是另一套；在學習會上不談自己對某一問題的看法，平日卻又意見很多。如果他始終是表裏如一、言行一致，就不要輕易去批評他。

領導人一再強調其他專員們過去都是獨當一面的人，遇事總愛和過去對比，能看出問題，也能提得出意見，和溥儀只是當傀儡皇帝完全不同。

這以後，我們才沒有批評溥儀學習不聯繫思想、不暴露思想。而那天他卻敢說出那麼多的看法和不同意搞由下而上的奪權等等，當時可以被扣上「反對文化大革命」的帽子，甚至可被打成「現行反革命」。可是他卻毫無顧忌，不停地說出自己心裏的話來，當時我們那些平日自命敢大膽暴露思想的人，卻連一句也不敢說，更不用說會去為那些受到批鬥的人而流淚了。

今天，我回憶溥儀和我談的那些話，他那次的哭，我認為他的那些舉動都是真實的，也是十分大膽，敢於提出自己的意見的。我常常感到，我有責任把他那天說的話寫出來，因為在那種暴風驟雨中，許多人都不知道究竟是怎麼一回事的時候，他卻提出了那些不同的意見。回想起來，當時我和許多過去自命敢大膽提意見的同事們，都是噤若寒蟬，只求得自己平安無事就感到萬幸的人，今天都應感到愧對溥大哥。過去我們誤會他，還準備批評他，真正應當受到批評的卻是我們。

廿二、醫院批鬥，病入膏肓

十年浩劫一開始，溥儀就對紅衛兵喊出的「造反有理」十分反感，特別是對那些無法無天的「打籬搶」更是十分氣憤。他生病，我雖通過沈德純向周恩來報告，周也提示秘書長平杰三要找有名的醫生搶救他，可是那時平杰三也在開始挨批，他講話也起不了多大作用，而找去的幾個有名的醫生，同樣也在受批鬥，所以去給溥儀看病，都是提心吊膽，怕因此而添上新的麻煩，更不敢作主讓他去住醫院，所以他的病越來越重，要是我們的醫療保健制度沒有被取消，及早得到治療，溥儀還不會那麼早死去，而能和我一樣，能去參加審訊「林江集團」的旁聽，親眼看到這些傢伙一個個押上審判庭的被告席。

溥儀自從搬到東冠英胡同後，和附近的街坊鄰居都處得很好，附近的老人，小孩及青年學生和機關職員，工廠工人，見了他都和他招呼，他也總是愛和這些人扯上幾句，特別是一些老人小孩，對他更有興趣，所以紅衛兵抄家破所謂四舊時，只是把他住房屋簷上的一些裝飾品拆掉了。也有些從外地來北平串連的紅衛兵為了好奇，特地去看看皇帝是什麼樣子。

有人告訴我，一些認為皇帝和普通人一定有什麼不同的人，看到溥儀對他們那樣客氣，也戴一付深度近視眼，還編了幾句順口溜，說什麼：「久聞大名，特別驚人；今日一見，普普通通；和我一樣，戴付眼鏡。」

不過，後來有一批紅衛兵去時，看到他客廳裏擺的沙發，認為他還在過剝削階級生活，不應該再有這些享受，雖然經過那一管區的公安派出所的所長向紅衛兵們說明因為他常常在家接待外賓，這些沙發是「政協」給他佈置的，紅衛兵們仍認為現在在搞「文化大革命」，不接待外賓了，沙發應當搬回去。那個所長不同意，說還是會有外賓來，應保留。

溥儀怕事，第二天便請政協派人去搬走了。

有天我去看他，看到他還把毛澤東和他一起照的一張照片掛在那裏，可能是想當擋箭牌使用。因爲所有的特赦人員中，毛只接見過溥儀，並和他一起照了一張相。我便告訴他，我們和周恩來、陳毅，以及和劉少奇、鄧小平等合照的相片，不少人的都被紅衞兵拿走了。我把和周、陳在接見我們時照的那張藏了起來，和鄧小平、劉少奇合照的那一張讓他們拿走了。我勸他也把那張照片藏起來，否則會被罵我們不夠格和這些人照相。

後來溥儀的病因得不到治療，越來越重。有次我去看他，他在病中還向我打聽，政協和統戰部那些領導人在被批鬥，是否天天在遊街示眾，那時「小字報」很多，每一個「造反派」都自己印小報，兩分錢一張，除了漫罵一些老幹部，揭露這些領導人的罪行，隨意給這些人扣上叛徒、特務、漢奸、工賊……等罪名外，便是吹捧林彪和江青等人。

他看了這些，曾悄悄問我：「小報上說某某是什麼『軍統特務』『中統特務』，你在軍統中那麼多年，是不是認識他、見過他？」我總是回答過去聽也沒有聽過。

有一次他突然問我：小報上說林彪怎樣怎樣，爲什麼過去學「毛選」時，沒有看到過？我趕忙勸他不要管這些，他還是不以爲然，並提起他對小報上那樣吹捧江青，也表示懷疑。我一聽更嚇了一跳，我告訴他不要再講這些了，這是犯大錯誤的，會惹出殺身之禍來，他才沒有再繼續下去。

到了一九六七年秋，溥儀的病非住院醫治不可了。「政協」派人去和我們有醫療關係的

「人民醫院」和「北大醫院」聯繫，連理也沒有人理；因爲醫院原有的負責人都已靠邊站，正在挨批鬥，新的領導是以極左姿態出現。

當時林彪，江青這一伙人雖然打的是「橫掃一切牛鬼神蛇」的口號，實際上是在搞奪權，準備改朝換代，當然也得對我們這羣「帝王將相」「橫掃」一下。舞台上的帝王將相都已連同才子佳人一起趕下去了，我們這些活生生的帝王將相自然得當牛鬼蛇神來掃了。而政協原有的領導也正在掛黑牌掃廁所，奪了權的那些自封的領導，對我們早看不上眼，他們一奪了權就給我們來過一次減薪，只給我們生活費。

周恩來在第二個月才知道，親自命令他們一定要恢復我們原有的待遇，他們雖然很不願意，但也得執行。這次去交涉溥儀住院的事，醫院不接受，他們就不再管了。又是周知道，親自打電話給人民醫院的造反派頭頭，一定要讓溥儀住院治療。他們不能不接受，但即把溥儀安排到有幾十人的大病房裏。

當時只要能住上醫院就算萬幸了，所以溥儀很高興地住了進去。有的醫生當著造反派的面不敢多爲溥儀醫治，背地裏卻很負責，對他表同情；有的則不理會，開出的藥常常拿不到。

溥儀住進醫院後，跟著而來的災難是他在僞滿時期離了婚的老婆和一個什麼東北人民代表，帶著幾個紅衛兵來北平找他批鬥，說他在當僞滿皇帝的時期中，給東北人造成了重大的苦難，要把他扭回東北去，由東北人民來公審他。他們到「政協」去聯繫，政協的造反派便告訴他們溥儀在哪個醫院，要他們找他去鬥；不過要把溥儀帶回東北去，得請示周恩來。

這一句話總算沒讓他們把他帶走。這些人來的真正目的，後來才弄明白，原來是他那個離了婚的老婆看見溥儀寫了「我的前半生」估計得到不少的錢，所以勾結一些人，冒充什麼代表來找溥儀算賬。他們看到病房裏的人很多，不好鬥，便把他叫到走廊去鬥，溥儀嚇得一直表示認罪悔罪，請求寬恕，他們還是不依，最後直截了當的提出來，要他把稿費交出給他們才能不再鬥，檢討不頂用。

後來同房的有幾個是北大的紅衛兵和別的學校的紅衛兵小頭頭，出來制止他們再鬥溥儀，並建議他趕快把稿費存摺送到「政協」去保存，那些人還是死皮賴臉地向他要錢，直到李淑賢拿了二百元給他們，才打發他們走了，溥儀卻被嚇得病情更加嚴重起來。

大約是一九六七年十月初，我去醫院看他時，他雖已經由大病房搬到一間小病房，但還是普通病房，只是病人少一點。

這時，我已從一個老醫生那裏得知他患了腎癌，又加上他有冠心病、貧血，更嚴重的是排不出尿來，天天得用導管給他導尿。一些護士怕因太照顧他，而被扣上「同情黑五類大頭子」的帽子，經常不給他導尿。他看見我去，禁不住熱淚盈眶，我也非常難過，也不好多和他談話。只要他好好養病。他即使在那種情況下，還向我表示，他相信共產黨一定會給他好好醫治，也相信祖國的醫藥能治好他。去年五月間，「全國政協」爲他舉行追悼會，指出他是受迫害而致死的，我便是他們迫害溥儀而使他死去的見證人！

我最後一次悄悄去看他，是他逝世前幾天，那時我們都隨時有被揪被鬥的危險。溥儀死後不到一個月，我不但被揪鬥，而且被他們逮捕囚禁了五年之久。江青的死黨，當時的公安部長謝富治，在我被捕去後，即下令槍決我。但是，由於我寫過一篇資料，在全國「內部刊物」發行得很多，許多人知道我對軍統的情況相當了解，各省市每天有十來個甚至二三十個單位，紛紛找我寫證明材料，執行的人向謝富治建議，等我把材料寫完再槍決，這樣才拖了下來。

所以，我去看溥儀也是偷偷摸摸看一眼，講幾句話就趕快走，那次他已經不能講話了，鼻孔裡插著氧氣管，眼球不停向上翻動，看情況隨時有死去的可能，我禁不住熱淚奪眶而出。我走出來時，遇到一個老護士，她告訴我，溥儀的致命的問題，還是排不出尿來，已造成了尿中毒，我說為什麼不經常給他導尿？她一聲不吭，只把頭搖搖，表現出很難過的樣子，便趕快走開了。因為醫院裏不少人認識我，如果發現她和「紅岩」小說中描寫的殺人不眨眼的罪人說話，那還得了！

一九六七年十月中旬，從西北高原被大風吹來的大量黃沙在北京上空盤旋，北京許多人都知道「小皇帝」病重住院，便紛紛謠傳：天發黃，小皇帝快要死了。

天下事真是無巧不成書，溥儀結果在十七日下午悄悄地含恨死去。政協機關的造反派不准我們去向他遺體告別，便把他送去火化了。還是周恩來知道後，指示要在報上公佈他死去的消息，「人民日報」才在第二天，在很不顯眼的地方，登出一條短短的消息：「『中國人民政治協商委員會』委員愛新覺羅·溥儀先生，因患腎癌、尿毒病、貧血性心臟病，經長期治療無效，於十月十七日二時三十分於北京逝世，終年六十歲。」

附錄二：溥儀致胡適的信

先生：

久欲見先生，今日相見，深為欣快。

上次，先生給吾之大作《胡適文存》，良深欽佩。文學蓋今世與古世不同，不當定照舊制，應隨時變通，可見真正古代明達之人，並非拘定舊章。

古人還說過，達時務者為英雄，不過後代一班窮酸腐儒，造出許多謬論，無論何事，均當守舊，視維新如仇敵，中國數十年來所用事者，止此班守舊人耳。

無論何事，不知變通，以致受外人之欺侮，如膠州灣為德所佔，威海衛為美所佔，朝鮮、台灣為日所佔，安南為法所佔；中日之戰，賠償二百兆；庚子之役，西后信義和團之邪教，與世界各國宣戰，以致帝后蒙塵。吾民何罪，遭此毒酷，此則不得不歸罪於清朝太后矣。且太后用海軍費修頤和園，只圖一己之私慾，對於人民置若罔聞，獨不思一草一木從何而出，正吾民之脂膏耳！

彼以此等倒行逆施，萬惡尋歸，原不足論，獨惜我堂堂中華大國為一二守舊人所壞也。德宗本欲變法，大后不唯不充，反出帝於瀛台，百般虐待，此非外人所知也。後來，中國國民知此守舊之朝廷絕不能持，故有革命之思想。

余甚贊成彼等之國家主義，不惜身命而改革此舊腐政治。余雖滿人，絕持公論，絕不能已爲滿人不道滿人之短處也。日本不過中國之一二省地方，彼睹西歐科學及製造之精進，不惜巨費立派人留學泰西，不數年歸國，改革一切政治，遂一躍而爲大國。中國數十大倍於彼，而受欺於彼，此維新與守舊之別也。

編按；溥儀出宮前夕，北京大學教授胡適曾進宮與溥儀會晤，轟動一時；後來，溥儀曾寫信給胡適，此信稿在溥儀出宮後被發現於養心殿，信中反映了溥儀的開明進步思想，或許是溥儀基於一席面談，而受了胡適的影響。

跋

高陽

我是第四次看溥儀的自傳「我的前半生」。二十年前，此書在大陸出版後，我就弄到一部；以後在台灣出過刪節本，就像胡蘭成的「今生今世」那樣，所刪去的「碍語」，實在都是精彩部分。我那部大陸初版的「我的前半生」，爲一個朋友久借不歸，後來據說他將此書送給一個德國留華學生了。於今復得一窺全豹，快慰可知。

「我的前半生」，大致可分五個部分：第一部分是家世、追敘他的祖父、父親與慈禧太后及德宗的關係與矛盾；第二部分爲入承大統，以迄第三章第十節「紫禁城的末日」，描寫他童年以迄成年，十餘年小朝廷中的形形色色，包括曇花一現的「丁巳復辟」在內；第三部分是敘述他從北平逃往天津，在日本租界卵翼之下，如何從事復辟運動，而終於「白河偷渡」到了旅大；第四部分爲在東北當「滿洲國皇帝」十四年的生活；最後一部分則是被俘以後，由蘇聯移交給中共，在「改造」後，得蒙「特赦」的經過。

這部溥儀五十四年歲月的紀錄，涵蓋的人與事至爲廣泛，因此具有適合各類讀者的高度而複雜的可讀性，嘗鼎一臠，各賞其味。

就我以一個愛好探索歷史真相的人來說，最注意的是第四章「在天津的活動」。我在序文中曾說：溥儀命中注定要作傀儡，而第二次作日本軍閥的傀儡，則黃郛要負大部分責任。此非過苛之論，因爲黃郛發動所謂「首都革命」，最主要的動機是「完成辛亥革命未竟之業」。

照黃郛的想法，對一個朝代，非要它的宮殿被接收，皇帝被俘或被殺，才算是完全成功；因此他們憧憬的便是掃穴犁庭，滿清的小朝廷在他手中歸於消失。此舉可以使他成爲全國性的新聞人物；以及真正結束了四千餘年帝制之局的歷史人物，主意沒有錯，可惜爲英雄主義所迷惑，想法做法都太簡單了些，以致變成養癰貽患；此患之深之大之久，迄今未已。

其實，自袁世凱以來，將溥儀養在宮中，供以歲費，實亦不失爲羈縻之道。須知清朝之對士大夫及百姓、遠勝明朝；所謂「深仁厚澤」，並非虛語，曾左胡之作爲皆出於主動，即爲「深仁厚澤」所發生的回饋作用。

洪楊事起，軍需浩繁。而朝廷仍堅守康照三十八年「永不加賦」的祖訓，是故洪楊平後，殘破的農村得以迅速重建，與明朝末年情願將田地送人的情況，完全不能比。

民國肇建，二次革命失敗，北洋軍閥當道，不但遺老疾首，民間懷念有皇帝的日子的人，亦復不少。

「丁巳復辟」，事實上在「徐州會議」時，督軍團大多贊成；只是張勳狂妄幼稚，以致不旋踵間失敗，但這並不證明溥儀毫無利用價值。因此，黃郛只將他趕出宮，而毫不考慮會引起政治後遺症；好比神怪小說上所描寫的張天師捉妖，將牠拘禁在一個酒罎子裏，上加符籙，永遠幽閉，而有人不識輕重，隨隨便便就將符籙撕去，以致妖精逃逸，復禍人間，這就是黃膺白闖的禍。

後來軍統之對某些有潛在號召力的人物，如張學良、龍雲、孫立人等等，格外敏感，監視特嚴，未始不由於溥儀出走的教訓，創距痛深之故。

有人說：「我的前半生」爲老舍所捉刀。我看不然，因爲溥儀的心路歷程，曲曲道出，非他人所能體會；而感情上的波動緻盪，亦有非本人不能道隻字者，如「東陵事件」——孫殿英盜東陵，清高宗及慈禧太后，骸骨狼籍，爲人後者，悲憤之情，固不難想像；但像這樣描寫：

起初，蔣介石政府的反應還好，下令給閻錫山查辦此事。孫殿英派到北平來的一個師長，被閻錫山扣下丁。隨後不久，消息傳來，說被扣的師長被釋放，蔣介石決定不追究了。……我心裏燃起了無比的仇恨怒火，走到陰森森的靈堂前，當著滿臉鼻涕眼淚的宗室，向着空中發了誓言：「不報此仇，便不是愛新覺羅的子孫！」

我此時想起了溥傑到天津和我第一次見面時說：「有溥傑在，大清就一定不會亡！」我也發誓說：「有我在，大清就不會亡！」

我的復辟、復仇的思想，這時達到了一個新的頂峯。

此非溥儀本人，不能說得這麼深刻。世人多以爲溥儀甘爲日本軍閥的傀儡，是帝王榮華富貴之夢未醒；殊不知爲祖宗報仇的那股怒火，才是他的行動的力量的源泉。

說溥儀甘爲日本軍閥傀儡的「甘」字，是有點問題的。「滿洲國」是鄭孝胥與關東軍高級參謀板垣征四郎勾結製造，鄭孝胥甘爲第二號傀儡，而溥儀似乎心有未甘；曾擬以張作霖的舊部臧式毅代替鄭孝胥爲國務總理，命宮內府秘書處長胡嗣瑗及總務廳長許寶蘅（先四伯、字季湘，清末曾任軍機章京，他們沒有做過國民政府的官，不認為被召輔佐「舊主」為失節）往說臧式毅；溥儀這樣寫道：

臧式毅的態度尚在猶豫、鄭孝胥的兒子鄭垂來了。

「聽說上頭派人到東京找武藤信義去了。」他站在我面前，沒頭沒腦地來這麼一句。說罷，望著我、看我的反應。不用說，他是看出了我不想永認這件事的，於是跟著又說下去：「東京在傳說這件事，說上頭打算改組國務院，臣聽了，不得不跟上頭說說，但願是個謠傳。」

「你怎麼但願是個謠傳？」

「但願如此。這個打算是辦不到的。即使辦到了，一切由滿人作主，各部長官也駕馭不了，不管是臧式毅還是誰，全辦不了。」

寫心境、寫情況如此生動，亦非本人不可。武藤信義為即將接替本莊繁的關東軍司令部，兼日本駐偽滿大使，是偽滿的太上皇。

這部書的對白部分對歷史連續劇的作者，是很好的一種參考資料。不論那個朝代的帝后，說話都是很生活的；為臣子者，除了稱謂及措詞比較莊重雅馴以外，此外他亦無他異。「上頭」本為人臣私下稱皇帝的代名詞，而公然用作尊稱，在我亦是初次得聞。

「溥儀的後半生」作者，如序言所述，筆名「秦雲」，據說就是「沈醉」，是為中共所俘的軍統局人員。一九五九、六〇兩年，中共先後特赦了兩批「戰犯」；溥儀在第一批；秦雲在第二批，都被安排在「政協」當文史專員，兩人結成了很好的朋友。

秦雲的文筆很不錯，他以旁觀者的身分，看經過「改造」以後的溥儀的最後七年生活，刻畫得栩栩如生，如說：「他為了表示自己早放下了皇帝架子，一早起床便去大門口掃地，掃著掃著轉了一個彎，他就找不到回去的路了。」此為生活習慣使然，據我所知，溥心畬、陳散原都是一個人出門，便認不得回家的路的。但這些由出身背景，生活環境所養成的習慣，如吃飯時「目中無人」、「沒有一點禮貌」，這在他自己不會知道；因為他生來就是這樣的。

因爲如此，秦雲的文章，顯得別有價值，與溥儀的自傳映照著一起來看，所發生的對比作用，格外強烈；同時他的全人格的變化的軌跡，亦格外明顯。最後一段寫溥儀爲「紅衞兵」迫害，竟致醫生嚇得不敢爲他治病、含恨而歿；在他因腎癌而必須以人工排尿，而護士經常躲開時，他還必須表示：「他相信共產黨一定會給他好的醫治，也相信祖國的醫藥能治好他。」這是他的真心話嗎？也許他會在心裏說：「寧願做傀儡還好些！」

一九八八年四月十五日　台北

【復刻版】末代皇帝自傳（下）

作者：愛新覺羅・溥儀
發行人：陳曉林
出版所：風雲時代出版股份有限公司
地址：10576台北市民生東路五段178號7樓之3
電話：(02) 2756-0949
傳真：(02) 2765-3799
執行主編：劉宇青
美術設計：吳宗潔
業務總監：張瑋鳳

初版日期：2024年4月 新版一刷
ISBN：978-626-7369-35-7

風雲書網：http://www.eastbooks.com.tw
官方部落格：http://eastbooks.pixnet.net/blog
Facebook：http://www.facebook.com/h7560949
E-mail：h7560949@ms15.hinet.net
劃撥帳號：12043291
戶名：風雲時代出版股份有限公司

風雲發行所：33373桃園市龜山區公西村2鄰復興街304巷96號
電話：(03) 318-1378
傳真：(03) 318-1378
法律顧問：永然法律事務所 李永然律師
北辰著作權事務所 蕭雄淋律師

行政院新聞局局版台業字第3595號 營利事業統一編號22759935

定價：320元

國家圖書館出版品預行編目資料

末代皇帝自傳(復刻版) / 愛新覺羅.溥儀著. -- 臺北市：風雲時代出版股份有限公司, 2024.01　冊；　公分

ISBN 978-626-7369-35-7 (下冊：平裝)
1.CST: (清)溥儀 2.CST: 傳記

627.99　　112019702